广视角·全方位·多品种

权威·前沿·原创

皮书系列为
“十二五”国家重点图书出版规划项目

2014年湖南电子政务发展报告

ANNUAL REPORT ON HUNAN'S E-GOVERNMENT DEVELOPMENT (2014)

湖南省人民政府经济研究信息中心
主　编 / 梁志峰
副主编 / 杨志新

图书在版编目（CIP）数据

2014年湖南电子政务发展报告/梁志峰主编. —北京：社会科学文献出版社，2014.4
（湖南蓝皮书）
ISBN 978-7-5097-5904-2

Ⅰ.①2… Ⅱ.①梁… Ⅲ.①电子政务-研究报告-湖南省-2014 Ⅳ.①D676.4-39

中国版本图书馆CIP数据核字（2014）第073474号

湖南蓝皮书
2014年湖南电子政务发展报告

主　　编／梁志峰
副 主 编／杨志新

出 版 人／谢寿光
出 版 者／社会科学文献出版社
地　　址／北京市西城区北三环中路甲29号院3号楼华龙大厦
邮政编码／100029

责任部门／皮书出版分社（010）59367127　　责任编辑／桂　芳
电子信箱／pishubu@ssap.cn　　责任校对／贺拥军
项目统筹／邓泳红　桂　芳　　责任印制／岳　阳
经　　销／社会科学文献出版社市场营销中心（010）59367081　59367089
读者服务／读者服务中心（010）59367028

印　　装／北京季蜂印刷有限公司
开　　本／787mm×1092mm　1/16　　印　　张／24
版　　次／2014年4月第1版　　字　　数／387千字
印　　次／2014年4月第1次印刷
书　　号／ISBN 978-7-5097-5904-2
定　　价／128.00元

主要编撰者简介

梁志峰 湖南省人民政府经济研究信息中心主任，管理学博士。历任中共湖南省委办公厅秘书处秘书，中共湖南省委高校工委组织部部长，湘潭县委副书记，湘潭市雨湖区委书记，湘潭市委常委、秘书长、组织部部长。主要研究领域为资本市场和区域经济学，先后主持多项省部级研究课题，发表CSSCI论文20多篇，著有《资产证券化的风险管理》《网络经济的理论与实践》《古云村 古城村调查》等。

杨志新 湖南省人民政府经济研究信息中心副主任，教授级高级工程师，工学硕士。湖南省信息化专家咨询委员会成员，国家政务外网技术委员会副主任。长期从事电子政务规划、电子政务基础网络平台、应用系统建设、网络信息安全等领域的研究。主要负责、参与了湖南省电子政务“十五”规划、三期日贷建设湖南省经济信息系统、湖南省宏观决策信息网、湖南政府公众信息网、湖南政务公开网、湖南省计划系统纵向网、湖南省电子政务外网平台、湖南省信用信息系统、湖南省网上政务服务与电子监察系统等省内重点电子政务项目与工程的设计与组织实施。先后在《系统工程》《计算机工程与科学》《计算机应用与软件》《信息网络安全》《电子政务》等杂志发表论文20余篇。其中，“三期日贷建设湖南省经济信息系统”获国家经济信息系统建设一等奖，“湖南省信用信息系统数据交换平台”获2012年中国信息化（国家政务外网领域）成果三等奖，“湖南省网上政务服务与电子监察系统”获2013年湖南省科技进步三等奖。论文《基于政务外网的云计算框架研究》获2011年国家政务外网建设经验交流暨征文评选一等奖。

摘 要

本书是由湖南省人民政府经济研究信息中心组织编写的年度性报告。全书分为总报告、部门篇、市（州）篇、县（市、区）篇及研究篇。总报告是湖南省人民政府经济研究信息中心课题组对湖南省 2013～2014 年电子政务发展情况进行分析的研究成果。部门篇、市（州）篇和县（市、区）篇是湖南省相关部门和市（州）、县（市、区）从宏观和区域层面对 2013 年湖南电子政务发展情况进行深入分析，并提出 2014 年发展思路及重点。研究篇汇集了国家、省内专家学者研究湖南电子政务发展的成果。

2013 年，湖南电子政务发展环境进一步优化：网络覆盖率不断提升，政务内、外网省、市（州）、县（市、区）三级覆盖率达到100%，63.41%的县（市、区）已将外网延伸到乡镇一级；全省政府网站建设走上了规范化的道路，建设成效显著；网上政务服务和电子监察系统应用水平不断提升，全年完成办件数 400 多万次；各市（州）不断加快数字城市建设，以信息化手段创新社会管理，优化发展环境；环保、国土、农业等涉及的电子政务应用建设取得重大进展。

2014 年是全面贯彻落实十八届三中全会精神的开局之年，是全面深化改革的关键之年，是湖南深入贯彻落实科学发展观、全面推进“四化两型”建设的攻坚之年，也是湖南电子政务建设面临重大发展机遇的一年，在省委、省政府的领导下，我们必将获得更丰硕的电子政务建设成果。

目 录

𝔹 Ⅰ 总报告

𝔹 Ⅱ 部门篇

BⅢ 市（州）篇

BⅣ 县（市、区）篇

BV 研究篇

BⅥ 附录

皮书数据库阅读使用指南

CONTENTS

B I General Report

B II Department Reports

B III City Reports

B Ⅳ County Reports

B V Research Reports

B VI Appendix

总 报 告

General Report

2013年湖南电子政务建设情况及2014年展望

湖南省人民政府经济研究信息中心

一 2013年电子政务建设回顾

2013年，在省委、省政府的正确领导下，湖南省电子政务建设围绕推进“四化两型”和“四个湖南”建设的总战略，按照《数字湖南建设纲要》的总体要求，以推动政府职能转变和促进服务型政府建设为核心，完善基础设施，推进系统应用，取得明显成效。

（一）优化发展环境

以《数字湖南建设纲要》为指导，加强电子政务建设的统筹规划管理，形成较好的发展环境。2013年，长沙、衡阳、怀化等市州编制或出台电子政务工程项目管理办法、电子政务建设标准规范等电子政务相关规范性文件，推动各级各部门业务系统标准化建设，确保政府系统电子政务建设协调一致、互联互通和整体应用，加强了对使用财政资金建设的信息化和电子政务工程项目的监管，对项目从技术方案到验收等各个环节进行审核把关，强化了资源整合与信息共享，避免重复建设，提高建设实效。各项法律法规在电子政务工作中的指导和规范作用充分发挥，覆盖电子政务规划、立项、招投标、实施、监理、验收、运维、评估全生命周期，贯通应用服务、信息资源、应用支撑、基础设施等领域的电子政务标准体系逐步建立，电子政务发展环境不断优化，全省电子政务管理体系建设日渐完善。

（二）完善基础设施

2013 年，湖南按照国家电子政务的有关要求进一步完善了全省统一的省、市（州）、县（市、区）三级电子政务内网和外网平台。内网建设进一步深入，基本建成上连国家，覆盖省、市、县三级的全省统一的电子政务内网平台，部分地区连通到乡镇，已有 100 个省直单位接入电子政务内网。外网建设取得较大成效，横向和纵向接入量全面提升，电子政务外网已接入 119 家省直部门及直属二级机构，市（州）、县（市、区）部门接入已近万家，63.41%县（市、区）已延伸到乡镇一级，网络应用不断深入，共有 21 个国家部委和省级应用在政务外网运行。

（三）推进系统应用

1. 强化政府信息公开，提升公共服务能力

全省政府网站建设走上了规范化的道路，栏目资源日渐丰富，信息公开进一步强化，公共服务能力稳步提升。省政府门户网站全年共发布政务信息近 5 万条，信息公开发布平台共发布信息 2 万多条；网站的实用性和服务能力进一步提升，梳理省直部门网站的企业办事服务资源，为公众提供了 12 类重点办事服务；省长信箱、公众问答、在线法律咨询栏目办结率均超过 80%。新信息技术应用不断强化，省级和 14 个市州级政府 WAP 门户全部建成开通，省有线门户网站建设进入调试运行阶段。政府网站管理全面加强，管理措施落实进一步细化，按照《湖南省政府网站管理办法》《湖南省政府网站阅评制度》，

开展了全省政府网站绩效评估工作，编发《阅评简报》，以评促进；建设全省政府网站安全监控综合管理平台，全面对省直部门网站、市（州）、县（市、区）政府门户网站开展安全监测，强化网站安全管理，各类安全事件得到了及时、有效处置。2013 年全省政府网站建设水平全面提升，成效显著：省政府门户网站在 2013 年全国政府网站绩效评估中取得了第五名的好成绩；长沙市政府门户网站在 2013 年度全国政府网站绩效评估中居省会城市第二位，“市长信箱”栏目荣获精品栏目；“中国·衡阳”党政门户网站在 2013 年中国政府网站绩效评估排名中位列全国地市组第 10 名，其英文网站位列全国第 3 名。

网上政务服务和电子监察系统应用不断深入，效用不断提升。2013 年是湖南省网上政务服务和电子监察系统正式运行后的第二年，在省政府办公厅、省监察厅、省政府经济研究信息中心的大力推动下，全省网上政务服务和电子监察系统完成了系统支撑平台扩容工作。2013 年共纳入 55 家省直单位系统事项 1348 项、14 个市（州）本级事项 10687 项、123 个县（市、区）事项 55834 项；系统网上政务服务大厅注册的用户总数突破 179 万，访问次数近 700 万次。2013 年系统完成办件数 4061410 件，远远超过年初预期，有效促进了各部门改善服务态度，缩短了行政审批办事时限，提升了行政效率，促进了服务型政府建设，得到了社会各界的广泛认可。

2. 依托数字城市建设，创新社会管理

随着“数字湖南”建设的深入，各市（州）不断加快数字城市建设，以信息化手段创新社会管理，优化发展环境。长沙市统一应用平台，增强综合服务能力，建成了 300 多个业务系统，形成了覆盖人口、交通、资源环境、城市安全、民生服务、社会服务、市场监管等领域的全方位电子政务应用体系，基本实现电子政务对核心业务的全面支撑。株洲市加快智慧应用工程建设取得新进展，搭建智慧信访服务平台，将政府门户网站、12345 市长热线、市长信箱等几大民意表达渠道与株洲市信访业务应用系统无缝整合起来，建立网络、手机、电话、视频直播“四位一体”的网上信访互动综合平台，形成“统一入口登录、统一平台受理、统一后台督办”的运行机制，80 多家市直单位及 9 个县（市）区可以高效、便捷、及时地提供网上信访一站式服务，极大地提升了各级党委、政府信访工作水平，拓展了市民信访诉求渠道，方便了市民随时随地来信来访。“数字衡阳”建设取得阶段性成果，云中心平台完成搭建，四大核心应用全面试运行，数字城管、智能交通、应急联动三个指挥中心已建成并投入使用，为城市管理创新奠定了良好基础。

3. 坚持以人为本，服务民生信息系统建设取得进展

2013 年，湖南一些涉及民生的电子政务应用取得重大进展。省环保厅部署污染源自动监控平台对全省范围内重点污染源废水、废气等污染物排放状况开展自动监控，实现了科学、准确、实时地掌握重点污染源主要污染物排放数据、污染治理设施运行情况等与污染物排放相关的各类信息，及时发现并查处违法排污行为。正式开通湖南省企业环境信用评价管理平台，各级环保部门可以通过该软件平台，随时记录和保存辖区内的企业环境违法违规信息，立即获知该企业的环境信用评价等级，真正实现了环境信用评价工作网络化、信息化，查询更加便捷，工作效率大大提高。省农业厅开展资源整合，打造省农业信息服务体系的大数据中心，完成了“湖南省农情报送系统”“政务服务系统”“湖南省农产品质量安全溯源信息系统”“湖南省植保植检站管理信息系统”等 15 个业务系统的集中管理，群众需要的相关信息服务通过省农业信息网可以实现统一查询。

（四）整合信息资源

株洲市不断加大资源整合力度，以市级数据交换平台为核心，实现硬件基础设施的资源管理与信息管理的有机结合，形成标准统一、跨部门共享的政府信息资源数据存储、交换和安全体系，2013 年已部署协同及移动办公、市政府门户网站群、“12345”市长热线、数字城管、地下管网、网上行政审批电子监察、公共自行车租赁系统、视频融合共享平台等十多个应用系统，有效推动了各级各部门信息系统集约化建设和标准化管理，打破了应用系统之间的烟筒式结构，实现了信息资源的整合共享。省地税局、省国土厅等厅局也开展了统一数据系统建设，建立数据交换与共享机制，实现省、市、县三级系统平台对接和信息资源共享，及时归集各类数据资源，实现业务数据的及时更新、集中管理和综合分析，助力部门及时准确地掌握业务情况，为管理、评价、决策工作提供有效支持。

2013 年，湖南电子政务建设取得了很好成绩，但问题依然存在，主要是：电子政务管理体制尚未理顺，地区和部门发展不平衡，资源整合力度不够、效果不佳，资源共享难、互联互通难的问题依然没有有效解决，整体应用水平有待提高。

二　2014 年发展展望

2014 年是全面贯彻落实十八届三中全会精神的开局之年，是全面深化改革的关键之年，是湖南深入贯彻落实科学发展观、全面推进“四化两型”建设的攻坚之年，也是湖南电子政务建设面临重大发展机遇的一年。

1. 转变电子政务建设发展观念，实现全面深化改革目标

大力推进电子政务发展是国家“十二五”规划的重要任务，是落实科学发展观、深化改革开放、加快转变经济发展方式的必然要求。党的十八届三中全会指出，必须切实转变政府职能，深化行政体制改革，创新行政管理方式，增强政府公信力和执行力，建设法治政府和服务型政府，要求“加快转变政府职能”。在这样的总体要求下，电子政务要脱离对政府管理、政府事务的平移或电子化仿真、办公自动化，发挥电子政务对政府管理、政府事务的“电子化”转移，通过电子政务实现对原有状态的改造和超越，通过电子政务建设，推动政府职能转变，建成结构优化、廉洁高效、人民满意的政府，实现全面深化改革的整体目标。

2. 以“为用户提供服务”为中心，发展人性化的电子政务

坚持“顾客导向”或者“以公民为核心”，现在已经成为各国电子政务建设及政府提供公众服务的基本价值观。电子政务的不断发展使得满足顾客多样性的需求成为现实，并能以低成本提供个性化、人性化的服务。国内无线通信技术快速发展，手机用户不断增多，电子政务建设要通过网络的互联互通、资源整合、信息共享、在线服务、无纸化、一站到底和多渠道服务等措施，让用户方便、快捷地得到相应服务。在整个电子政务建设的全过程，从愿景、战略目标到具体实施层面要把公众当作全流程的参与者。通过公众参与创造新的服务、参与制定政策，体现公众的主体地位，发挥各种有利条件创造公众参与的环境，逐步实现电子政务从“政府向你”到“政府与你”的转变。

3. 加强政务资源整合，坚持推进统一平台建设

加大政务内外网、政务信息、政府门户网站等政务资源的整合力度：将部分已建的政务专网根据应用需要，逐步整合到全省统一的政务内、外网中；加强政府网站群建设，统一技术构架，统一安全策略，统一信息服务，降低运营成本；实现政务信息资源开发利用的突破，健全和完善政务信息资源的统一标准和规范，深入分析、挖掘和利用政务信息，实现政务信息资源的增值和效用。

对已有的应用系统进行深入整合，实现重点业务领域的跨部门协同；克服条块分割，加快实现互联互通；在整合、互联、协同的基础上，提高信息资源共享的水平和能力；按照政府组织体系的调整，重构一些重大综合应用系统（特别是面向公众的一些社会管理、公共服务的系统），提高政府公共服务能力和社会管理水平。

继续推进公共服务等统一平台的建设，按照大框架、大平台、大整合及“平台上移，服务下延”的整体思路，省市县三级统筹考虑，充分利用现有电子政务网络等基础设施，整合支撑公共服务的政务信息资源和应用系统，推进业务协同、互联互通和资源共享，提升网上协同服务能力，打造全省统一的公共服务平台。加强并做好数据标准的规范统一，强化互联互通，特别是在基础设施和业务系统的数据交换方面，要在电子政务建设中实现更广泛和更全面的资源共享。

4. 加强新技术应用，探索电子政务建设新模式

信息技术日新月异，云计算、大数据、物联网、移动互联网等新技术、新产业、新应用的不断出现，冲击着电子政务的发展和建设。湖南要在现有的基础和需求上，抓住信息技术变革带来的新机遇，将新技术和电子政务建设有效结合，加强电子政务的统筹规划、平台集成、资源集聚，更好地探索电子政务建设模式，提高电子政务建设的投入产出率，推进湖南电子政务健康、持续发展。

部门篇

Department Reports

B.2 2013年湖南省教育厅电子政务发展形势分析及2014年发展展望

湖南省教育厅

湖南教育政务网（www. hnedu. gov. cn，gov. hnedu. cn）是省教育厅的政府门户网站。自2011年11月30日新版上线、2012年在厅委机关和直属单位建立完整的政务网运行管理机制以来，2013年，网站以逐步实现从“内容导向”到“服务导向”过渡为目标，不断加强资源梳理和整合，建立全省教育系统网站考核评价体制，健全协同办站的管理机制，优化互动平台，增强服务能力，提升网站准确性、实用性、规范性、可用性和用户体验。

一　加强网站基本建设，提高政民互动质量

2013年，在教育厅党组的高度重视与直接领导下，网站从“加强管理、完善制度、整合资源、优化服务”等方面入手，不断拓宽工作思路，创新工

作方式，取得较为显著的成果。今年省政协主席陈求发，省委副书记、省委教育实践活动领导小组副组长孙金龙，以及省政协副主席武吉海、副主席兼秘书长欧阳斌先后来到省教育厅、省委教育工委调研指导工作时，均参与了省教育厅政务网视察指导工作，听取王柯敏厅长介绍湖南教育政务网建设、网上政务公开和政务服务的经验做法，对湖南教育政务网建设工作给予了高度评价和充分肯定。

1. 提升政务公开水平

2013 年湖南教育政务网按照省政府政务公开目录的要求，进一步完善政务信息发布机制，加大政务公开力度，全厅上下已普遍形成将政务网作为政务公开第一平台的工作习惯与观念。2013 年，厅机关处室及直属单位在湖南教育政务网上共发布政务动态信息 1428 条、通知文件 936 个，各市（州）及高校在政务网发布信息 15785 条。策划、制作“我的中国梦主题教育活动”“党的群众路线教育实践活动”等 13 个教育专题，网站影响不断扩大。政务网安排专项经费，采购并部署了网站诊断与监测系统，对错别字、错误页面、响应时间等多项指标进行即时监测，以此为依据进一步提升网站政务公开质量，优化用户访问体验。

2. 完善在线服务平台

2013 年，湖南教育政务网继续深入建设公众“服务向导”专栏和场景式服务大厅，对邮件系统、搜索引擎、无障碍浏览、订阅定制等功能进行了技术升级，增强服务能力。配合省政府门户网站建设湖南省教育服务重点专题，厅机关处室及直属单位共发布（修订）各类教育服务专题信息 195 条，践行了“以人为本、服务至上”的政府网站建设理念。

湖南省教育厅于 2013 年下半年启动了覆盖省、市、县、校四级的湖南省教育阳光服务平台建设。该平台包括窗口服务平台和网络服务平台两部分，是以建设“小中心、大网络”为基础，集办事指南、政策咨询、信息公开、投诉受理、舆情回应等多种功能于一体，“上下联动、横向协调，便民利民、高效优质”的综合型服务载体。其中，网络服务平台依托湖南教育政务网，统筹电子监察、领导信箱、举报热线等信息资源，梳理规范各级教育行政部门、各级各类学校服务事项流程，建立网上阳光教育服务大厅，推动教育服务从集

中办理的有形平台向网络终端便捷服务转变，最大限度地方便群众。目前省教育阳光服务中心已经正式挂牌运行。

3. 拓宽政民互动平台

2013 年，湖南省教育厅公众咨询回复数量进一步增加，回复率进一步提高。政务网厅长信箱、咨询答疑、监督投诉等互动栏目共收到公众咨询投诉 7163 条，在规定时限内（公众提问后五个工作日内）处理 5478 条，扣除无效提问后，按时回复率近 100%。对其中一些问题还进行了调查、转办、督办，为公众解决了不少难题和难事。一位株洲网友给厅长信箱留言说“赞一下咱湖南教育厅网上办事效率比较高”；还有一位尼泊尔网友用英文留言咨询有关来华留学问题，国际交流处也用英文进行了认真细致的回复。开展网上调查 3 次，意见征求 1 次。网站在线访谈工作形成常态机制，并不断拓展访谈主题、创新访谈形式，邀请高校、市（州）、厅直单位主要负责人参加在线访谈 38 场。

2013 年，网站对政民互动平台“朱张渡口”进行了升级，升级后的论坛更为稳定、安全，功能强大，互动性更强。目前总注册人数 26501 人，帖子总数 493902 个。论坛严格按照省委宣传部和省教育厅的指示，加强值班和信息管理，坚持先审后发制度，全网没有出现一起网络舆论事件。2013 年 7 月 30 日，省教育厅、省委教育工委举行网友座谈会，省委教育工委书记、省教育厅厅长王柯敏，省委教育工委副书记夏智伦，省委教育工委委员王玉清及机关处室主要负责人面对面零距离聆听了 16 名网友代表真情实感的意见和建议，这次座谈会作为教育厅委深入开展党的群众路线教育实践活动的几大座谈会之一，取得了良好的效果。

4. 完善省政府门户网站内容保障

按照省政府办公厅的统一部署和要求，在省教育厅办公室的指导和各处室配合下，教育政务网站安排专人完成省政府门户网站政务内容保障日常工作，主要包括政务信息公开、回复公众问题、开展在线服务等方面。截至 2013 年 11 月 1 日，共上报省政府门户网站各类信息 699 条，回答“公众问答”及全省网上政务服务系统“办事咨询”栏目网友咨询问题共计 37 条，回复率 100%，真正做到了“件件有回音，事事有着落”。

二　推动网站相关制度建设，提升网站管理水平

湖南教育政务网在2012年制定和发布了一系列运行管理制度的基础上，2013年继续开展制度建设与完善工作：制定发布了《湖南教育政务网首页管理规范》，对政务网首页的管理规范、栏目内容、保障责任、风格设计等做了明确规定；向各市（州）教育局和高等学校下发了《关于印发〈2013年度湖南教育政务网站工作考核方案〉的通知》，进一步推动全省教育政务网站在政府信息公开、办事服务、互动交流等方面工作的开展，切实提升网站管理水平。

完善内部管理制度，进一步明确了政务网日常值守"双巡查"制度：一是在工作时间以外以电子政务室及厅机关机房技术值班人员为主；二是在工作时间电子政务专干同步巡查，各处室（单位）电子政务专干密切关注政务网，提出反馈建议。巡查人员同时注意掌握和跟踪网络舆情，发现违规或泄密情况时应当立即报告电子政务室，重大问题由电子政务室报厅办公室后及时处置。这些都为政务网的持续、健康发展和"网上教育厅"的建设提供了坚实有力的制度保障。

三　完善网站安全保障机制，增强应对信息安全能力

1. 完善网站安全保障制度

湖南省教育厅先后下发《关于发布湖南教育政务网内容保障考核细则（试行）的通知》（湘教发〔2012〕11号）和《关于印发〈湖南省教育厅网上政务公开目录（试行）〉〈湖南教育政务网在线服务指南（试行）〉等的通知》（湘教发〔2012〕47号），以及《关于开展湖南教育政务网市州、高校内容保障工作的通知》（湘教办通〔2012〕192号）、《关于印发〈湖南教育政务网信息发布格式〉的通知》（湘教办通〔2012〕217号）等一系列制度文件。文件明确了政务网各项工作的责任主体，建立和完善了政务信息发布机制和考核评比机制。同时，在政务网内部建立了完善的岗位责任制度、值班检查制度、来电来访接待制度、信息审核发布制度以及应急管理制度等并在电子政务室予以

公示。在技术方面建立了相应的安全责任制度，主要有《信息安全违章行为责任追究办法》《培训考核管理（安全责任）办法》《岗位职责文件》等，有机房、介质、设备、恶意代码、密码、备份等相关制度，要求相关管理人员或操作人员执行的日常管理操作建立操作流程，形成了由安全策略、管理制度、操作规程等构成的全面的信息安全管理制度体系。

2. 加强岗位人员配备和培训

湖南教育政务网现有内容管理人员 5 人，均持有编辑执业资格，技术管理人员 11 人，制定了《安全管理人员岗位名单》，配备专职安全管理员，并对关键岗位互备，进行了网络安全岗位人员持证上岗相关培训，制定了《培训考核管理》办法，对定期安全教育和培训进行书面规定，针对不同岗位制定了不同的培训计划。

3. 强化技术储备及应急处置措施建设

湖南教育政务网根据信息系统等级保护三级的标准选择基本安全措施，并依据风险分析的结果补充和调整安全措施，指定教育管理信息中心技术部对安全建设进行总体规划，制定安全建设的工作计划；并且根据信息系统等级划分情况，统一考虑安全保障体系的总体安全策略、安全技术框架、安全管理策略、总体建设规划和详细设计方案，形成配套文件，组织有关安全技术专家对安全设计方案进行了合理性和正确性的认证；并请专业的信息安全等级保护测评机构对政务网的安全进行测评，根据测评报告就发现的问题进行了全面整改，严格按照信息系统等级保护制度完善与落实相关安全要求。

网站制定并执行了完善的应急管理制度和应急预案。制定《安全事件报告和处置管理》制度，对于突发情况和突发事件，由值班人员在第一时间联系相关人员处理并报分管部门负责人，在 30 分钟之内未能处理完毕的事件，根据事件性质情况逐级报分管领导直至一把手。建立内容编辑部门与技术部门协同机制，电子政务室常驻 2 名技术人员，随时解决网站技术问题。执行网站内容编辑与技术维护人员“双值班”制度，其中技术值班为 7×24 小时不间断值班，随时处理突发情况。建立重大事件与特殊时期网络工作预案，及时开展自查自纠；建立网络舆情监测制度，由专人对网络舆情进行监测，每月不定期上报舆情报告，并及时介入和处理。

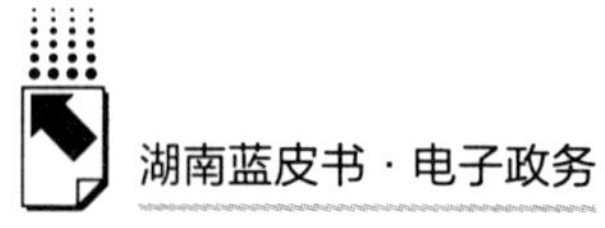

四　规范网站信息保密审核制度，维护网络安全稳定

对于湖南教育政务网信息发布工作，省教育厅高度重视，从条件保障、制度规范、队伍建设以及技术手段等多方面予以支持，严格按照保密工作要求，确保信息发布合法依规、规范有序。

第一，湖南省教育厅先后印发实施了《关于进一步加强湖南教育政务网工作的意见》《湖南教育政务网内容保障考核细则（试行）》《湖南省教育厅网上政务公开目录（试行）》《湖南教育政务网在线服务指南（试行）》《关于开展湖南教育政务网市州、高校内容保障工作的通知》等一系列文件，明确了教育政务网内容保障的责任主体，建立健全了工作机制和考核激励机制，规范了信息审核发布流程和格式，建立了湖南教育政务网内容保障责任追究制度，明确了“对于违反国家保密法规的行为，依法依规追究直接责任人员和单位负责人的责任”，有效提升了教育政务网的管理水平和运行质量。

第二，湖南省教育厅专门发文，明确机关各处室、各直属单位、各市州教育局、各高等学校是教育政务网相应版块的第一责任人，必须明确专人作为电子政务专干，具体负责日常信息采集发布、办理在线业务和答复咨询提问等工作。目前湖南省教育厅已建立起一支覆盖整个系统、专兼职结合、规模达170人的电子政务专干队伍，并定期组织业务培训，强化人员规范流程意识和保密意识。

第三，每季度对机关和直属单位的网上政务公开工作进行通报和点评，每年对整个系统的网上政务公开工作进行考核和通报，其中一项重要指标就是是否按照规定发布信息。

第四，湖南政务网所有信息均通过厅、处领导审批后由处室、单位电子政务专干对外发布，通知文件发布还另外经厅办公室及政策法规处审核。厅电子政务室落实信息发布登记、备份等有关制度，确保发布信息依法、及时、准确和完整。所有内容均按照审核制度要求进行审批并将纸质审批单妥善存档，形成了运转良好的日常工作机制，至今政务网尚未发生过任何失密泄密事故。

第五，按照保密局的要求，我们多次组织专门人员开展了网站保密工作自查。经清查，截至目前湖南教育政务网发布的内容无违规信息。

五　2014 年教育电子政务发展展望

在全省范围内统一推进教育阳光服务，建设省、市、县、校四级联动，集办事指南、政策咨询、信息公开、投诉受理、舆情回应等多种功能于一体，“上下联动、横向协调，便民利民、高效优质”的全省教育阳光服务网络平台。主要包括一个省级网上服务大厅、一套全省服务管理系统、一套全省服务监察系统，以及配套的服务支撑体系。

第一，建设省级网上教育阳光服务大厅。以湖南教育政务网为基础，结合省政府网站全省教育在线服务试点项目（已启动），建设面向互联网的“湖南省网上教育阳光服务大厅”，综合展示、方便导引省本级教育阳光服务各项功能，分类导航各市（州）、县（市、区）、各级各类学校的阳光服务子网站，形成向上对接教育部、省委省政府网站，向下全覆盖的全省教育阳光服务网上总门户和入口。

第二，建设全省教育阳光服务管理系统。依托湖南教育政务网和省教育数据中心，按“省级建设、基层应用”的模式，统一建设省、市（州）、县（市、区）、校四级教育阳光服务管理系统，避免重复投入。该系统将实现在线受理、登记、提交处置、反馈、跟踪、调查、交流、分析等功能，做到一套系统、全省联动，对全省教育阳光服务事项进行在线管理。

第三，建设全省教育阳光服务监察系统。参照省政府电子监察系统模式建立全省教育阳光服务监察系统，打通与网上服务大厅、教育阳光服务管理系统等的数据接口，实现教育阳光服务全流程第三方在线监管和督办，确保服务工作公开透明、服务质量不断提升。

第四，建立配套服务支撑、运行维护体系。全省教育阳光服务工作涉及省、市、县、校四级几乎全部教育部门，是一项大协作、大联动的系统工程，除建设好基础业务系统外，还要配套建立有效的支撑运维体系，确保战略目标和服务质量的可持续性。

B.3

2013年湖南省民政厅电子政务发展形势分析及2014年发展展望

湖南省民政厅

2013年，省民政厅紧紧围绕“数字民政”建设目标，全面推进民政电子政务建设。建成了全省民政视频会议系统、网络专线和卫星视频会议系统。在民政部2013年重点工作考核中，信息化建设条目获得了满分。据民政部信息化建设领导小组办公室《2013年民政网站群内容维护情况通报》（民信办发〔2014〕1号），湖南民政门户网站2013年信息更新量、回复量分别位居全国省级民政网站第1名和第2名。据湖南省人民政府办公厅《关于2013年度全省优秀政府网站评估结果的通报》（湘政办函〔2014〕1号），省民政厅门户网站在省政府网站绩效评估中，获得了优秀省直部门网站称号。

一 2013年度电子政务建设情况

（一）项目建设取得新成就

湖南省于2013年10月在全国率先建成上联民政部、下联县（市、区）的全省民政视频会议系统。构建了集灾情会商、应急指挥和远程调度于一体的灾害应急决策会商环境，建成了保障视频会议系统稳定运行、业务数据安全传输的民政内网专线，建成了与民政部之间的双向高清卫星视频会议系统。视频会议系统是湖南省民政电子政务的标杆性工程，也是湖南省民政信息化的重要成果。该系统经过17次召开会议和远程培训的检验，逐渐发挥综合效益。

（二）网站工作取得新突破

湖南民政门户网站认真贯彻落实省民政厅党组“围绕中心，服务大局”

的办网方针，扎实推进网站建设管理。深化信息服务，为网站建设增添活力。2013 年共发布信息 5390 条，浏览量突破 1337 万次。实现了重大业务活动 24 小时以内上网发布，编制了规范的办事指南、信息公开指南、信息公开目录。行政审批类业务在线办理、状态查询、结果公示等项目，全部对接省政府网上政务服务大厅。政民互动搭建了民政部门联系群众的新平台。厅领导参加在线访谈 7 次。其中，段林毅厅长分别于 2013 年 9 月 26 日、10 月 28 日参加了三湘风纪网和红网组织的访谈（主题分别为“清风拂民政，福祉惠三湘”“自觉践行群众路线，加强民政民生工作”）。及时回复有效网上信访、公众回答等互动栏目信件（信息）800 多件。专题专栏建设为网站提升了魅力。积极创建专题专栏，聚合电视、网络、报纸、新媒体等宣传资源，初步构建立体化网站宣传格局。推出了“转作风、抓关键、解难题、见实效”“党的群众路线教育实践活动”等 6 个在社会上有影响的专题专栏，传播了正能量。

（三）制度建设取得新成果

开展了全省民政信息化建设调查研究。向 14 个市（州）和 123 个县（市、区）发放和收回了全省民政部门信息化调查问卷，实地调研部分市、县、乡、社区民政信息化情况，撰写了《关于全省民政信息化建设情况的调研报告》。按照民政部和省委省政府关于加快信息化建设的部署，研究提出了《省民政厅 2014 ~ 2016 年信息化建设行动计划》，为未来三年全省民政信息化建设提供了顶层设计。出台了加强网站建设的有关文件。2013 年 8 月出台《关于加强民政宣传工作的意见》（湘民发〔2013〕37 号），提出“要充分发挥湖南民政网站群的作用，将其建成民政宣传工作的重要基础平台”。2013 年 12 月出台《湖南省民政厅工作规则》（湘民发〔2013〕68 号），规定“湖南民政门户网为省民政厅信息公开首发网站”。编印了《民政信息化文件选编》。收集了网站和信息化建设管理方面的政策法规及省厅制定的相关文件，为网站和信息化建设提供了制度保障。

（四）队伍建设得到新的加强

深入贯彻省委关于《2013 ~ 2017 年湖南省干部教育培训规划》的要求和

省厅关于《加强民政宣传工作的意见》的精神，省民政厅着力加强全省民政系统信息队伍建设。一是更新培训理念。坚持民政中心工作服务民政事业大局，按需施教，推介湖南民政和加强信息化建设需要什么就培训什么，从业人员履职尽责和提升工作能力需要什么就培训什么。二是创新培训模式。本着“厉行节约、反对浪费”和提高系统使用效益的要求，充分利用新开通的全省民政视频会议系统，举办了“全省民政新闻宣传和信息工作”“全省民政视频系统使用操作”等4期培训班，分层次、分批次培训500余人。三是创新培训形式。坚持“请进来”的原则，邀请了省政府经济研究信息中心、《中国社会报》和相关IT公司等有关方面的专家授课；坚持“走出去”的原则，组织市（州）、县（市、区）有关方面的负责同志、宣传专干、信息化技术骨干来省厅现场观摩和操作演练，提高了整个队伍的实践能力；坚持“自身造血”原则，统筹安排厅办公室、信息中心负责同志和相关工作人员授课，努力提高干部的培训能力。四是创新培训内容。按照“注重实效、有序推进”的原则，从加强民政信息宣传工作、视频会议操作、网站管理、信息化新技术等方面进行培训。

（五）基础工作取得新成效

迎接了国务院督导组对省民政厅软件正版化工作的专项检查，并得到了督导组的高度肯定。配合民政部信息中心，完成了低保信息系统安全等级评估工作。扎实有效服务于党的群众路线教育实践活动，开展了走基层“访联创”等一系列活动，探索了“网上群众路线”，搭建网上群众服务平台，取得了良好的社会反响。做好网络日常管理和重点巡检工作，确保了各项业务系统的安全稳健运行。

二　2014年度工作展望

2014年，省民政厅将认真贯彻好、落实好党的十八届三中全会精神，加快推进符合转型民政需要的民政信息化建设，构建民政电子政务平台，推进民政业务综合信息平台建设，重点开发建设居民家庭状况核对系统，建立省、市、县三级联动机制。

（一）主动作为，提高服务保障水平

按照突出重点、注重实效的原则，紧紧围绕《省民政厅 2014 ~ 2016 年信息化建设行动计划》部署，做好拟建系统的前期论证、项目实施工作。研究制定民政信息化有关标准，规范市、县民政局信息化建设工作。按照分类指导、整体推进的原则，指导市、县依据省厅出台的标准建设或完善机房、网络等基础设施。加大对市、县民政网站建设、管理、使用的指导，充分发挥其民政宣传工作基础平台作用，更大程度地提高全省民政网站群的效益。

（二）加强协作，推进信息整合共享

按照十八届三中全会关于“推进部门信息共享”和“建立健全社会征信体系”的要求，一方面从内部整合已有民政业务系统的数据资源，建设全省民政内网办公平台，实现全省各级民政部门公文资源共享，利用民政网站群，实现全省各级民政部门网站资源整合；另一方面从外部整合部门间的数据资源，加强与社会信用体系领导小组的协作，完善与省公信局、企信局等单位的信息交换机制，按照国发〔2012〕45 号文件、湘政发〔2012〕35 号文件精神，重点开发建设居民家庭经济状况核对系统，建起省、市、县三级联动机制，实现与公安、住建、工商、税务等部门所采集的家庭收入和财产信息交换共享，为高效、准确认定城乡低保对象提供强有力的信息保障。

（三）强化应用，提高系统使用效率

提高视频会议系统使用效能，完善救灾应急会商基础环境。推动办公模式从“传统”向“数字”转型。建好全省内网办公平台，实现协同办公、移动办公、公文传输、网上阅文等功能。提高网站内涵建设。继续巩固厅门户网站改版升级成果，进一步强化信息公开、政民互动、在线办事功能，加大对民政业务子网的升级改版指导力度，形成厅门户网站和业务子网协同发展。围绕民政中心工作和热点问题，积极建好专题专栏，把握好信息发布的“时、效、度”，不断提高网站建设水平。加强对已建系统的管理。加大网络和信息安全工作力度，加大对长假、“两会”等重点时段的巡检力度，确保各项业务系统的稳健运行。

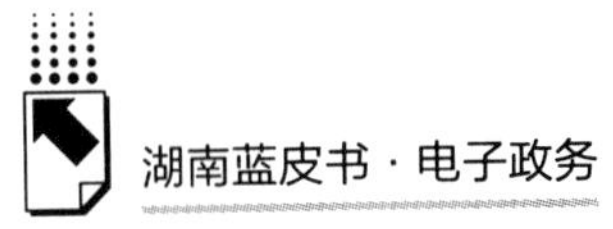

（四）转变理念，促进规范、科学管理

重新梳理完善现有管理制度，研究出台《湖南省民政视频会议系统管理办法》《湖南省民政厅正版软件管理办法》《湖南省民政厅门户网站管理办法》等制度。在新项目建设的同时，同步出台相关配套管理制度。加强人员培训。通过“请进来”和“走出去”的方式开展形式多样、内容丰富的培训。开展服务外包。外包部分信息化运维服务，确保民政业务信息系统安全稳定运行。

B.4

2013 年湖南省财政厅电子政务发展形势分析及 2014 年发展展望

湖南省财政厅

2013 年，省财政厅高度重视电子政务工作，将电子政务作为优化工作流程、提高工作效率、提升服务水平、建设透明廉洁财政的重要途径，信息化水平不断提高。现将有关情况总结如下。

一 基本情况

“金财工程”是以先进信息技术为支撑，以预算编制、国库集中收付和宏观预测分析为核心的政府财政管理综合信息系统，被列为国家电子政务十二个重点工程之一。湖南省财政信息化建设紧紧围绕财政部“金财工程”规划，以统一领导、统一规划、统一技术标准、统一数据库和统一组织实施为原则，通过整合系统资源、统一应用支撑平台，构建湖南省财政信息化核心，推进财政核心业务应用系统（预算管理、国库支付管理、非税收入管理）的改造整合与应用推广。目前，湖南省已经建成金财专网四级网络体系，建设了同城及异地容灾备份中心，上线应用系统 46 个，基本实现了财政业务信息化。

二 电子政务发展情况

1. 政务应用发展情况

建设了财政专网电子政务平台，实现了全省财政部门公文起草、文件传输、新闻信息发布、电子公告发布、财政系统内部邮件交流等功能。同时，不断开发完善财政主要业务信息化平台，目前共有预算管理、国库集中收付、非税收入管理、乡镇财税管理、国有资产管理、会计信息管理、企业项目资金管理等多个业务系统平台实现了主要业务信息化。

2. 政务网站服务情况

升级改版省财政厅门户网站，打造新闻发布、信息公开和政务服务公共平台。2013 年，门户网站更新 5000 多条信息，新增专题 4 个，总访问量达 370 万人次。设立了财政预算公开专题，公开预决算报告、预算执行情况、重大惠民专项和工作动态等。2013 年公开了省本级财政预决算、“三公经费”预决算、省财政厅部门预决算等，公开重大惠民专项 97 项。将网站“会计之窗”栏目升级为独立的“湖南会计信息网”，方便群众办事。2013 年约 19 万名考生通过湖南会计信息网报名参加“会计从业资格证书考试”，6.6 万名考生报名参加“会计专业技术资格考试”。推进网上政务服务和电子监察系统应用工作，2013 年通过网上政务服务和电子监察系统办理行政审批（许可）事项 472 件。

3. 社会管理和政务服务应用情况

省财政厅有 10 项行政审批（许可）事项，为方便群众办事和监督，在门户网站设立财政信息公开专栏，及时更新所有行政审批（许可）事项的主要业务信息，包括办事依据、程序、时限、部门、联系方式等，为群众办事提供便利。同时，积极推进全省网上政务服务和电子监察系统应用工作，相关职能处室定岗定人，明确专人负责。积极组织工作人员培训，建立网上政务与电子监察系统定期督查制度，积极推动系统应用及网上政务服务事项的落实。2013 年我厅共有 472 件行政审批（许可）事项通过网上政务服务和电子监察系统办理。

4. 信息资源开发利用和共享情况

财政内网实现了横向业务协同，与省国税局、省地税局、省教育厅等 24 个省直厅局实现了电子公文传输、电子联合盖章，提高了办文效率。在主要业务信息化平台上实现了纵向业务协同，实现了从上到下业务办理电子一体化。如每个县级非税收入管理机构可以通过非税收入管理平台进行票据核销与购买；每个国有资产管理单位可以通过国有资产管理系统进行资产登记、核销，向省财政厅上报国有资产台账等。

5. 电子政务公共平台建设和应用情况

开展了湖南财政信息化建设“三年行动计划”，在各市（州）、县（市、区）推广电子政务系统应用工作。目前，全省 14 个市（州）、123 个县（市、区）财政部门均已经使用电子政务系统，实现了全省财政部门电子政务系统全覆盖。建设了远程视频会议系统，目前已经实现全省所有市（州）、县（市、区）联通使用。

6. 电子政务信息安全保障情况

搭建了全方位、多层次的网络安全防护体系。统一安全防护策略，省、市、县分工协作，省财政厅负责省到市、县的纵向骨干网络，各级财政分别管理本级横向网络。在全网部署了准入控制系统，为市、县配发了防火墙，省财政厅能够对省、市、县三级的网络接入、违规外联进行有效管控，形成了网络安全防御体系。狠抓了安全保密工作。严格执行内、外网物理隔离，制订了机房、网络、移动存储介质和计算机管理等保密安全制度，做到信息安全工作有章可循。开展了多次安全检查和清理。2013 年来未发生失泄密等安全事件。建设了同城（异地）数据容灾备份中心。为提高数据的安全性、稳定性，防止因地震、雷击、火灾等突发灾难性事件导致数据毁灭性丢失，2010 年在长沙市财政局建设了同城数据容灾中心，在邵阳市财政局建设了全省财政数据异地容灾备份中心，2011 年新增了衡阳、长沙、益阳三市数据备份。

三　电子政务发展环境保障情况

1. 加强组织领导

省财政厅成立了以厅长为组长的“湖南省财政厅信息化工作领导小组”；市、县财政部门也成立了同级财政信息化工作领导小组，由局长任组长，为财政信息化建设顺利开展提供了组织保障。

2. 信息管理机构逐步健全

省财政厅信息网络中心配备在编人员 10 人，其中专业技术人员 4 名；14 个市（州）本级都成立了信息管理机构，并配备了 2 ~3 名专业技术人员；县（市、区）都成立了信息管理机构，配备了专门技术人员。

3. 大力推进标准化建设

为市、县财政局统一配置了防火墙，设置了安全防护策略，按地域原则划分安全域，各个安全域之间的隔离与配置由省财政厅统一负责。在内网部署了准入控制系统和360私有云安全系统，能够对网络接入、违规外联进行有效管控，对IP、MAC地址进行统一管理，确保系统不被病毒、木马感染。

4. 加强安全管理

建立了覆盖信息化全流程的安全管理制度，强化重点岗位人员的安全责任，做到定岗、定责、定人，减少安全管理漏洞。开展了系统安全风险测评工作，2013年完成了国库集中收付系统、工资统发系统、非税收入管理系统、预算管理系统、应用支撑平台5个系统的风险评估工作，为系统安全提供了保障。

四　2014年电子政务工作计划

1. 全面规划财政信息化建设

目前财政信息化建设已初步构建满足各项财政改革需要的软、硬件支撑系统，但系统比较独立，硬件比较分散，数据资源不能有效利用。2014年，我们将广泛调研，科学规划，出台湖南数字财政建设总体规划，充分利用云计算、云存储等最新技术，有效整合硬件、软件资源，构筑安全、可靠的运行环境，确保财政资金安全。

2. 全力支持财政改革

2014年主要抓好七大财政业务系统建设：一是继续完善平台功能，开发领导决策支持系统和综合查询系统；二是全面完成金融债务管理系统开发建设；三是开发国有文化企业管理系统；四是优化、升级电子政务系统；五是升级全省行政事业单位资产管理信息系统；六是实施全省预算执行动态监控系统；七是建设全省农村公益事业“一事一议”奖补资金综合管理系统。

3. 建立健全管理制度

以制度建设为契机，进一步规范软件准入、系统运维、安全建设、网络管控等信息化工作。同时，将中心工作细化分解，责任到人，向管理要效益，靠

制度出精品。

4. 继续做好政务公开工作

加大政务信息公开力度，丰富政务信息公开载体，充分发挥厅门户网站的主阵地作用，做到信息公开准确及时。按照省政务公开领导小组的有关部署要求，负责牵头抓好全省财政预决算及“三公”经费预决算公开工作。按照计划，2014 年拟新增省直公开部门单位 36 家，总计达到 82 家。在 2013 年启动 14 个市（州）和 31 个县（市、区）预决算公开的基础上，2014 年所有市（州）和县（市、区）启动财政预决算公开工作，公开本级预决算和“三公”经费汇总情况，并选取部分预算单位公开部门预决算和“三公”经费情况。

5. 进一步推动网上政务服务与电子监察系统应用

对厅机关网上政务服务与电子监察系统应用情况进行一次“回头看”，认真查找系统运用中的问题和困难，防止系统“接而不用”、行政审批事项“体外循环”等问题，确保此项工作落到实处。

6. 加强安全防护

一是建设全省统一的病毒防护系统。二是完善安全体系。积极推进数字证书及电子印章系统建设，全面启动身份认证与授权管理系统；完成省本级存储备份扩容，将邵阳异地备份中心建设成全省各县（市、区）的数据备份中心；建设财政专网流量检测与分析系统和服务器漏洞检测与安全分析平台。三是优化中心机房运行环境，保障机房正常运转。对机房供电系统、消防设备、环境监控报警平台等重点环境设施进行扩容改造，保障财政业务系统安全。四是搭建 IT 服务管理平台，构建运维审计系统，确保财政网络稳定运行。

B.5 2013年湖南省国土资源电子政务发展形势分析及2014年发展展望

湖南省国土厅

在省委、省政府的正确领导下，湖南省国土资源厅统一领导、统筹规划、合理部署，全面落实全省国土资源信息化建设工作，大力推进湖南省国土资源电子政务建设，在电子政务应用中不断规范和创新管理，促进了国土资源管理科学化、现代化。目前，电子政务系统已经成为支撑湖南国土资源各项管理工作正常开展及各级部门之间协同办公的统一平台。同时，电子政务系统的建设也为打造服务型机关提供了有力的技术保障。

一 基本情况

全省14个市（州）和123个县（市、区）所有业务流程均纳入统一的电子政务平台上运行，实现了行政办公和综合事务管理的“二合一”以及业务审批的“图数联动”，形成了“外网受理、内网审批、外网公布”的电子政务应用新格局。

一是进一步加快了国土资源“一张图”核心数据库建设。省级“一张图”核心数据库已整合了38个各类国土资源数据库。加强市、县级统筹和部署，大多数市（州）建成了各类国土资源数据库的市级“一张图”核心数据库，部分县（市）建成了各类国土资源数据库的市级“一张图”核心数据库，完成了13个市（州）和89个县（市）“一张图”管理系统的部署工作（其他34个区与市局统一平台运行），初步实现了“一张图”管地、管矿。

二是进一步完善了电子政务系统。省本级电子政务系统覆盖了全厅所有业务，实现了全流程网上运行。其中19项行政审批事项通过系统导出模块与省

级电子监察系统进行数据交换，并完善了短信提醒功能。市、县级电子政务系统全面升级改造，实现了业务网上审批和公文网上收发。2013 年全年，市、县级共办理案卷 41376 件，较 2012 年同期增长 36.6%。通过远程上报案卷系统，全省市、县局建设用地上报案卷 2108 件，在线受理 1904 件。通过电子公文传输系统，省、市、县三级共计发文 4168 件，收文 42685 件，收文签收 41920 件，收文签收率达到 98.2%。

三是开展了乡镇国土资源所信息化建设试点。前期完成了 6 个县（市）的乡镇国土资源所电子政务系统的部署和试运行，并于 2013 年 6 月通过了评审验收，目前已部署长沙、衡阳、株洲、湘潭的部分县区。计划从 2013 年下半年开始，用三年时间部署到全省所有乡镇国土资源所，并投入实际运行。加上已给所有国土资源所配备的一台计算机、一台手持式 GPS 和“一张图”土地动态巡查系统，将大大提高乡镇国土资源所信息化水平，显著提高国土资源部门为民服务的能力和水平。

四是统筹开展了全省国土资源系统网站群建设。通过网站整合，全省 134 个行政区网站形成了“风格统一、标准统一、框架统一”的省、市、县三级网站群，在线办事和政民互动功能得到完善和拓展。全面实现了全省国土资源土地和矿业权的网上交易。2013 年通过省统一网上交易平台成交用地 739 宗，同比增长 94.5%，成交矿业权 48 宗，与 2012 年基本持平，成交总额达 170.6 亿元。

五是完善了基础设施建设。省本级和 14 个市（州）、123 个县（市、区）局网络实现了互联互通。利用“金土工程”项目经费，给贫困市、县配发了政务系统运行所需的大部分设备，满足了电子政务系统运行的需要。截止到 2013 年底，市（州）局共有各类服务器 192 台、安全设备 50 余套、存储设备 20 套，存储容量超过 80T。其中 13 个市（州）局都建成了高标准的数据中心机房。除 21 个区局数据统一放在所属市局外，其余 102 个县区都建成了数据中心，共有各类服务器 400 多台。

六是加强网络及信息安全建设，建成了省、市、县三级物理隔离的内、外局域网，并不断完善网络安全设备，全年各级网络运行平稳可靠，没有出现信息泄密等影响国家安全的事件。2013 年开展了市、县级 CA 认证系统建设，为电子政务系统正常运行提供了进一步的安全保障。开展了省本级信息系统等级保护工作，确定湖南省国土资源网上发布与交易信息系统为三级安全保护等级，完成了在公安机关的备案，邀请华中测评中心进行了测评检查，并完成了整改，达到了三级的安全要求。

二　经验成果

（一）领导重视，加强统筹，促进了电子政务建设全面推进

2013 年 10 月，湖南省委常委、省委组织部部长郭开朗来我厅指导工作后，到信息中心专门考察了测绘地理信息与国土资源信息化工作。厅党组成员、省测绘地理信息局专职副局长金勇章同志多次到信息中心调研，听取信息化工作汇报，要求进一步提高认识、转变观念，重点推进电子政务和“一张图”建设，使国土资源信息化工作成为国土资源管理的重要抓手和助推器。按照省领导和厅领导的重要指示精神，湖南省国土资源电子政务建设始终坚持省、市、县三级系统联合开发和统筹部署。这种在全省内一次性实现省、市、县三级国土资源管理电子化、网络化、无纸化的建设模式在全国信息化建设中也属先例。一是统筹建设了省、市、县三级电子政务系统，全省除长沙市、株洲市有自己独立的电子政务系统外，其他 12 个市（州）均在省级国土资源电子政务基础平台上，搭建市级电子政务应用系统。二是统筹建设了省、市、县三级数据中心，实现了集影像、土地、矿产、地质等各类数据的集中统一管理和统一应用服务。三是统一开展了全省国土资源基础建设，建成了湖南省、市、县三级国土资源业务专网，实现了部、省、市、县四级国土资源部门网络的互联互通和视频会商，省、市、县建立了独立机房，配设了必备的网络安全、存储设备，为国土资源电子政务系统的稳定运行和国土资源信息的传输与共享提供了基础保障。四是完成了省、市、县三级网上交易系统建设，利用省厅网上共享平台，市（州）、县（市）局不但节省了平台建设费用，还节省了维护费用和人力，由于省厅统一维护管理网上交易共享平台，系统运行的稳定性也得到很大的增强。五是针对各地经济条件差距较大的实际情况，加强对

市、县级信息化建设的资金支持和设备补助，重点向贫困地区倾斜，部分贫困县没有花费一分钱，就完成了信息化应用基本环境的建设，保证了全省国土资源信息化建设整体进度。

（二）领导带头，推进应用，电子政务在应用中发挥出显著效用

为了全面推进电子政务系统的应用，厅党组下定决心，坚决在厅系统内实现网上办公、网上审批，实现办公的无纸化。由厅办公室负责系统应用的推进，纪检监察室负责效能监督，厅信息中心做好技术支撑。厅领导带头使用电子政务系统，并把使用电子政务系统列入国土资源管理工作目标考核的重要内容，明确要求机关各处室高度重视电子政务应用。自 2007 年 5 月实施“窗口办理、接办分离、封闭运行、限时办结”以来，省厅政务窗口办事效率每年都有新的提高，服务环境得到优化，服务社会的能力和水平明显提升。一是提高了行政效率。通过网络传输公文，减少省厅与市、县局之间交互的时间，文件传送时间从原来的两三天缩短至几分钟；报件电子化后，以往串联式审批改变为网上并联式审批，大幅度缩短业务办理时间，案卷办理时间最短的在 15 天内即可办结。二是促进了规范管理。行政审批按电子政务设定的程序办理，任何人都无法超越规范化的业务流程，克服了人为因素的影响，行政权力的运行模式实现了科学规范化。三是提升了服务质量。电子政务建设较好地体现了“以人为本”的管理理念，体现公正公平，充分保障了服务对象的合法权益。电子政务窗口的设立更加贴近群众，办文结果查询方便了群众，取得了良好的社会效益。四是降低了行政成本。无纸化办公的推行有效降低了行政成本，每年可为全省国土资源系统节约大量的办公经费。网上报件节省了业务申请人来回奔波的时间，节约了异地报送的成本。五是促进了廉政建设。依托省、市、县三层两级信息化网络，利用信息技术和网络平台，对湖南省国土资源行政审批、行政执法、行政征收、行政支付等行政权力以及政务信息公开等进行实时监察、预警纠错、统计分析、效能监察等，最大限度地将行政权力运行的整个过程置于“阳光”之下，接受广泛的社会监督，有力地促进了国土资源系统的廉政建设和反腐败工作。

三 发展展望

全面、深入推进信息化建设与应用，进一步完善国土资源网络系统建设，形成国土资源基础数据库，构建集电子政务平台、信息共享服务平台和网上交易平台于一体的综合性国土资源管理运行体系，提升国土资源行政管理效能，增强全程监管能力，使国土资源部门参与宏观调控能力更强，信息共享与社会化服务程度更高。

（一）推进三级国土资源业务网上全面运行

优化省、市、县三级电子政务系统，梳理业务流程，拓展系统功能，提高系统性能，实现省、市、县三级国土资源行政办公、政务审批、综合事务等全业务的网上运行，实现建设用地和矿业权业务的网上审批。

（二）深化国土资源“一张图”建设与应用

不断完善全省国土资源基础数据库，优化“一张图”管理系统，全面实现“以图管地”“以图管矿”“以图防灾”。加强数据统一集中管理，各类国土资源数据向各级国土资源信息中心汇交并统一提供数据服务。

（三）加强信息系统建设

完成省、市、县三级国土资源门户网站的整合，准确、实时、全面地在网上发布国土资源政务信息，实现阳光行政；加强网上交易平台在全省的推广应用，促进交易过程透明化、交易流程标准化。

（四）加强信息安全管理

实现全省国土资源电子政务系统的身份认证、数字签名和电子印章等功能，对电子政务系统正常运行提供进一步的安全保障。组织各级国土资源管理部门开展信息安全等级保护定级备案、等级测评和安全建设整改工作，完善重要信息系统安全防护体系，切实提高信息系统和基础信息网络的安全保障能力。

（五） 推进基层信息化建设

大力推进乡镇国土所信息系统建设和应用，分区域、分批次把乡镇国土所电子政务系统逐步部署到全省各乡镇国土所，并实现应用，全面提升乡镇国土所获取信息的能力和水平，强化国土资源所的基础地位。

B.6

2013年湖南省环保厅电子政务发展形势分析及2014年发展展望

湖南省环保厅

2013年，在环保部信息中心的指导、厅党组的重视关心及各处室、各直属单位的支持帮助下，湖南省环境信息中心以“围绕中心创特色，突出重点求实效”为目标，按照《国家电子政务“十二五”规划》的部署，充分发挥信息化在促进工作发展中的重要支撑作用，大力推进电子政务发展，全面提升全系统电子政务应用水平，加强自身建设，做好服务保障，取得了新进展、新成绩。省厅公众网站连续第四年被省政府评为“湖南省优秀政府网站”。

一　基本情况

环保厅始终坚持“以需促用、以用促建”的电子政务建设原则，立足于履行行政职能需要构建完整的电子政务总体框架，立足于提高行政效能需要加快资源共享，立足于部门业务流程整合需要不断深化电子政务应用，将环保厅公众网、电子公文传输系统、行政审批系统、环保专项资金项目管理信息系统等多个电子政务系统应用到工作中，建设完成了部—省—市—县环保专网，创建了自动化办公系统和网络架构，大幅度提升了服务效能，有效推动了信息资源的开发利用。

二　“十二五”规划目标实现情况

基础网络初步建成。按照“十二五”规划目标，已建设完成部—省—

市—县环保专网，连通全省环保系统各单位。电子政务应用广泛开展。为提高工作效能，大力推动全厅办公自动化，建设电子公文传输系统，实现全省环保系统网络化传输和全省电视电话会议系统的应用，各个业务处室的主要业务基本建设了业务系统，如环保专项资金项目管理信息系统、移动执法系统、企业信用评价系统、“三同时”监管系统等。电子政务信息共享和业务协同取得重大突破。已完成环境信息资源中心第一期工作，建立起数据交换与共享机制，实现省厅各业务数据的及时更新、集中管理、资源共享和综合分析。电子政务技术服务能力明显加强。引入虚拟化技术，完成对硬件资源的整合，为以后建设全省环境信息化云平台打下基础。电子政务信息安全保障能力持续提升。建立信息安全管理制度，在电子政务外网统一部署了防火墙、入侵检测、Web 防火墙等安全防护设备，提升了网络系统和应用系统的安全性。

三　电子政务发展情况

1. 政府网站服务

加强门户网站建设。一是进行门户网站的改版。全面改进网站风格、形式，突出信息的分类、功能的整合。按信息公开、办事服务、公众互动三大功能区布局，设置集中式、一站式的信息公开平台、网上办事平台、公众互动平台。网站风格简约、清新，内容全面，图文并茂。二是继续下大力气抓好网站内容保障。通过向各处室、直属单位通报信息发布量，当面或短信提醒各部门发稿，培训信息员等形式，发动全厅力量共同维护更新网站栏目内容。2013 年，网站共发布信息 6800 余条，环境质量数据 220000 余个，网站浏览量已超过 260 万人次。三是继续下大力气抓好网站功能完善。新设置了省政府一号重点工程、长株潭 $PM_{2.5}$ 数据及六个重点城市空气质量排行、党的群众路线教育等专栏宣传重点工作；实现了环评、固废、核与辐射、自然保护、污管与监察等业务领域共 20 项环保行政许可事项的网上申报、公示、公告等；举办一期“在线访谈”，邀请谢立副厅长在省政府网站“在线访谈”栏目就“我省雾霾天气的应对与防治”问题与网民互动，我厅网站同步直播；通过技术手段，实现了与省政府门户网站信息发布无缝对接，建立向省政府门户网站发布信息的快速通道，有力地推动全厅政务信息公开工作；增加了网站手机版，以适应更广泛的浏览查询需要。

2. 政务应用服务

进一步保障、完善行政审批系统与效能监察系统，保证了行政许可事项的及时办理，提高了行政审批效率。实现了涉及环评、固废、核与辐射、自然保护、污管与监察等业务领域共20项环保行政许可事项的在线行政审批与电子监察的受理审批、服务评价和电子预警的全流程管理，全年累计办件1120件。

3. 创新社会管理

污染源自动监控平台可以实现对全省范围内重点污染源废水、废气等污染物排放状况的自动监控，科学、准确、实时地掌握重点污染源主要污染物排放数据、污染治理设施运行情况等与污染物排放相关的各类信息，及时发现并查处违法排污行为。污染源排污监控视频可以对污染源的排污进行实时画面监控，并保留视频证据。为加强重点污染源减排监管，深化污染源自动监控建设和应用，提高污染源自动监控系统的准确性和可信度，湖南省试点推行污染源排放过程（工况）监控，实现从“点末端监控”向“全过程监控”扩展。污染源排放过程（工况）监控是在现有污染源自动监控的基础上，采集排污单位污染治理设施（工艺）运行参数及污染物产生过程参数，建立其与污染源排放数据的相关关系，是巩固现有污染源自动监控建设成果的重要手段。目前全省选取5家火电厂和5家污水处理厂试点运行。

建立湖南省企业环境信用评价管理平台，各级环保部门可以通过该软件平台，随时记录和保存辖区内的企业环境违法违规信息，立即获知该企业的环境信用评价等级，真正实现环境信用评价工作网络化、信息化，令查询更加便捷，工作效率大大提高。2013年6月5日，省环保厅向社会公布了2012年度评价结果，通过湖南卫视、湖南经视、《湖南日报》、红网、省厅公众网等多种途径发布。全省共有1483家企业参评，991家企业得出了评价结果，公布了141家已经关闭不再参评的企业名单，公布了330家因为停产而暂缓参评的

企业名单。11 月 25 日，根据省政府指示再次公布了湘江流域内继续保持合格等级的 551 家企业名单。

4. 信息资源开发利用和共享

环境信息资源中心是以信息数据整合为目的，以环境监察移动执法系统为依托，在移动执法数据库的基础上建立数据支撑综合平台，完善数据标准，建立起数据交换与共享机制，结合环评处、污防处、总量处、生态处、辐射处、固废站、监测处等处室的工作需求，提供业务数据录入接口，录入最新数据，实现省厅各业务数据的及时更新、集中管理、资源共享和综合分析，为湖南省环境保护的管理、评价、决策工作提供有效支持。

环境地理信息平台（EGIS）是以基础地理数据为基础，以 GIS 平台为支撑，紧密结合环保部门的业务数据，进行直观查询、分析的决策辅助平台。目前它已成为综合展示全省环境资源、环境状况的“电子沙盘”“环境一张图”。

环境监察移动执法系统以国家、省、市、县“环保四级专网”为依托，利用物联网、3G 无线通信、GPS 卫星定位、三维 GIS 地理信息等各种领先技术，采用一整套规范的执法文书和流程，构建了集环境监察任务与管理、现场执法终端、中心处理服务系统于一体的移动执法系统，基本实现省、市、县三级移动执法系统的平台对接和信息资源共享。

5. 电子政务公共平台建设和应用

全年保障部—省及省—市（州）公文传输。据统计，部—省公文电子传输系统共发电子公文 473 份，省—市公文电子传输系统发电子公文 216 份。公文电子传输有效地节省了环保系统的工作成本，便于文件上传下达、政令快捷畅通。

已建成部、省、市、县环保专网。已启动省—市（州）的链路由原来的 2 兆 MSTP 专线升级为 4 兆 MSTP 专线、市（州）—县由原来的 1 兆 ADSL 拨号线路升级为 2 兆 MSTP 专线的工作，为更多的业务应用打下坚实的基础。

6. 政府信息系统的信息安全保障

信息安全责任制建立和落实情况。环保厅成立了计算机信息安全和等级保护领导小组及办公室，日常工作由信息中心负责。

日常安全管理制度建立和落实情况。根据信息安全相关要求，建立了安全管理的相关制度。完善人员管理制度，要求重要岗位人员签署了安全保密协议，对人员离岗离职进行了审查和登记，对外来人员操作设备进行了登记和审批。加强资产管理，由专人进行资产管理，定期不定期进行资产报废和设备的维修维护工作，并进行相应登记和审批。加强日常运维管理，要求所有维护均有记录，对服务器架设、操作进行记录。

信息安全设施投入情况。在电子政务外网统一部署了防火墙、入侵检测、Web 防火墙等安全防护设备，提高了网络系统和应用系统的安全性。目前，数字认证已在电子公文传输系统和行政审批中得到应用。建立网络安全保障体系，完善网络安全监控手段，确保网络和应用系统的稳定运行。

四　电子政务发展环境保障情况

据统计，全省共有环境信息化工作人员 50 余人，省本级工作人员 6 名，机房面积 200 平方米。近年来，全面加强了环境信息中心组织机构建设，成立省级环境信息中心，先后有岳阳、湘潭、株洲、益阳、常德、衡阳、长沙、郴州等 8 市成立市级环境信息中心或机构，逐步形成了全省环境信息化工作的组织保障。

2013 年，省厅共投入近 500 余万元用于环境信息化建设。株洲市已投入 3800 万元，全面建成“数字环保”，实现了信息化的环保管理工作；湘潭市、郴州市、益阳市已纷纷启动了“数字环保”工程的建设，制定了建设方案，有的已资金到位，开始了招标程序；娄底、湘西的“数字环保”规划已得到市（州）政府批复立项；常德等市局已开始筹划相关方案。省厅分别给予株洲、湘潭两市环保局 1000 万元的专项资金支持。2013 年 6 月和 12 月，分别在南岳衡山干部培训基地和长沙环保学院举办了两届全省环境信息技术培训班，提高环境信息化工作人员的业务能力，为更好地服务全省环境信息化工作打下了坚实的基础。

五 2014 年电子政务发展展望

1. 加强机构队伍建设，夯实信息化人才基础

按照《全国地方环保系统环境信息机构规范化建设标准》的要求，结合湖南省实际制定的《湖南省“数字环保”建设标准》中对机构设置、人员编制、经费保障、设备配置等四个方面的要求督促市（州）开展工作。成立了机构的市（州），争取进一步增加编制，扩大队伍；未成立机构的市（州）争取把握机遇、尽早解决。加强信息技术业务培训，打造一支过硬的环境信息化专业队伍。

2. 加强环保专网管理，保障信息传输安全、高效、畅通

在现有网络链路的基础上，加强网络和信息系统安全防护工作。严格按照安全部门与保密部门的要求，做好保密宣传、硬件防护、软件防御等工作。建立完善的安全管理制度和信息安全责任体系，从管理、技术、应急处理等方面不断提高信息系统的防御能力和应对各种信息安全突发事件的能力，为环境信息化的健康发展提供坚实的保障。

3. 加强门户网站建设，提升政务服务水平

加强省、市环保部门门户网站建设管理，逐步推进县区级环保部门门户网站的建设，发挥门户网站政务公开、在线办事、政民互动的平台和窗口形象作用，推动政务信息资源向社会开放。切实抓好门户网站安全建设，完善管理制度，提升网站技术，保障网站安全。对市级环保网站开展评估，积极推动湖南省环保系统网站的整体建设。

4. 加强监控平台运行维护管理，增强技术保障能力

进一步抓好监控中心运行维护管理，严格执行《湖南省污染源监控平台运行维护管理规定》，加强对平台的日常值守，减少监控平台的故障率，提高在线数据的上报率，保障数据的完整性。进一步加强数据分析，做好报表报送、异常数据报警工作，为在线监测数据的应用提供技术保障。

5. 加强环境信息能力建设，促进信息化服务环境管理

一是视频会议系统扩建。视频会议系统扩建到县级，以此为载体，推动市、县级环境信息能力的提高；二是综合办公平台建设，建设综合业务办公平台，实现环保核心业务应用整合、协同办公；三是完善“三位一体”的监控平台，在现有在线监控的基础上，对全省火电厂、部分污水处理厂及重点行业污染源实现工况视频监控试点，构建“三位一体”的监控模式；四是推动市（州）“数字环保”工程的深入开展，指导帮助市（州）做好“数字环保”工程规划，从机构、人员、软硬件设施等方面推动市（州）信息能力的提升，做好省市信息系统的整体对接，实现资源整合、信息共享。

B.7

2013年湖南省农业厅电子政务发展形势分析及2014年发展展望

湖南省农业厅

2013年，省农业厅在省委、省政府的正确领导和厅党组的大力支持下，坚持以科学发展观的思想总揽工作全局，积极开拓湖南农业电子政务的思路，逐步提升农业电子服务水平，着力推进农业信息化，取得了较好的成效。

一 湖南省农业厅电子政务体系逐渐完善

湖南省农业厅加大农业电子政务体系的建设力度，截至目前共投入3000余万元，完成了省本级和14个市级、123个县级、40个农产品市场信息平台和62个乡镇的农业信息服务示范点的建设。2013年充分利用农业信息服务体系建设200万元专项资金，重点支持衡阳市农业局等31个信息化优秀单位，对电子政务平台进行提升改造。市、县农业部门也在千方百计克服困难、积极创造条件抓好电子政务系统建设。如浏阳、衡阳、隆回等县（市）区农业局，对有条件的乡镇农技站，积极支持他们直接建立农村信息服务站；对条件还不成熟的乡镇农技站，则引导他们依托当地乡（镇）政府办公电脑设施或与网吧合作，建立乡镇信息服务站。由他们提供电脑设备，农技站负责信息收集、整理和发布。这样，贯通省、市、县、乡镇以及农业企业五级，集信息采集、分析、预测、发布于一体的农业电子政务体系在湖南省已经形成。各级农业电子政务平台已成为宣传党和国家农业农村工作方针政策、展示湖南农业发展新风貌、推介优势农业产业的重要窗口，成为湖南农业连接世界、扩大农业对外开放、开展对外交流与合作的重要桥梁，成为整合、开发、利用农业信息资源，服务“三农”的重要平台，在全省现代农业发展和农村经济建设中发挥了积极的作用。

二　切实抓好政务网站服务工作

强化信息网站的建设管理工作。湖南农业信息网是湖南省农业政府门户网站。我们以湖南农业信息网为龙头，构建了庞大的农业系统子网站群，形成了省、市、县及农产品市场、农业企业的多层次农业电子政务服务平台。2013年，按照刘宗林厅长提出的要求，以及对照农业部、省政府对政府网站绩效评估的具体要求，我们投入了35万多元做好湖南农业信息网改版升级的工作：对网站的主页面进行了重新设计，突出农业部门特色，强化页面的美观度，重点建设“政务公开”“办事服务”等栏目，改进了“公众问答”“领导信箱”等互动交流栏目。改版后的网站于2013年9月份正式投入运行。据不完全统计，湖南农业信息网全年累计发布分析预测和理论调研文章1.02万篇、供求信息5万余条，处理和发布农业信息12万余篇、农产品市场价格数据56万余条，共增加信息资料8760万字。网站信息覆盖面广，信息量大，针对性和实用性强，为广大受众检索、查询、发布和利用农业经济资讯提供了一个重要的平台。目前，网站日均点击率超过3万人次。2013年，湖南农业信息网在湖南省65个省直单位的评选中荣获网站绩效评估第一名。在农业部组织的全国农业信息联播第三季度和年度评比中分别获第2名和第6名的好成绩，特别是办事服务栏目受到全国同行的一致肯定与好评，获得了“2013·政府网站精品栏目”奖。在加强农业厅对外宣传和提高为民服务水平等方面起到了重要作用。

提高网站信息质量。我们制订出台了《湖南农业信息网信息采集与考核办法》《湖南农业信息网信息采集、提交格式与质量要求》，修订了《湖南省农业厅政府信息公开管理规定》，印发了《湖南农业信息网信息审核发布与政府信息公开办理规定》《农产品质量安全信息发布制度》，出台了《关于加强湖南农业信息网站建设的意见》等文件。农业信息采集报送和更新发布工作不断加强。2013年，共向省政府报送信息3549条，向农业部报送信息7777条，发布涉农信息15960条，其中政务公开信息10965条、办事服务信息2986条、互动交流信息2009条，很好地宣传了全省现代农业发展动态和农业部门

的工作成效。同时，为了对湖南农业信息网和全省农业信息服务提供全方位的信息和技术支撑，我们专门组建了“湖南省农业综合信息服务专家组”，目前已有 35 名农学、植保、经济作物、园艺、畜牧水产、农业机械、市场营销等专业领域的专家成为第一批专家组成员。

三 落实社会管理和政务服务职能

进一步发挥农业信息网站的核心作用。一是为各级党委、政府，各级农业部门农业农村工作的宏观调控、管理决策提供了准确、及时的数据化、网络化服务，发挥了重要的参谋服务作用。在湖南省，很多领导已经习惯经常性登录湖南农业信息网，以及时掌握有关农业法规政策、农业发展动态、农产品市场需求形势等资讯；在很多地方，市、县农业部门还将湖南农业信息网上的重要资讯专门下载，整理成简报呈送有关领导参阅。二是建立农产品供求、价格、市场分析等市场服务栏目，为农业企业、农产品市场、农村种养贩销大户和其他农业生产经营者提供政策法规、农业发展动态、农业预警预报和产品、技术、价格等信息服务，引导和帮助各类农业生产经营主体自主进入市场，成为他们生产经营决策中的重要帮手。三是做好为农信息服务技术咨询和打假工作。农业信息网站专门开辟了“领导信箱”“公众问答”“技术服务”等栏目，对提高农民种养技术、引导产销对接、查处坑农害农行为等方面起到了重要作用，社会反响强烈，社会效益明显，受到了广大农民群众的好评。

进一步做好农业部门电子政务公开的技术支撑工作。湖南省农业信息中心对我厅机关各处室、厅直各单位在履行职责过程中制作或获取的信息进行了梳理，截至 2013 年 12 月份为止，共主动公开和更新政府信息 32676 件。一是采取互联网信息公开的模式。我们在信息门户网站开设了信息公开规定、信息公开指南、信息公开目录等 12 个子栏目。公民、法人和其他组织可以通过专栏查阅和检索农业厅主动公开信息内容，并在线提交信息公开申请。二是建立和完善了行政审批专用网站和政务电子监察系统，全面公开农业厅负责的所有行政许可事项的审批流程图，实行审批进程网上办理、查询。截至 2013 年 12 月份为止，网上受理办结行政审批事项共 1936 件。三是通过门户网站共接收信息公开申请379件。申请公开内容主要涉及种粮补贴、农产品质量安全、农资质量、行政许可、种养业等事项，已全部按时答复。其中不予公开7件，均以邮寄或电话等形式予以答复；无效申请9件（主要为反映事项不属我厅职能和申请人申请事项不明等情况），已按规定退回。

湖南省农业厅一直把社会管理职能作为一项重要工作来抓，并取得了实效。2013年，我们强化了“12316”热线服务平台的日常管理。“12316”热线服务平台自2012年9月份开通试运行以来，社会反响强烈，社会效益明显。2013年，共安排5名工作人员专门负责平台的日常管理和维护，确保电话有人接、投诉有人办，做到全天候服务。2013年以来共接听各类来电咨询8670余个，对提高农民种养技术、引导产销对接、查处坑农害农行为等方面起到了重要作用，受到了广大农民群众的好评。

四　做好电子政务资源开发和共享工作

省农业信息中心按厅党组要求，依托厅门户网站，逐步对农业系统有关部门业务系统进行资源整合，正在逐步打造省农业信息服务体系的大数据中心。2013年，通过不懈努力，已完成了厅办公室的“湖南省农情报送系统”、厅法规处的“政务服务系统”、省农药检定所的“湖南省农产品质量安全溯源信息系统”、省植保植检站的“湖南省植保植检站管理信息系统”等15个业务系统的集中管理，相关信息服务均可以通过湖南省农业信息网的“省农业厅办公平台”栏目统一进行查询。今后，我们还要进一步加大工作力度，争取实现全省农业业务系统在门户网站的集中管理全覆盖，以达到全省农业信息服务的资源共享、系统统一、服务整合的效果。

五　建立强有力的电子政务队伍

为了湖南农业电子政务的长远发展，省农业信息中心专门组建了两支业务素质过硬的队伍。一支是以农业信息体系建设为依托，以各级农业信息部门为基点，专门为省农业厅和农业信息网站做好电子政务服务的信息员队伍。通过

各种途径，全省已先后组织市、县、乡、村培训农村信息员 4300 余人次。这些农村信息员在农业信息进村入户中发挥了积极、重要的作用。一支是以市场信息服务为目标而组建的以 100 名基层农业专家和 50 名市场信息员为骨干、专为市场服务的队伍。2013 年 5 月初，我们专门召开了 5 个厅属单位、40 个厅处室、14 个市级、123 个县级农业局参加的全省农业信息联播和网站内容保障工作会，表彰了在网站信息服务方面做得非常优秀的 25 个先进单位和 35 名先进信息员。此次会议鼓励了队伍、鼓舞了士气、指出了问题、规划了方向，为大力做好全省和基层的网站内容保障工作打下了扎实基础。2013 年 6 月底，我们举办了全省农业信息员培训班，邀请省政府经济研究信息中心、省国安厅等各方面的专家对市、县信息员进行了系统培训，针对农业信息网站的建设与管理，网站信息编辑、发布及后台维护，农业网站信息和网络安全，网络涉农舆情的收集与处理，网络突发事件的应急与处理，农业信息服务与农业电子商务等方面进行认真培训。培训班在强化信息员的素质和工作能力等方面取得了很好的效果。

六　电子政务信息安全保障

电子政务信息安全管理的工作责任重大。为确保主网及子网站的信息安全，我们制定、完善了《湖南农业信息网网站安全突发事件应急预案》《信息采集发布与安全管理》《网站信息保密审核》和“读网制度”等一系列规章、制度。为了强化责任，我们发文要求厅机关各处室，厅直各单位，市、县农业局均需确定一名分管信息的负责人和一名懂网络的专（兼）职信息员，报省农业信息中心备案。负责信息采、编、发的同志要及时、准确地收集、编写、分析和提交信息，并对自己发布的信息进行认真审校，严把信息的政治关、保密关、文字关，确保信息内容真实、格式规范、语言精练流畅。敏感信息（如灾情、疫情）必须按有关程序审核批准后才能报送，不得报送涉密信息。按照信息“谁发布、谁负责”的原则，把信息安全责任落实到单位、个人。并邀请中国信息安全测评中心华中测评中心对湖南农业信息主网站及 40 个子网站进行了安全测评，确保了网站信息的安全。

网站管理维护十分关键，如果出现安全问题，将直接导致全省农业电子政务系统瘫痪。我们投入了大量的人力、财力、物力，加强了对全省农业电子政务系统的日常管理、维护，确保了系统的安全。一是加强信息员的业务培训。要求各单位信息员妥善保管好全省信息报送系统登录账号和密码，并注意防范木马程序窃取账号密码，所用计算机应安装病毒查杀、防火墙等相关安全软件，并经常升级。二是专门成立了专家顾问小组，深入研究解决网站安全技术问题。三是在刘宗林厅长的关心下，我们投入20万元对网站服务器进行了升级改造，将网站全部搬迁到新服务器上，加快网站访问速度，保障了网站的无故障运行。四是加强了服务器访问权限的管理，在服务器上安装了杀毒软件，查杀病毒并防范SQL注入攻击。

七　精心谋划、稳步实施2014年农业信息化工作

湖南省农业厅根据党中央、国务院的有关精神和农业部、省委、省政府的要求，结合湖南省农业信息建设实际，确定2014年全省农业信息化工作的基本思路和主要任务如下。

1. 扎实推进基层农业信息服务体系延伸建设

认真抓好农业信息体系建设专项的实施，利用现有200万元专项资金，对全省25个网络设备严重老化的市、县农业信息网络平台进行改造，新建6个农业信息化示范县，加强对市、县农业信息网站建设的业务指导管理，集中培训200名农业网络系统管理员和农村信息员。

2. 认真抓好湖南农业信息网和农业电子政务建设

加强湖南农业信息网建设，做好网站栏目建设和信息采集、审核、发布工作，提升网站服务水平。加大工作力度，按照厅党组的要求及电子政务系统建设方案，做好大数据中心建设及农业视频会议系统等农业电子政务系统建设，为厅系统行使各项职能提供支撑、保障。

3. 深入实施“农信通”业务“一联三”战略

在做好现有“农信通”业务的基础上，加大工作力度，抓好“沃农宝”“翼农通”等业务的开展，实现信息服务业务的“一联三”战略，为湖南省现

代农业及农村经济社会发展添砖加瓦。

4. 大力拓展农业信息服务和农业电子商务

以移动互联网、3G 网络和智能终端为载体，拓展农业信息服务与农业电子商务。大力推进以“惠农宝”为龙头的农业电子商务品牌，积极开发农业信息服务应用软件，提高农民种养技术，引导产销对接，促进农民增收。

5. 继续加强 12316 热线服务平台管理工作

除做好日常工作外，我们将继续加强对“12316”热线服务平台的建设管理，加强对热线服务人员的业务培训，把“12316”热线真正打造成群众满意、政府放心的连心线、解忧线、致富线。

湖南省农业厅电子政务建设工作取得了一些成绩，今后，我们将不断创新电子政务服务方式，努力提升农业电子政务水平，从全局和战略的高度，统一思想认识，创新工作思路，进一步推进湖南农业信息化跨越式发展。

B.8

2013年湖南林业电子政务发展形势分析及2014年发展展望

湖南省林业厅

2013年，湖南林业电子政务和信息化工作按照国家林业局"加快林业信息化，带动林业现代化"的总体部署，紧紧围绕省委、省政府提出的全面推进"四化两型"和"数字湖南"建设目标，大力实施林业信息化"五个一工程"，积极推进湖南林业电子政务建设，不断提高为公众服务的质量，不仅在工作上取得了好成绩，也得到了社会各界的好评。

一　电子政务和信息化建设基本情况

1. 通过林业基础数据库建设，实现全省"数据大集中"

数据整合始终是湖南省林业信息化工作的重点。为了避免重复建设，切实解决好资源共享的问题，我们将全省林业基础数据库建设作为工作重点。主要目的就是打破割据，实现"数据大集中"。通过建立林业基础数据公共平台以及一整套林业基础数据共享机制，使湖南省各林业专题应用系统可以根据各自的需求，在林业基础数据平台的基础上方便地进行二次开发。这样既降低了各专题应用系统的开发难度，也节省了各专题应用系统建设林业基础数据库的投资，真正做到了资源共享、标准统一。数据资源的集中管理，实现了林业基础数据的有效监管和合理利用，为领导决策和民生服务提供了有效途径，为全省林业各信息系统的开发奠定了坚实基础。2013年，湖南省率先在全国完成全省林权权属数据库建设，并在林权权属数据库建设的基础上，开发了全省林权权属信息管理系统。据统计，全省2013年利用该系统办理林权初始登记业务32.83万次、流转业务47715次、抵押业务333次，修改林权办证记录497.80

万条。在推广应用全省林权权属信息管理系统的同时，我们还对全国首个林地测土配方平台进行了升级，将林农的林权信息与林地测土配方信息有机整合起来。林农通过互联网或手机访问湖南林业信息网和湖南林业信息网 WAP 网站，输入自己的身份证号码或林权证号就能查询到自家林地的所在位置、林地面积、林地类型、土壤酸碱度、土壤肥力等情况。林农们不仅可以通过网站查询什么样的土地适合种什么样的树，而且可以在测土配方技术的指导下，在施肥的时候实现土地“缺什么，就补什么”，有效地改良了土壤。而更让林农们感到方便的是，以往遇到什么困难想找专家帮忙总是颇费周折，测土配方平台的搭建，将基层林业站工作人员、县（市、区）林业局科技人员、省级专家教授们的联系方式都公布在林地测土配方信息系统里，林农们可以直接拨打他们的电话进行咨询。测土配方平台的建设及整个工作得到了国家林业局和境内外媒体的高度肯定，被广大林农称为“民本工程”“德政工程”。《人民日报》、中央电视台、湖南卫视、国家生态网、红网、《中国绿色时报》、凤凰卫视等媒体都对此进行了特别报道。

2. 通过加快网络平台建设，实现全省网络互联互通

2013 年，湖南省林业厅建成了全国一流省级林业数据中心。该数据中心机房面积达 600 平方米，分为安全、工作、辅助、消防 4 个大区，48 个机柜按照功能细分为内网应用、政务外网等 8 个区，数据总容量达到 80T。为保证全省林业信息化各项应用正常运行，全省 14 个市（州）、107 个县（市、区）林业局、2062 个林业基层单位实现了与省级网络的互联互通。省、市两级林业网络汇聚到省、市电子政务骨干网。湘潭、衡阳、岳阳、常德、益阳、怀化、邵阳、娄底等 8 个市（州），从省到市带宽升级到了 100M。怀化、郴州、岳阳三市，从市到县的带宽从原来的 2M 升到 10M。网络的互联互通、广泛覆盖，为全省林业信息化提供了更为宽广的应用平台。在硬件基础设施不断升级的情况下，为提高信息化效能，湖南省林业厅组织开展了 ISO9001:2008 质量体系认证工作，经现场认证评审以及中国质量认证中心的最终评审，湖南省林业系统信息化的建设、维护、保障、指导和服务方面顺利通过 ISO9001:2008 质量体系认证，湖南省林业厅信息中心成为全国林业系统首家信息化管理通过 ISO9001:2008 质量体系认证的单位。

3. 通过软件系统的开发应用，实现全省办公网络化、数字化

应用是信息化的出发点和落脚点。根据实际需求，我们在湖南林业电子政务平台组织开发了45个应用系统，采取了三大措施促进了全省应用。一是所有开发的系统尽量基于当前流行的B/S三层结构方式构建，且具有相似的用户界面和类似的操作方法，多次进行优化升级，使操作越来越简便，性能越来越稳定，从而使大家切身感受到信息化的优越性，真心实意地参加到信息化工作中来。二是所有开发的系统必须与全省林业电子政务网紧密联系在一起，实现单点登录、全网漫游，避免了一个系统一个密码，从而增加了系统的亲和力，获得了大家的好评，网站用户数和访问量不断增多，分别达35000多个和1800多万人次。三是所有应用系统均采用大集中方式部署，即只在省厅建立应用系统，省、市、县三级用户均通过网络和各自的用户权限管理、安全认证，进入相应的系统办理业务。这样，既避免了重复建设，减轻了基层的资金压力，同时又便于各个系统的优化升级，且确保了全省林业数据的完整性、唯一性与适时性。

4. 通过门户网站加大了网络宣传，提升了为公众服务的质量

2013年，湖南省林业厅门户网站增加了“统计数据”“依法行政”“任前公示”“专项资金”“预决算管理”和“林业概况”等新栏目。全年共发布各类信息42812条，特别是对群众关心的重点领域信息进行了主动公开，真正实现了“让权力在阳光下运行”。湖南林业信息网的在线服务务实周到，更加惠民。在线服务设置了“办事指南”“表格下载”“在线办理”“状态查询”“结果公示”“测土配方查询”和“湖南网络森林医院”等7个栏目。“办事指南”通过图表的方式，详细公布了省厅行政许可事项办事规程的各项要素。“在线办理”“状态查询”和“结果公示”则通过链接方式对接到湖南省网上政务服务大厅，省林业厅所有的行政许可事项都可通过湖南省网上政务服务与电子监察系统进行办理和查询。据统计，2013年，省级共办理政务服务申请3060件，审批时间由法定的20个工作日先后缩减到13个工作日和目前的平均7.6个工作日，提速62%。为方便群众查询林权信息和林地测土配方信息，我们将林地测土配方系统部署到了湖南林业信息网和WAP门户网站。网站互动交流渠道畅通，更加亲民。通过互动交流系统，全年交流条目2350条；通

过公众留言系统，收到公众留言条目 1350 条，回复留言 1264 条；通过意见征集窗口征集意见 468 次，对一些公众都关心且带有普遍性的问题，湖南林业系统各部门通过网站给予了公开答复。2013 年，门户网站的访问量突破 3200 多万人次。

2013 年，通过扎实工作，全省林业系统电子政务和信息化建设取得了较好的成绩。在全国林业信息化发展水平测评中，湖南名列第三，这是湖南省连续六年进入全国前三名。湖南林业信息网在 2013 年全省政府部门网站绩效评估中排名第四，获得“湖南省优秀政府网站”称号，同时，被国家林业局评为“全国林业十佳网站”。

二　电子政务和信息化建设经验与体会

第一，领导重视是关键。信息化建设是一场技术革命，更是一场思想革命。为此，我们坚持“落后的管理是人治、科学的管理是法治、先进的管理是信息化”的理念，加强保障，强力推动，成立了由厅长任组长、主管厅长任副组长、相关业务处室局站负责人任成员的信息化领导小组，对全省林业信息化建设实行统一领导和组织，并从人员、经费、办公条件等方面给予优先保障。

第二，科学规划是前提。信息化建设是一项复杂的系统工程，不仅涉及信息技术应用，而且触及方方面面的管理工作。湖南省被国家林业局列为信息化示范省。我们以全国林业信息化示范省建设为契机，高度重视规划编制，组织力量认真编制了《示范省建设实施方案》和《湖南省智慧林业发展规划》，明确了林业信息化建设的总体目标和技术架构。规划编制后，严格按照规划推进各项工作，保障了全省林业信息化示范工作科学、有序进行。

第三，深化应用是动力。只有不断提高应用水平，扩大应用范围，信息化才有生命力。湖南省在各专题应用系统开发过程中，特别注重解决实际问题，本着“边建设、边应用”的原则，让大家尽快感受到信息化带来的变化和便捷，由“要我用”变为“我要用”。

第四，资金投入是保障。信息化建设涉及高新技术开发和应用，需要购置必要的设备、软件等。加之由于软件更新换代较快，需要持续不断的经费支撑；为此，我们对全省性的软件开发、业务应用系统建设，由省厅统筹解决，免费提供给各地共享使用，终端和网络的运行维护费用由市（州）、县解决。

第五，加强培训是基础。人是信息化建设的根本，再先进的电脑也要靠人来操作。全省加强了干部职工计算机操作能力和应用系统的培训，采取派员学习、经常性指导、跟班学习、请专家集中授课、社会化选学等方式，大大提高了干部职工计算机操作能力和应用水平。

信息化是当今时代之特征，是世界发展之大势。党的十八大报告提出，“坚持走中国特色新型工业化、信息化、城镇化、农业现代化道路”，电子政务作为信息化发展战略的重要组成部分，是党委和政府自觉适应形势、与时俱进的必然选择。

2014 年，湖南省林业厅将根据国家林业局“智慧林业”和省委、省政府建设“数字湖南”的总体要求，结合湖南的实际，不断开创全省林业信息化工作新局面，为发展现代林业、建设“绿色湖南”、推动科学发展做出新的更大贡献。

B.9

2013年湖南省文化厅电子政务发展报告

湖南省文化厅

2013年，省文化厅坚持以科学发展观为指导，以现代信息技术为支撑，积极推进各项电子信息化应用，在满足日常办公需要的同时，加大信息化资源建设力度，加快数字资源开发利用，推动信息共享和业务协同，取得了可喜的成效。

一　网站建设情况

自2008年以来，省文化厅门户网站设有8个一级栏目、37个二级栏目，并相应实行动态建设，每年根据具体情况和上级要求对网站进行更新改版。

1. 信息公开情况

省文化厅十分重视信息公开工作，将网站作为省文化厅信息公开的重要渠道之一，并通过制度确保信息公开工作的有序进行。2013年省文化厅进一步完善了《湖南省文化厅信息公开办法》《湖南省文化厅信息公开目录》和《湖南省文化厅信息公开指南》，进一步明确了信息公开范围、内容及职责；完善了公文类信息公开审核机制，成立了厅保密委员会，执行信息公开和保密同步审核的机制，以明确公文主动公开、依申请公开和不予公开的属性；进一步规范了对政府信息公开申请的处理，完善了依申请公开处理工作流程。

省文化厅制定的《湖南省文化厅网站信息发布管理制度》，明确了网站各栏目的负责部门，保证信息更新的准确性和时效性；规范了网站信息的更新、发布、协调、保密审查、监督考核等工作机制。网站“依申请公开”栏目由专人负责受理、处理和回复网上信息公开申请。2013年网站发布各类信息

2000 余条。

2. 网站公众互动功能建设情况

省文化厅网站公众互动包括“厅长信箱”“投诉举报”“网上调查”“公众问答”“民意征集”等栏目，由专人负责答复网上办理、投诉、咨询和意见、建议。并为各类非涉密的行政许可、非行政许可审批和公共服务事项提供了功能接口，实现了全省网上政务服务和电子监察系统功能。“厅长信箱”栏目的开设在网民和厅领导之间建起了一条对话渠道，由此网民可与厅长直接对话，对湖南文化工作建设和发展提出宝贵意见或建议。2013 年 10 月网站改版上线以来，收到公众信件 21 封，其中受理的有效信件 17 封，已办结 13 封，正在办理的 4 封；发布文化场馆信息 26 条，为公众提供文化服务信息 35 条。网站信息数量、时效性、多样性均较旧版网站有了大的提升。

3. 网站近期发展规划

根据政府门户网站建设基本要求，目前省文化厅门户网站已全面升级改版，从政务公开、信息发布、公众互动、在线办事等方面全新设计友好界面，增强网站的互动功能，强化各种便民服务，使网站真正成为展示形象的窗口。目前，我们正大力推进内部 OA 系统建设，全面提升省文化厅信息化建设水平。

二　电子政务业务系统建设情况

省文化厅在电子政务业务系统建设方面，基本满足了日常电子政务业务工作需求，主要有以下两类。

一类是由省文化厅建设的业务系统。比如，由厅办公室负责的门户网站文化信息发布系统和厅机关电子显示屏信息发布系统，厅文化市场处和省文化市场稽查总队监管建立的全省网吧电子监管系统、网络潇湘监管平台和文化市场执法办案管理系统，境内外演出审批系统等业务申报、审批系统。

一类是由省文化厅配合使用的业务系统。比如厅规财处的金财网国库集中支付系统、财务预算系统、财务决算系统、财政供养人员信息统计系统以及资产管理系统等；厅人事教育处的公务员信息采集系统，湖南省直单位职称管理信息系统、职工工资管理系统、专家管理信息系统；由省委、省政府建设的电子政务内网系统（其中省文化厅运用的有党委政府信息报送系统、内部邮件系统、电子公文传输系统、提案建议办理系统等）；其他还有档案管理系统、非税管理系统、信访信息处理系统等，也部分实现了专网互联互通。

三　文化系统信息资源开发利用情况

省文化厅系统单位坚持以现代信息技术为支撑，以资源建设为重点，以数字资源开发利用为目标，积极推进单位的信息化建设。文化系统信息资源开发利用主要有以下几种形式。

1. 建设网站，向公众展示文化系统良好形象

厅系统包括厅机关和厅直单位在内共建有 15 个网站。由于本系统业务工作不具有涉密性，故可利用网络公开大量的图文信息资料，包括近期工作动态及服务事项等信息情况，接受公众咨询、建议意见和申请信息公开，向公众展示文化系统的良好形象。2007 年开始投入使用的湖南省博物馆中英文官方网站，作为该馆的对外窗口，向公众全面介绍和宣传了该馆的展览、藏品、教育资源和文化产品等内容，并以其生动而丰富的内容、形式成为全国博物馆网站中的佼佼者。其英文网站也一直是目前国内信息量最大、更新最快、内容最丰富、受关注度最高的博物馆行业英文网站之一，得到了众多网友和国内外文博界的关注与好评。湖南图书馆网站主要设置有“图书馆概况”“数字资源”“共享工程”“读者服务”“古籍保护”“读行论坛”“天下湖南”“湘图讲坛”“参考咨询”等 100 多个栏目，目前已对外服务的资源有 30TB，年访问点击量达到 3000 多万次，且逐年呈上升趋势。

2. 建设地方文化信息资源数据库，提升公共文化服务水平

湖南图书馆以文化共享工程为基础，一方面，建设和开发图书馆网站全文数据库平台，丰富数据库资源，增加数据库检索功能等，整合 4 千万篇科技论文、150 多万篇文章、4 万部多有声读物、1 万多部视频节目、1000 种休闲期刊、50 多万篇法律文库，极大地拓展了图书馆数字资源的服务领域，提升了服务水平；另一方面，积极建设特色数据库，保护和传承优秀的文化资源，目前已建成湖南地方戏剧资源库、湖南名人资源库、曾国藩研究全文数据库、湖南红色记忆多媒体资源库、湖南古村镇古民居建筑多媒体资源库等多个特色数字资源库。目前，上述数据库新增容量6.28TB。其中湖南地方戏剧资源库已建成一套分布式流媒体视频点播系统，制作节目上千部，通过论坛、QQ群、点播等方式服务人次达到百万人次以上。同时，为促进信息资源共享，2013年湖南图书馆完成数字资源共享协议签约66家，初步拟定《湖南省公共电子阅览室的平台建设方案（草案）》，积极推动全省公共电子阅览室的建设。

3. 利用数字技术开发公共文化服务数字化新形式，拓展公共文化服务渠道

比如开发数字虚拟博物馆等。2011～2012年湖南省博物馆完成了“马王堆汉墓”“湖南商周青铜器”“湖南名窑陶瓷”“十大考古新发现”等4个基本陈列数字展厅的建设项目，整合形成了可在互联网虚拟漫游的“湖南省博物馆数字展厅”。展厅具有三维视觉效果的互动体验，具有良好的沉浸感，上线以来好评如潮。2012年省博物馆以馆藏齐白石绘画、书法、篆刻等艺术作品为主要内容，研发了基于iOS系统移动终端的APP应用软件“白石墨韵”，并在苹果应用软件商店上架，供网民免费下载。此外，湖南省博物馆、湖南图书馆还开通了博客、微博等公共服务平台，拓展了公共文化服务的渠道和方式。

4. 利用数字资源开展艺术科研、教学和传统剧目复排

省艺术研究院采集了大量湖南戏剧第一手视频资料，完成了文化部科研课题“湖南戏剧现状调查与研究”；利用珍贵的老艺人教学视频资料作为教学培训使用；充分利用祁剧“目连救母”等视频资料用于艺术生产——重排了传统剧目祁剧《目连救母》，并获省“非物质文化遗产保护特别奖”。

5. 利用文化信息资源制作专题宣传片，扩大湖南文化的影响力

利用艺术信息资料为湘剧、皮影戏、木偶戏、衡阳湘剧、巴陵戏、祁剧、临武傩戏等制作申报省级、国家级非物质文化遗产保护名录专题片；为参加大型节庆活动制作文化宣传片——《浪漫潇湘，演艺湖南》《文化湘军创意湖

南》等；还特别制作了《湖南文化艺术精粹》英汉双语版 4 集系列专题片，向世人展现了湖南的文化艺术精粹，促进了对外文化交流，扩大了湖南文化的影响力。

6. 挖掘和利用数字技术服务文物考古与发掘，促进文物保护和文化传播

省文物考古研究所利用数字考古设备及技术全程跟踪采集各类原始数据，对铜官窑遗址传统考古发掘进行了田野实践，取得了很好的效果。同时，利用 GIS 技术搭建湖南考古三维地理信息平台。以澧阳平原考古地理信息系统为试点工作，通过三维 GIS 技术和多媒体技术，对考古过程及成果进行信息化管理，将考古成果直观展示给世人，促进了文物保护和文化传播。

7. 利用数字资源开发信息平台，为政府决策提供数字化信息服务

湖南图书馆先后设计开通了“政协委员履职服务平台”“人大代表文献信息咨询平台”和“党政机关信息服务平台”。通过网络信息平台为湖南省委、省政府、省人大、省政协的代表、委员、干部提供信息化服务。该馆还建设了湖南省情数据库、优秀调研报告数据库、政协提案数据库以及社情民意数据库，其内容包括湖南省地理位置、行政区划、人口统计、经济发展情况等基本信息，以供党政机关领导和干部职工查阅。

此外，在信息资源开发利用方面，还开展电子档案建设工作，通过视频、图片、文字的形式努力实现所有档案资源的数字化；省博物馆的网上订票系统，也为参观个人及团队提供网络、电话、传真等形式的票务预订服务。

B.10

2013年湖南地税电子政务发展形势分析及2014年发展展望

湖南省地税局

随着计算机和信息技术的发展，电子政务的应用为湖南地税改革和信息化发展带来了巨大的契机。全省四级网络建设基本完成，电子政务网站已经全面建成，安全防范不断加强。这些成果标志着湖南地税的电子政务软硬件基础设施初步完善。依托电子政务网站开发应用系统，开展便民服务，积极探索与其他政府部门的数据共享，使湖南地税的电子政务应用不断取得成效。

一　电子政务发展情况

（一）基础建设取得长足进步

至2013年末，省地税局电子政务网络基础建设取得了积极进展，已建成省、市、县、税务所四级，上连国家税务总局网络，覆盖全省地税机关，包括2个省级节点（省局和星沙灾备节点）、14个市（州）节点、143个县（市、区）局节点、365个税务所节点，承载全省主要信息业务的税务系统专用网络。在建成双链路专用网络的基础上，开通了第三链路，使网络带宽得到增加，有力地保障了税务系统业务、办公等各种应用的基本需求。

（二）网络安全建设得到全面重视

在加强网络基础建设的同时，省地税局对网络安全也非常重视，成立了网络与安全领导小组，制定了《网络安全管理办法及应急预案》，并在全省范围

内对网络安全定期进行巡检。在网络技术方面，配备了防火墙、隔离网闸等安全设备，部署了入侵检测系统、数据库审计系统。

（三）应用系统建设不断发展壮大

在重视基础建设的同时，省地税局在应用系统开发方面也取得了很大的成绩。办公自动化系统、门户网站以及地税数据大集中业务系统等核心业务系统的成功开发，保障了地税各项工作的正常开展。2013 年省地税局又开发了综合办公平台、网上办税厅、行政权力网上运行、减免税审批等系统，有力地促进了省地税局电子政务的发展。

（四）政务网站建设取得丰硕成果

省地税局包括 14 个市（州）局都开通了政务网站，主要业务系统覆盖全省各级地税局。根据省地税局 2013 年政务网站统计，省局主站点“政务公开”频道发布政务动态信息 3000 余篇，更新涉税政策法规文件及政策解读 100 多条，更新领导成员、税收统计、人事信息、政府采购和涉税公告等信息 120 多条，为纳税人和社会公众提供了准确、及时的政务信息。“公众参与”频道受理并及时答复网上“12366”涉税咨询近 500 条，及时答复局长信箱、举报投诉信箱等来信 100 余封。“税收宣传”频道新增“全省地税系统‘贯彻十八大’传递正能量诗歌朗诵比赛”“企业改制重组税收政策集”两个专题，发布专题稿件 200 余篇。

（五）政务服务开展初具规模

省地税局已建成全省地税系统统一的电子政务公共平台——湖南地税网站群，由省局统一管理和部署。目前，政务网站在社会管理和政务服务方面，主要提供网上申报、发票真伪查询、政策法规查询、网上“12366”咨询等办税服务。省地税局电子政务提供的各项服务功能，已在日常工作中发挥了巨大的作用。

（六）信息资源共享取得巨大突破

省地税局自 2007 年开始建设全省地税数据大集中业务系统以来，经过近

6年的发展，已形成纳税人基础信息、纳税人申报征收等基础信息资源。在重视应用的同时，省地税局也对数据质量非常重视，制订了数据质量考核办法，使数据的准确性、可靠性、可用性得到极大提高，数据质量显著改善。纳税人基础信息库已通过省政府信用系统与其他部门共享，共享率100%。2013年以来，全省部分市（州），如长沙、郴州、自治州、怀化等地，已开展综合治税工作，通过税务部门与其他涉税单位的信息交换与共享，及时归集政府相关部门所掌握的税源信息，并进行分析整理，协助税务部门及时准确地掌握涉税信息。

（七）政务信息安全得到基本保障

1. 完善制度，加强管理

省地税局先后制定了《湖南省地方税务局安全管理办法》《湖南省地方税务局网络管理办法》《湖南地税网络与信息安全应急响应综合预案》等多项安全制度和管理办法，对全省安全管理、安全工作流程、安全紧急预案、互联网安全管理、保密工作等制定了具体的规定和要求。各市（州）局根据本单位实际情况，制定了相应的管理制度、工作规程。省局成立了网络与信息安全领导小组，加强信息安全领导工作。抓好信息安全检查工作，组织全系统信息安全督查，评估网络与信息系统的安全状况，督促指导各单位信息安全建设与整改工作，切实保障网络与信息系统安全。

2. 监控风险，重点防护

在技术上，省地税局从网络边界到网络内部，到工作站，层层架设安全设施，构筑了一道道安全墙。在网络边界安全防护方面，设置了外网安全接入区。在内网和外网间设置数据缓冲区，配备防火墙、隔离网闸等设备，对各区域的数据交换进行严格控制。所有面向外网的业务，必须在缓冲区设置前置区，避免内外网数据直接传递，有力地保障了业务和数据的安全。在所有网络出口部署了防火墙，同时加强对防火墙的策略管理，最大限度地将可能的攻击行为阻隔在网络之外。在信息安全监控方面，部署了入侵检测系统、数据库审计系统，对内网的网络行为进行分析，尽早发现并处理网络中可能存在的风险。在终端安全防护方面，安装了病毒查杀软件、终端安全管理软件、移动存

储介质管理软件、网络准入认证软件等，确保终端电脑合法、安全和可管理。在信息安全风险扫描方面，部署了税务系统基线评估系统、互联网漏洞扫描系统、内网系统漏洞扫描系统等工具设备，定期对关键网络设备和主机进行安全扫描和评估，及早发现和排除安全隐患。

二　2014 年电子政务发展展望

电子政务发展要紧紧围绕政府管理的实际，以解决我国经济社会发展中的一些重要问题为目标，充分发挥电子政务的作用。2014 年省地税局将紧紧围绕“发挥电子政务作用”这一目标，积极稳妥地推动电子政务工作进一步发展。

（一）大力加强地税政府网站的服务功能

湖南地税政府门户网站代表着地税形象，具有传统行政手段所不具备的“实时性”“交互性”“超越地理界限”等优点，是信息时代实现信息公开、政民互动、公共服务的重要途径。为此，2014 年省地税局将进一步加强政府网站管理，切实加强主动公开工作，及时准确地在政府网站发布涉及群众切身利益、需要社会公众广泛知晓或者参与的政府信息。尤其是要做好财政预决算、公共资源配置、重大建设项目、社会公益事业等领域政府信息的发布工作。凡是可公开的不涉密文件，都要通过政府网站公开发布。涉及群众切身利益的重要决策，要在政府网站公开征求意见。重要政策出台后，要及时通过政府网站做好政策解读工作。对公众关注的社会热点问题，要在政府网站主动予以回应，发布权威信息，讲清事实真相、有关政策措施以及处理结果等。提倡地方和部门负责同志到政府网站接受在线访谈。2013 年开发的网上办税厅服务系统已试点使用，得到纳税人好评，2014 年将大力进行全省推广，以实际行动提高地税服务水平，节约社会成本。

（二）进一步整合各种信息资源

信息资源的整合、互联、共享，是电子政务发展的趋势。所谓整合，就是对已有的应用系统要进行深度整合，实现重点业务领域的跨部门协同；所谓互联，就是要克服条块分割，加快实现互联互通；所谓共享，就是在整合、互联、协同的基础上，提高信息资源共享的水平和能力。近几年，省地税局信息共享工作开展得不错，在实际工作中取得了良好的效果。2014 年省地税局将进一步加强这项工作，以提高省地税局综合治税能力。一是要加强现有应用系统的整合，推广使用综合办公平台，提高信息系统的应用度和资源使用率；二是要加强与其他部门的信息共享，以提高信息系统的数据质量和减轻基层工作量；三是要大力推进综合治税，促进涉税数据的综合处理，为税务部门提供决策依据。

（三）切实提高政务网站安全管理水平

电子政务建设大大提高了政府工作效率和政务公开水平，但由于互联网上的内容、应用良莠不齐，如果使用、管理不当很可能会引入安全、法律方面的问题，甚至影响到政府单位的形象。省地税局在安全防范方面做了大量的工作，取得了一定的效果，但通过检查也发现一些问题和薄弱环节。为此省地税局将从以下几个方面进一步加强网络安全管理：一是高度重视，加强对政务网站安全管理的领导，增强政务网站安全管理的意识；二是全面检查，切实发现和解决政务网站的突出安全问题；三是完善安全防护体系，健全地税系统各级安全管理制度和安全应急机制。

B.11

2013年湖南省新闻出版局电子政务发展报告

湖南省新闻出版局

一 基本情况

多年来，湖南新闻出版业始终保持快速发展的良好态势，行业主要经济指标总量、增长额和增长率均居全国全列，全省新闻出版产业经济实力日趋雄厚，社会效益稳健提升。全省现有图书出版单位13家，音像出版单位11家，电子出版单位6家，互联网出版单位24家；报纸87家，期刊248家；印刷企业5300多家，音像和电子出版物复制企业3家；书报刊交易市场7家，各种经济形式的出版物发行单位和网点18000多个；出版类上市企业3家。经过多年的改革发展，全省新闻出版业已实现了纸、磁、光、电、网多媒体发展，形成了门类齐全、相互配套的现代新闻出版体系，行业发展态势良好，传统优势产业得到巩固提高，短板和薄弱环节持续发力，行业总产出年均增长20%以上，2012年全省新闻出版业总产出近480亿元。同时，以农家书屋和“三湘读书月”为主要抓手的新闻出版公共服务也取得长足发展。全省累计使用中央财政补贴资金和省级财政配套建设资金约7亿元，建设农家书屋43888个，实现了十八大前村村有农家书屋的目标，并从2013年起，按照每个书屋2000元的标准，每年分片补充更新全省1/3的农家书屋。“三湘读书月”活动自2009年启动以来，已连续举办5届，规模越来越大，反响越来越好。2013年4月23日，由湖南省承办的“2013·书香中国”全民阅读电视晚会在湖南卫视播出后社会反响很好，国家新闻出版广电总局认为这是历年来水平最高、影响最大的一台阅读晚会，专门发函向湖南省表示感谢。

随着新闻出版事业的不断繁荣和产业的一步步发展壮大，电子政务建设越来越显示出其重要性。为此，省新闻出版局一直将电子政务建设列为“一把手”工程，成立了电子政务建设领导小组，由局长亲任组长，由分管办公室工作和政策法规工作的局领导任副组长。该项工作归口局办公室，在整体人手偏紧的情况下仍安排专门班子，明确一名副主任专门负责此项工作。省新闻出版局从事该项工作的专业人员有2人，包括1名专干和1名技术人员，虽然人员力量明显不够，但是工作力度不减、要求不减、效果不减。另外，省新闻出版局拟在现有工作班子的基础上，争取创造条件筹建新闻出版信息中心。

目前，省新闻出版局已全面推行内网办公，要求所有能通过内网实现流转的办公流程，不再通过纸质形式流转，在一定程度上实现办公自动化和无纸化。

二 2013年主要工作

2013年，在省委、省政府的正确领导下，全省新闻出版系统认真贯彻党的十八大和十八届三中全会精神，全省新闻出版各项工作扎实推进，成效明显，形成了良好的态势和奋进的局面。就新闻出版电子政务建设而言，主要工作亮点如下。

1. 升级门户网站

2013年，省新闻出版局对门户网站进行了升级改版。网站改版体现的总体设想是：以总局和部分发达地区省局网站网页设计为蓝本，设计符合湖南新闻出版特点的全新网页。栏目设置首页、公众互动、网上政务、资讯中心四个版块。全新改版的局门户网站与新闻出版广电总局网站、湖南省政府网站实现链接，同时链接了全国扫黄打非网、“三湘读书月”官网以及各市（州）文化广电新闻出版局和文化市场综合执法局网站。网站全新改版后，信息更新快、容量大、权威高，点击率明显上升，成为湖南省新闻出版工作的重要宣传窗口，也是新闻出版信息的重要中转传播载体。省新闻出版局网站刊载的新闻出版重要信息常被总局网站和湖南省政府13个门户网站等转载或链接。

2. 完善内网

为实现办公自动化和信息化，消除泄密隐患，杜绝信息安全事故，省新闻

出版局启动并完成信息化建设一期工程。其总体目标是以电子政务为主导，以安全保障为支撑，构建湖南省新闻出版局内、外网络平台，实现办公自动化、政务网络化、行业管理动态化。本着够用、好用、易用的设计理念，按照“双盘双卡、物理隔离”的基本思路，建设并开通内网。该方案充分进行了前期需求调研，先后征求了多家权威机构意见，召开多次专家论证会研讨论证，几易其稿，终成定案。内网通过政府采购公开招标建成，使用技术成熟的政府办公自动化系统软件，结合省新闻出版局职能实际进行二次开发的全新 OA 系统平台投入使用并不断完善，有关部门验收合格后经机关试运行检验，基本实现所需功能。2013 年，省新闻出版局在充分征求干部职工使用意见的基础上，与开发建设单位一道，对办公内网进行了进一步修改完善，效果良好。

3. 开通“三湘读书月”新浪官方微博

“三湘读书月”新浪官方微博作为“三湘读书月”活动唯一授权认证的微博宣传平台，是湖南省“三湘读书月”活动组委会向微博用户发布最新资讯、展示活动风采、传递阅读信息、号召全民阅读的新窗口。2013 年 11 月 1 日在第五届“三湘读书月”活动启动式上正式开通后，该微博已成功上线运营 4 个多月时间，先后开展多个阶段性主题活动，截至 2014 年 2 月 20 日共有粉丝 20894 人，共发出微博 469 条，关注度为 105。

4. 启动版权网上登记系统建设工作

2013 年，全省版权登记量首次突破 1000 件，达到 1235 件，较 2012 年增长 108%。为进一步扩大版权登记业务向其他地区延伸，方便外地权利人申请登记，同时提升作品登记电子政务、数字化水平，省新闻出版局启动“版权网上登记系统”建设工作。我们在认真调研学习有关省市先进做法的基础上，充分征求服务对象意见，和相关软件开发商协调、研讨和谈判，组织相关技术专家和版权从业人员对项目可行性进行评审，确定了项目建设方案。

5. 建设政务中心电子显示屏

为进一步推进依法行政，提高服务质量，提升服务水平，省新闻出版局通过政府采购方式，在省审改办、省经济研究信息中心等部门的业务指导下，和有关建设单位通力合作，耗资 7.8 万元，建设完成了政务服务中心电子显示屏。该显示屏长 4 米，高 2 米，占用 8 平方米的墙面，将省新闻出版局行政审批事项、审批程序、审批进程及审批结果进行实时公告，方便了基层，方便了群众。

6. 修复印刷管理系统安全漏洞

为方便全省印刷复制单位网上办理各项业务，省新闻出版局安装运行了全省印刷复制管理系统。该系统运行一年多以来，总体运行状况良好，省内出版单位不再使用纸质《图书报刊印制委托书》，委印手续及时直接进入网络管理系统。2013 年全年共在网上办理本省印刷委托书备案 8000 余份，既为社会提供了方便、快捷、高效的公共服务，又方便了全省各市（州）印刷复制的行政监管。但是，2013 年 11 月中旬，我们在例行安全检测时发现该系统存在某个安全漏洞。我们立即责成开发方远程修补，并派员上门服务，签订维护和安全协议，确保系统安全有效运行。

三　2014 年的设想和打算

2014 年，省新闻出版局将按照中央“两办”关于加快网上监控系统建设的要求，在充分调研分析的基础上，借鉴总局和其他省局网络出版监管系统建设的成功经验，以解决互联网出版管理工作中遇到的“瓶颈”问题作为驱动，借助先进科学技术，建设好“湖南省互联网出版监测管理平台”，净化出版市场，保护知识产权，更好地服务湖南省经济社会发展。

1. 进一步提高认识

要在局机关乃至全省新闻出版系统大力普及电子政务建设的知识，进一步加强对电子政务建设紧迫性和重要性的认识，形成领导带头、机关重视、全员参与的良好环境。积极协调有关部门大幅度提高对电子政务建设的人力、财力、物力和技术投入。

2. 进一步更新和升级系统平台

积极做好需求调研，充分征求使用部门和人员对电子政务建设工作的意见和建议，认真分析研讨现有系统平台的问题和瑕疵，及时予以更新和升级。

2014 年，省新闻出版局将在现有基础上运营好“三湘读书月”官方微博，实现之前设定的在 2014 年 10 月底，微博粉丝达到 10 万人的运维目标，同时

努力提升官方微博的知名度与影响力，使其成为号召全民阅读的新窗口，使用户能真正参与到全民阅读的活动中。

3. 进一步开发应用系统

电子政务建设的目的就是要服务工作、方便工作。省新闻出版局将从实用出发，全面开发和对接有关业务应用系统。

一是建设互联网出版检测平台。依托省互联网出版监测中心，建立多层次、覆盖全省互联网出版单位的网络监测系统，加强与有关部门的联系与合作，做好互联网监管平台建设。

二是建设好版权网上登记系统平台。继续加强新闻出版公共服务体系建设，推进作品登记在线办理和现场办理相结合，争取在新的一年全省的作品登记量有一个新的提升。

三是建设数字档案室。升级档案管理软件，促进档案管理、整合、服务电子化，着力实现档案管理数字化。

四是筹建移动办公系统。考虑到省新闻出版局和省广电局年内合并后异地办公的实际需要，筹建外网办公系统，对接总局网络，力争实现打破空间界限的移动办公。

B.12

2013年湖南省质量技术监督系统电子政务发展分析及2014年发展展望

湖南省质量技术监督局

回顾2013年工作，湖南省质监系统在省委、省政府的正确领导下，深入学习贯彻党的十八届三中全会精神，着力探索构建湖南特色质监信息化发展之路。现将有关情况介绍如下。

一 2013年质监信息化工作回顾

2013年，全省质监系统信息化工作战线深入贯彻“抓质量、保安全、促发展、强质检”十二字方针，以《数字湖南规划》为指南，不断加强质监信息化工作建设，努力提高质监信息化水平，各项工作取得重大进展。

（一）努力抓好顶层设计，着力提升质监信息化工作总体水平

一是着力提升信息化宏观管理水平。2013年初，省质量技术监督局结合当前信息化工作实际，提请省局领导对省局信息化领导小组成员进行了调整，并进一步明确了信息办抓中长期规划、抓顶层设计、抓监督考核的工作职责，开创了省质量技术监督局信息化工作的新局面，增强了省质量技术监督局信息化工作的宏观管理能力，为今后省质量技术监督局信息化工作的进一步发展夯实了基础。同时省质量技术监督局正在组织编制《湖南省质监系统信息化水平评估办法》，将针对政务信息化的中长期规划、体制机制建设、项目落实、信息化运维、应用推广等多个方面进行评估和考核。

二是着力提升信息化总体规划水平。2013 年初，在全系统组织召开了贯彻落实《“十二五”国家政务信息化工程建设规划》视频宣贯会，国家总局魏传忠副局长做了重要讲话，明确了规划的总体思路、基本原则和主要任务，强化了全系统总体规划、顶层设计的意识。省局依据总局相关精神，从顶层设计层面开展了湖南省“12365”处置指挥平台（二期）规划工作，力求将“12365”系统建设成为以信息化手段为核心，具备举报处置、投诉处理、咨询服务、打假指挥、信息收集、执法管理、风险监测等多项功能的对外服务窗口和对内指挥平台。

三是着力提升信息化科研工作水平。为了在产品质量监督领域促进部门间信息共享、业务协同，提高质监部门质量监管水平和公共服务能力，省质量技术监督局开展了“湖南省质量信息资源共享交换体系”课题研究，并将这一课题调研写入了《贯彻实施湖南省质量发展纲要 2013 年行动计划》。

（二）努力推进湖南法人库项目建设，促进部门间资源共享

根据《数字湖南规划》建设要求，由省质量技术监督局牵头建设的湖南法人库项目，秉承“以用户为中心、以服务为手段，以数据为基础”的建设理念，依托省政府电子政务外网，整合各相关部门的法人单位基础数据，通过法人单位地理信息共享应用平台为政府各部门以及社会公众提供安全、实时、优质的法人单位权威信息服务。截至 2013 年，项目总投资 3050 万元，建成了 400 平方米的中心机房、200 平方米的演示厅和培训室，项目整体建设达到了功能齐全、设备先进、管理科学的要求，系统拥有数据存储总量 20T，能容纳百万级的法人单位基本信息，外网传输速度 100 兆，可同时为 500 用户提供在线服务。按照国家标准先行原则，已完成《法人单位基础信息共享数据元》《法人单位基础信息共享术语》《法人单位基础信息交换》《法人单位基础信息核对》等地方标准的制定，正在制定的还有《法人单位基础信息数据管理》《法人单位基础信息共享信息安全》《法人单位基础信息库运行管理规范》等标准。目前，法人库已实现与人口库、空间地理库以及金融、税务、统计、社保、公积金等业务系统的对接，可以形成完整的社会经济活动公共记录，满足湖南省不同行业、不同部门、不同地区对单位和机构基本信息的

共性需求，也解决了信息标识方面的“差异性”所造成的信息“孤岛”问题，促进了政府各部门间的信息传递和信息交换，保障了各部门信息的有效共享，提高了各部门的工作效率，实现信息资源优化和资源利用最大化，为政府研究产业布局、调整产业结构、协调监管机制、规范经济行为、形成应急预案等提供了基础支撑。

（三）努力促进信息化与业务工作深度融合，提高行政效率

一是促进信息化与业务工作融合。围绕电子监察、实验室资质认证认可、特种设备监察、棉花质量监管、食品风险信息管理、舆情监测工作，扎实做好核心业务的深化应用。全力抓好“金质工程”（一期）、OA 办公自动化应用推广，积极推进“12365”（二期）深化应用，为促进质监部门加强政务管理、提升监管效能、服务经济社会发展提供了优质服务和信息化保障。

二是推动信息化与领导决策融合。制定了省局信息化绩效考核方案和业务指标，推进省局信息化绩效考核机制建设。扎实做好舆情收集、分析研判。2013 年，省质量技术监督局及时发现并有效化解多起影响较大的网络舆情事件，截至 2013 年 12 月 31 日，全年共浏览、搜集网络舆情信息 20 万余条，编辑刊出《舆情快递》198 期，为领导科学决策提供了有力支撑。

三是推动信息化与公共服务融合。2013 年省局信息办升级优化了实验室资质认证认可系统，加大了实验室资质网上申报、网上审批工作力度。截至 2013 年 11 月底，全省有效实验室资质认定、计量认证证书 1978 张，其中常规 1611 张（含授权 39 张、验收 141 张）、食品 245 张、基桩 122 张。持续推动湖南省棉花质量监管信息平台建设，直接与全省 62 家棉花加工厂的生产线、4 个地市局实验室的检验服务器和中纤局的数据服务器进行互联。全程跟踪棉花的产、检、销，数据直接从设备上获取，全省互联，数据共享，为监督和管理工作提供技术保障。

（四）努力拓宽政民沟通渠道，密切关注民生领域焦点问题

一是认真做好网上信访工作。全年共接收咨询投诉 486 件，已答复 401 件，答复率 82.5%，相比 2013 年回复率 79% 有了较大提高。积极主动与湖南

信访局沟通，实施《湖南省信访局网上信访办理工作规则（试行）》。

二是积极利用省政府网站平台开展宣传工作。起草并发布了《2013 年度湖南省质量技术监督局政务信息公开年度报告》。2013 年 3 月 12 日，省局王践副局长走进省政府网站直播间，做了主题为“加强特种设备安全监管，力保民生安全落到实处”的在线访谈节目。2013 年 7 月至 9 月，在省政府网站上开展“关于贯彻落实国务院办公厅印发的《质量工作考核办法》的调查”。

三是做好依申请公开工作。2013 年，省质量技术监督局通过门户网站“政务公开”专栏共收到依申请公开的信件 26 封，其中 15 封是关于申请公开食品许可证有关信息的，3 封是关于组织机构代码证的，2 封是关于标准备案的，2 封是关于行政执法相关的，1 封是关于特种设备工作人员发证的，1 封是关于节能办法制定的，1 封是关于处罚记录的，1 封是关于公开接待费的，这些信件我们都通过“政务公开”专栏进行了及时答复。

（五）努力强化信息安全等级保护工作，确保质监信息安全

2013 年初，省质量技术监督局下发了《关于加强网络信息保护工作的通知》和《湖南省质量技术监督系统网络与信息安全事件应急预案》，制定了《湖南省质量技术监督局网络安全管理办法》并将其纳入省局制度汇编。2013 年 5 月份以来，以信息安全等级保护工作为抓手，邀请总局信息办信息安全处的专家来省质量技术监督局对信息安全等级保护工作中的定级、备案、整改、测评等相关工作进行了指导；9 月份，组织金盾信息安全测评中心对省质量技术监督局重要信息系统以及 3 个直属单位托管业务系统进行了全面安全测评，并有针对性地对信息中心和托管单位的负责人及技术人员进行了信息安全培训。对测评中发现的安全风险逐一进行了排查和安全加固。

（六）努力推动政务信息化基础平台建设，提高信息化运维水平

目前省质量技术监督局已建成了电子政务内、外网，其中电子政务外网已经覆盖 14 个市（州），网络覆盖率达到 100%。部分市（州）局也开始组建电子政务内网，目前电子政务内网覆盖率达到 30%。2012 年，省质量技术监督局将网络运维及维保服务外包，聘请了专业技术队伍保障各个电子政务

系统稳定运行。过去一年，省质量技术监督局专业技术服务水平持续提升，应用支撑服务能力明显提高，全年共进行电脑维护1300多次，及时解决了网络中出现的各种问题。同时定期对14个市（州）进行网络巡检，及时发现市（州）网络及设备存在的问题并加以排除，有效地保障了质监广域网稳定运行。

二 2014年质监信息化工作计划

信息化建设的根本目的在于服务应用，通过服务提高质检效能，满足社会公众要求。国家质量技术监督局要求全系统要围绕“服务应用”这个中心主动适应质监事业改革发展的需要，以提高应用水平、整合信息资源为重点和核心，实现信息化与质监业务发展深度融合，促进质监事业可持续发展。

1. 利用信息化技术建立产品质量分类监管平台

国家总局公布的《工业企业产品质量分类监管试行办法》要求，省级质监部门根据产品质量安全风险程度、企业履行产品质量主体责任情况，在对企业分类的基础上，建立分类监管工作信息管理系统，逐步完善产品质量安全风险程度信息数据库和企业履行产品质量主体责任信息数据库。实现分类信息的电子化收集、报送、审核、更新，为质监部门进行产品质量风险预警和事后快速处置提供有力支持。

2. 利用信息化技术提高特种设备安全运行监测水平

借鉴北京市信息化平台物联网应用在电梯运行安全监测中的成功经验，我们完全可以通过整合应用物联网、GIS（地理信息系统）等技术，实现对特种设备的运行状况进行风险监控。以电梯为例，我们可以通过信息化平台结合物联网应用和GIS技术，实现电梯运行状态的全天候实时采集监测、故障应急处理、电梯维护保养的综合监管、电梯关键零部件的预警与更换。因此大力推动物联网技术在特种设备运行监测中的应用，可以为特种设备安全运行及监测提供智能化手段，为特种设备故障事故的及时处理提供多种渠道，为使用人员的安全使用提供保障。

3. 利用信息技术加强社会信息体系建设

根据省社会信用体系建设领导小组的要求，未来几年我们应进一步完善社会信用信息管理制度，规范信息的记录、归集、处理、使用、公开等工作。有效整合社会信用信息资源，完善社会信用信息数据库，实现社会信用信息分类管理。满足各级质监部门对企业分类监管的需求，实现社会信用信息资源共享并服务社会。建立健全社会信用信息统计调查制度，加强统计信息化工作。

4. 利用信息化技术加快能源计量数据公共平台建设

根据总局制定的《国家城市能源计量中心建设指导意见》，“十二五”期间各省应加快能源计量数据公共平台建设，加速构建煤、油、水、电、气等主要能源及能耗工质的计量数据采集系统，应用物联网技术开展能源计量数据的在线采集、实时监测、集中存储和科学应用。重点开展省内年综合能源消费量在重点线以上的宾馆、饭店、商贸企业、学校、政府机构的能源计量数据的在线采集和实时监测。并与政府有关部门充分衔接，实现能源信息资源共享，推动能源计量数据的有效应用。积极组织推广能源计量数据的采集、处理、验证、保存、传输、应用等方面的科学管理方法。

5. 利用信息化技术提高法人库建设水平

法人库项目是一个涉及全省的系统工程，是“数字湖南”建设中的重要信息系统。法人库建设要“以用户为中心、以服务为导向，以数据为基础”，依托省政务外网，整合各相关部门的法人单位基础数据，通过法人库基础信息，统一应用平台，为政府各部门以及社会公众提供安全、实时、优质的法人单位权威信息服务。通过 GIS 平台进行法人单位信息的直观展现和应用。在建设时要充分整合编办、民政、工商等各参建部门管理系统中涉及法人单位的基础信息，建成标识统一、结构科学、查询快捷、动态管理、资料权威的法人基础信息数据库，为政府优化产业结构和决策调整提供数据和技术上的支撑，为政府应急救灾提供支持，为各部门形成联合监管提供有效手段。

6. 利用信息化技术提高政务管理水平

按照《国家电子政务内网建设和管理规划》的要求，以“电子监察系统”“OA 办公系统”“实验室资质认证系统”“特种设备监察系统”“人事管理系统”等重要业务系统为依托，不断推进电子政务内、外网建设，不断深化行政办公、行政权力运行电子监察、质量技术监督业务电子监察、法制研究与培训、科技管理、人事管理、财务管理等领域的信息化应用，实现规范管理、提高效率、提升水平的质监政务目标。

7. 利用信息化技术提升行政执法能力

依托12365处置指挥平台，逐步建设覆盖全省的执法指挥调度系统，加强与总局、出入境检验检疫局的执法信息互通，密切联系总局执法监督司（局），争取成为“12365”业务系统的全国试点单位，从而尽早部署与“12365”业务相关的执法管理系统、知识库管理系统、企业库管理系统、查询分析系统、决策支持系统、应急指挥系统、专题报告系统等信息系统，使“12365”具备风险分析、督促检查、决策支持、远程调度、应急指挥等功能，成为质检两局统一的执法指挥平台。充分整合各个业务部门数据，并加以统计分析，为行政执法提供数据支撑。促使质检执法形成“案源统一管理、办案全程监控、执法协作顺畅、指挥及时有力、决策科学有据、风险及时预警、信息依法公开”的有序管理工作格局。

8. 利用信息化技术提高社会应急能力

充分利用RFID（电子标签）、GPS、GIS等技术实现突发事件信息的数字化、网络化管理。综合利用“12365”专线、网络、视频会议、电子地图、应急指挥车等技术，在指挥中心实现公共安全应急视频会议会商、图像监控、数据网络互联、电话调度等功能。积极利用各级政府提供的协同办公与信息资源共享平台，实现部门间应急信息共享、源头管理与应急联动。建立产品质量安全和特种设备事故救援等应急指挥体系。

9. 利用信息化技术提高领导决策服务水平

充分利用数据仓库、数据挖掘、联机分析处理等决策支持技术，基于质量数据、企业质量信用、质量安全数据及特定区域经济社会发展数据等质检业务数据建立分析和评估模型，建设决策支持系统，实现对公关质量管理、质量监督、认证认可及标准化等质监业务的统计分析与辅助决策支持。开展质监领域经济社会宏观分析及全省产品质量与安全状况的分析评价，增强产品质量风险预警能力，为消除产品安全隐患提供依据，支撑与消费者安全相关的政策措施的制定及效果评估。

经过几年努力，质监系统信息化工作取得了一定成绩。信息化保障制度日趋完善，信息化建设水平日渐提高，信息化工作体系初步建立。我们也清醒地认识到，我系统当前的政务信息化发展距离省委、省政府的要求还有一定差距，和兄弟单位相比还存在诸多不足。今后我们将继续努力，迎头赶上，以优秀的兄弟单位为榜样，夯实基础，扎实工作，力争在“十二五”规划的最后两年，努力推进政务信息化工作再上新台阶。

市（州）篇

City Reports

B.13

2013年长沙市电子政务建设情况及2014年发展展望

长沙市人民政府电子政务管理办公室

一 2013年电子政务建设情况

2013年，长沙市电子政务工作在市委、市政府的正确领导下，各级政府部门和电子政务工作机构立足长沙市经济社会发展实际，紧紧围绕全市发展的中心工作，在网络基础设施、门户网站建设、业务应用系统、信息资源开发、网络信息安全、体制机制和管理制度等方面取得了明显成效。

（一）电子政务网络体系建设的战略性作用逐步凸显

按照国家，省委、省政府的要求以及长沙市的具体需求，以“集中统一、整合共享、联合协同、安全高效”为原则，长沙市电子政务内外网平台目前已建成了上连省、下连区县、横向连接各市直部门，内外网物理隔离的电子政

务网络平台。电子政务内网已接入政务部门 200 家，外网接入部门 160 家并延伸至全市大部分所辖乡镇和社区。政务网络承载了政府门户网站、协同办公、在线行政审批、数字档案、数字审计、数字城管、征信系统等 73 个应用系统和 54 个政府部门子网站。通过建设统一的网络平台和互联网出口，共享网络资源，避免部门网络重复建设，推动政府部门将主要精力和资源聚焦到各自核心业务系统的建设上，为跨部门、跨地区、跨层级的信息共享和业务协同奠定了基础，显著节约了全市电子政务网络的建设成本和长期运营费用，每年节约财政资金 930 余万元。

市人社局数据中心与六区、三县（市）人力资源和社会保障局及 30 多家定点医院已通过 2M 数字专线进行了联网，与城区 600 多个街道、社区，300 多家定点医疗机构进行了对接，联网的设备达 3000 多台。

市公安局完成专用三四级网络千兆升级改造，建成了一个光纤总里程超过 6500 公里、覆盖全局的自动光交换（ASON）城域以太网。

开福区社区网络已覆盖除青竹湖镇、新港镇、捞刀河镇村级单位以外的所有街镇。

长沙县实现了全县所有县直科局通过 1000M 光纤、各镇街道通过 100M 专线连接到县中心机房。

天心区通过天心区街道光纤网络建设项目、天心区教育系统光纤网络建设项目解决了基础网络建设瓶颈问题，形成政务系统和教育系统的网络提速、互联互通、资源共享局面。

（二）政府门户网站的网上服务质量显著提高

以“中国·长沙”为标志的长沙市政府门户网站群在推动信息公开、网上办事、公共服务、网上互动、移动应用、无障碍建设以及社会监督等方面，成效显著。市政府门户网站在 2013 年度政府网站绩效评估中居省会城市第二位。“市长信箱”栏目荣获精品栏目称号。长沙市政府门户网站的英文网站在“第七届中国政府网站国际化程度测评”中，荣获“领先奖”，在全国省会及计划单列市中排名第五名。“长沙为农民工讨回拖欠工资”回复办理工作被人民网评为“2013 年全国网民留言办理十大案例”之一。市国土资源局在 2013

年全省信息化会议上获得了“长沙市政府网站建设先进单位”称号。长沙县政府门户网站在湖南省政府网站综合测评中荣获第一名，连续四届被省人民政府评为“湖南省优秀政府网站”。

一是加大政府网站信息公开力度，不断丰富公开信息内容，提高公开信息质量，增强信息公开的主动性、及时性和准确性。加大“长沙市政府重点信息公开专栏”的建设力度，建设与维护“六个走在前列”等7个专题栏目，重点做好“三公”经费、公共资源配置等领域政府信息的发布工作，凡是可公开的不涉密文件，都通过政府网站公开发布，逐步建立了长沙市政府信息公开标准体系，切实提高公开质量。

长沙市公安系统通过“警务公开”“警务资讯”“警队建设”“警方提示”等栏目及“长沙警事”微博实现面向社会公众的警务信息公开工作，让社会公众及时了解长沙市公安工作动态和社会公共安全信息。

二是大力提升政府网站网上办事能力。以社会公众为中心，整合6800余项服务事项的网上办事服务指南，重点推动医疗、教育、卫生、就业等方便公众和企业的网上办事服务，大力推进一体化和一站式网上办事模式，建立网站前台服务与后台业务处理间的协同机制，加快实现办事指南、表格下载、网上咨询、网上申请、结果反馈等五项服务的在线办理，切实提高网上办事的服务质量。

三是推进政府网站政民互动服务发展。建立健全公众意见及问题受理、处理及反馈工作机制，实现“市长信箱”“咨询投诉”“民意征集”等互动栏目的制度化和规范化，注重民意收集与信息反馈，保障人民的知情权、参与权、表达权、监督权。截至11月20日，2013年“市长信箱”栏目共收到来信8040封，其中有效信件7305封，已办结回复6896封，信件回复率为94.4%，大部分市直部门信件回复率达100%；“省长信箱”收到来信30封，已全部办结；“人民网”给市长的留言27条，已回复17条，正在处理10条；“咨询投诉”共收到信件146封，已全部办结；完成“在线访谈”14期、“新闻发布会”在线直播12期、“民意征集”10期、民意征集结果反馈4期。

四是加强网上政务舆情监控。利用舆情监控系统对互联网上长沙市政府的新闻报道、热点话题、突发事件等进行实时监控，每日将负面信息以《网络

舆情简报》的形式报送给领导，告知领导网民最关注的最新热点、难点、重点问题，为领导决策提供参考。运行以来，我办已提交《网络舆情简报》139 期，特别是“7 月 2 日火车南站附近火灾”和“7 月 29 日市政府群体性上访”两期，为领导应对突发事件提供了决策依据并赢得了先机。

（三）统一应用平台的综合服务能力不断增强

在应用方面，建成了覆盖人口、交通、资源环境等领域的全方位电子政务应用体系，共建成 300 多个业务系统，基本实现电子政务对核心业务的全面支撑。长沙市基本上建立了电子政务统一的应用基础平台，全面支撑了政府协同办公系统、行政审批系统、电子监察系统、领导信息报送系统，实现了行政审批电子监察上下联动、横向互通，构建了行政审批电子监察系统的长沙模式。雨花区建设了基于统一身份认证、统一表单服务、以工作流引擎驱动的区级电子政务应用支撑平台，并在该平台下开发了行政许可在线办理、非行政许可（行政服务）在线办理、电子监察、协同办公、信访管理、档案管理、计生一卡通、信息报送、电子期刊、批示件督办系统、政民互动流转平台、通讯录管理系统等业务系统。

为推进社会管理创新，开福区网格化社会服务管理系统从试点推进转换为全面铺开，岳麓区打造网格化指挥系统平台，天心区坡子街、青园街道启用人口管理系统，长沙县以湘龙街道作为试点进行社区网格化管理，以信息化手段提升工作效能，加强行政管理，真正做到“社情民意早知道，早化解，早回复”，实现“身边事不出网格，小事不出社区，矛盾纠纷不上交”。

宁乡县开发“宁乡县城乡环境综合整治网上平台”，有效推动“三城同创”进程，建设宁乡县教育城域网，打造区域教育信息化示范样本。

为更好地服务于人社业务，市人社局建成社会保险管理信息系统、劳动就业综合管理系统、军转干部系统、劳动“监察”两网化等 13 套应用系统。

市公安局构建了“看得见、听得着、查得准、控得住”的指挥枢纽，拥有应急联动指挥系统、电子卡口和“天网工程”、治安综合信息系统、基础工作信息系统、交通综合管理等系统，形成“资源共享、正确决策、高效处置”的数字城市应急联动指挥网络格局。长沙县建设的电子防控系统有效提升了城

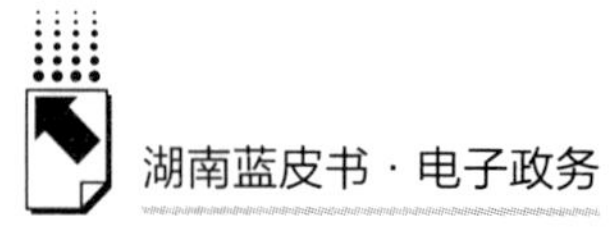

市治安和交通管理的能力，为公安系统的多起刑事案件侦破、交通事故取证，提供了很多有价值的线索。

市规划局信息服务中心自主研发了办公软件，一站式规划管理服务平台系统、“电子报批”易建通系统、网络报建系统、移动一站式规划管理服务平台系统、三维辅助决策系统、CAD成果管理系统等，大大提高了办事人员的工作效率。

市住建委系统目前拥有应用系统35个，市住房保障局开发了中低收入住房困难家庭申报登记系统，推动了长沙市住建业务工作又好又快开展。

市财政局搭建了财政统一的应用支撑平台，建设了财政业务系统，实现了同级财政内部各业务系统之间的互联互通。

市科技局从2007年开始先后建设了长沙市科技计划管理等系统，实现了整合科技资源、共享科技信息、辅助领导决策、提高工作效率的目标。

市统计局利用统计信息系统处理第三次经济普查数据成效明显。

市金融办建成了信用征信信息系统，为全市650万人口及5万家企业建立了信用档案。市档案局开发的“长沙市数字档案归档管理系统”，用户只需要浏览器即可以得到相关服务。

市水务局建成引水及水质环境公司的引水管线调度系统、污水控制系统、城区排水泵站指挥调度及管理信息化等系统，保障全市供水。

市民政局低收入核对系统闻名全国。

市环保局“长沙市环境空气质量实时查询系统”，主要面向公众发布长沙市空气监测点位所监测的空气质量数据，含$PM_{2.5}$实时查询数据。

市质监局建成的“食安通”，用于对全市辖区内食品生产企业进行发证管理及档案建设。

（四）重点领域电子政务建设的经济社会效益明显提升

全市政务部门紧紧围绕经济社会发展大局，大力推进工商、税务、财政、交通、公安、商务、住建、国土、统计等重大信息化工程的应用体系建设。市级社会综合治税信息平台整合10个部门的数据资源，采集了60项数据、4558万条数据库记录，建立了企业所得税年申报销售（营业）收入差异分析、5个

户籍对比模型、40 个辅助分析模型和 14 个财政收入分析模型。2013 年 7 ~ 11 月，综合治税累计查补成果 1.97 亿元。2013 年 8 月 29 日，《湖南日报》以《长沙“信息管税”旗开得胜》为题进行了报道。开福区、宁乡县、浏阳市的社会综合治税平台建设工作也相继启动。

（五）电子政务网络信息安全保障能力不断提高

按照“电子政务外网统一建设、互联网统一接入、安全管理统一实施”的原则，长沙市坚持电子政务建设与信息安全保障并重，不断提高基础信息网络和重要信息系统的安全保护水平，进一步完善信息安全管理体制和应急机制。通过统筹规划和整合部门现有互联网出口，建立统一的安全防护策略和措施，实施集中统一的安全监控。进一步完善安全基础设施，加强风险评估与等级保护，建立应急预警机制，不断强化安全长效管理。加强电子政务运维的组织与制度建设，建立健全运维工作管理、技术规范、操作规程等制度；加强运维安全管理，按照国家等级保护和涉密信息系统分级保护的有关要求，建立完善等级保护工作机制，落实涉密信息系统分级保护制度，规范涉密信息系统使用管理。

（六）电子政务发展的软环境不断优化

推进政府系统电子政务建设标准规范的制定工作。出台了《长沙市电子政务工程项目建设管理办法》，推动各级各部门业务系统标准化建设，建立电子政务建设技术规范，确保政府系统电子政务建设协调一致、互联互通和整体应用，避免重复建设，提高建设高效。

贯彻落实国家和省相关法律法规，充分发挥法律法规在电子政务工作中的指导和规范作用，不断完善长沙市电子政务管理体系建设。收集资料，逐步建立覆盖电子政务规划、立项、招投标、实施、监理、验收、运维、评估全生命周期，贯通应用服务、信息资源、应用支撑、基础设施等领域的电子政务标准体系，编制电子政务标准化指南，发挥标准在电子政务发展中的协调与优化功能。

电子政务专业技术队伍基本形成，电子政务人才培养机制正不断完善，形成了多层次、开放型、综合性的信息技术教育与培养体系。

二 2014 年电子政务发展展望

长沙市 2014 年电子政务工作的指导思想是：以“整合、协同、互联、共享、重构、评估、创新”为原则，以电子政务网络为基础，以信息共享和互联互通为依托，以各部门信息化应用为支撑，加快构建一个平台（电子政务云平台），一个中心（数据中心），遵循五个统一，着力抓好八个重点工作（申报信息惠民工程、完善项目管理、加强网络建设、加强网站建设、加强市长信箱的管理、整合应用系统、加强示范示点、加强督查和考核），全面整合并提升政府公共服务能力，实现政府管理方式转变和工作体制机制创新。

（一）启动建设电子政务云平台，打造集约高效的电子政务基础支撑体系

国家“十二五”规划要求采用云计算等信息技术加快转变信息化发展方式。长沙市拟将采用企业投资、政府购买服务的方式，利用云计算等先进技术搭建全市统一的电子政务云计算平台，为全市各部门提供机房、网络、硬件设施、安全设施、灾备中心、应用支撑平台，部门按需共享使用。各部门应用开发时不再需要购置大量软硬件设备，只需独立开发应用软件，统一部署在云计算中心运行，大幅降低电子政务建设的成本，实现统一领导、统一建设、统一管理、统一服务，有效解决部门重复建设和资源不能共享等问题，还可以节省大量财政投资。

（二）建设数据共享中心，提高政务信息资源开发利用水平

依托长沙市电子政务网络，建设数据共享中心，建立全市统一的信息资源整合和共享体系，为各部门间共享信息提供信息资源目录、身份认证等服务。按照“一数一源”原则，依托现有的信息，健全信息资源目录体系，制定信息整合规范、标准，以社会综合治税和商事管理服务信息平台建设为契机，对跨部门的资源逐步整合。

加快建设政务数据容灾备份中心，集中提供关键业务数据的备份和快速恢

复服务，有效应对网络攻击、病毒传播、自然灾害、操作失误等突发事件造成的计算机网络中断、软硬件设备的毁损、数据丢失等问题，最大限度减少灾害造成的损失，最短时间恢复业务应用系统的运行。

加快建设数据分析、挖掘、统计中心。重点推进空间地理、人口、法人、社会经济统计指标、行政权力事项和电子文件中心等共享性高、应用广泛的全市性基础信息设施建设。以职能为主明确建设主体，统筹共享，不断提高数据的完整性、可靠性和时效性，有效减少重复建设；以业务需求为切入点，打破部门界限和行政区划，建立和完善共享机制，有效破解共享瓶颈，持续扩大应用领域和受益部门；健全政务信息资源目录，积极开展数据分析、处理和挖掘，提高政府决策能力和执行能力的前瞻性、针对性和科学性。

（三）建设电子政务重点工程，推动电子政务协调发展

按照统一规划、统一技术标准、统一基础设施建设、统一安全监测、统一资源目录的要求，着力于申报信息惠民工程、完善项目管理、加强网站建设、加强市长信箱的管理、整合应用系统、加强示范示点、加强督查和考核等八个重点，建立全市统一的电子政务总体框架，建立信息化条件下社会管理和公共服务新模式，推动全市电子政务协调发展。

1. 积极申报国家“信息惠民”工程试点，建设“电子政务信息资源综合共享平台”

国务院总理李克强于 2013 年 7 月 12 日主持召开国务院常务会议，提出要加快实施“信息惠民”工程。通过建立公共信息服务平台，推进教育、医疗等优质资源共享。针对长沙市目前的实际情况，依托市综合治税信息平台建设，向国家发改委申报“信息惠民”试点，建设“电子政务信息资源综合共享平台”，形成全市信息资源整合、更新、共享的长效机制，实现政府部门信息资源及时、可靠的交换与共享，为市政府和各部门的信息资源应用提供统一支撑，全面提高政务信息资源开发利用水平。

2. 完善项目管理流程，避免重复建设

根据《关于明确电子政务项目管理职责的通知》（长政办发〔2013〕37 号），做好电子政务项目的归口管理，明确工作流程，推进电子政务项目规范

化、集约化建设。加强电子政务专家库的建设，明确管理规范及考核细则，提升电子政务项目管理的专业水平。进一步规范电子政务项目管理机制，加强电子政务项目的统一规划、计划，强化项目评审和验收及后评价工作，提高项目管理水平，发挥项目管理效益，实现项目共建共享，确保电子政务项目建设的合理性和持续性，切实提高电子政务项目建设质量和应用效果。

3. 进一步完善网络基础设施，保障网络安全

按照满足应用、共建共享、确保安全的原则，建设和完善电子政务网络共享、安全保障两大支撑体系。一是整合完善电子政务网络体系。依托现有网络基础设施，加强全市电子政务网络互联互通，扩大网络覆盖面，继续完善全市统一电子政务内外网、安全设施的网络架构。二是完善电子政务安全保障体系。加强电子政务运维的组织和制度建设，建立健全运维工作的管理制度、技术规范、操作规程；加强运维安全管理，按照国家等级保护和涉密信息系统分级保护的有关要求，建立完善等级保护工作机制，落实涉密信息系统分级保护制度，规范涉密信息系统使用管理；加强主动防护技术的创新和试点，建立主动防护标准，完善信息系统主动防护能力检查制度；完善电子政务运维及安全资质管理，积极推行运维及安全工作人员考核认证、持证上岗。

4. 加强政府门户网站建设，保障政府门户网站安全

强化政府门户网站应用服务，促进政务公开和政务服务。加大政府信息公开力度，提高信息公开质量，增强信息公开的主动性、及时性和准确性。一是加强主网站建设，增加网上服务事项，加强互动交流栏目管理，促进政务信息的全面公开。二是加强子网站建设，推进政府网站整合工作。三是理顺主站和子站信息员的管理体系，调动部门信息员的工作积极性。四是进一步开发建设移动政务 APP 客户端，加大信息无障碍系统的建设力度。

同时为贯彻落实市委书记、市长等领导有关政府网站安全问题的批示精神，我办联合市公安局对长沙市政府部门网站进行了安全专项检查，发现长沙市人力资源和社会保障局网、长沙市政府采购网等 26 家部门网站存在不同程度的安全隐患。从保障政府网站安全的长远角度，2014 年拟开展：一，实行政府子网站统一运维管理；二，集中托管政府网站服务器；三，增添必要的安全硬件；四，实行双重安全监测；五，加强日常监测和安全培训。

5. 加强“市长信息”栏目管理，提升政民互动交流能力

依据《关于进一步做好人民网领导留言及省长信箱市长信箱信件办理工作的通知》（长政办函〔2013〕57 号）等文件，进一步明确“市长信箱”的管理机构、处理流程及工作要求，将回复时效纳入电子监察，实现市民咨询、求助、建议、批评、投诉网上统一受理、分办和反馈，彻底解决某些部门对市民来信发而不收、收而不办、办而不公开的问题，为市民与政府搭建了一个沟通的桥梁，从而维护了社会稳定。

6. 整合发展电子政务应用，服务于保障和改善民生

加快推进惠民、利民重点应用，促进政务公共服务体系建设发展。在全市统一的平台上，加快建设市级网格化社会管理信息平台：利用信息化技术将面向社会居民的各类社会服务与有关部门和组织的业务处理系统整合对接；积极利用信息化手段，推行无纸化办公，减少一次性办公用品消耗；加快建设商事登记管理平台，有效实现“先照后证”；做好综合治税一期的建设项目成果的深化应用，全力推进综合治税二、三期项目建设；推进非行政许可和年检项目的相关建设和推广工作；完善公务员行政行为、政务公开信息等电子监察平台。

7. 推进示范试点，加强电子政务工作的应用指导

为加快电子政务服务向街道、社区延伸，提高电子政务科学化水平，依据拟定的《长沙市区县乡镇社区电子政务管理服务示范试点工作方案》，将在区县（市）共计 20 余个乡镇（社区）进行为期 2 年的电子政务管理和服务示范试点。同时加强与市科技局、国家行政学院等单位的合作，为“十三五”电子政务规划的编制和电子政务管理办法制定提供实践理论基础。

8. 完善绩效考核机制，强化督查考评

按照市绩效办相关文件的要求，选择一些重点要点工作，围绕电子政务建设和管理的目标，规范电子政务考核指标体系。创新电子政务考核模式，本着客观、公正、公开、公平的态度，制定考核制度和考核标准。按照统筹规划、信息共享、树立典型的原则，加强对区、县（市）、市直部门电子政务建设和管理的指导工作。同时，开展重大项目的综合评估，联合市政府办公厅督查室对重大项目进行督查，通过绩效考核提升电子政务管理水平。

B.14

2013 年株洲市电子政务建设情况及 2014 年发展展望

株洲市人民政府研究室（电子政务管理办公室）

2013 年，在市委、市政府的坚强领导和省政府经济研究信息中心的有力支持下，株洲市电子政务工作站在“智慧株洲”集约化发展的新高度，总结和汲取传统电子政务建设带来的诸多经验教训，充分立足全市现有的丰富信息资源，坚持在“统”和“整”上做文章，全面推动电子政务建设从“边建边用，以建带用”的粗放型向“先统后建，以整促用”的集约型转变，为推进“智慧株洲”建设打下了重要基础。

一 2013 年全市电子政务建设总体情况

1. 坚持统筹发展思维，大力构建覆盖全市的电子政务云平台体系架构

2013 年以来，株洲市针对电子政务要服务于百姓、企业办事，服务于政府办公的特点，进一步转变工作思路，在构建电子政务整体架构时，坚持遵循云计算理念，将资源整合作为立足点和突破口，将电子政务整体架构规划为对外服务、数据交换和业务支持三大模块。其中，对外服务层是政府统一提供公众服务的窗口。通过整合各种对外服务资源，企业和百姓可以更加方便地通过公共门户满足多次多项的办理需求，有助于政府对公众服务能力、服务效力的提升。数据交换层是政府提供各种对内对外服务的数据交换通道。通过统一物理传输平台、统一数据交换标准的建设，从技术层面解决政府部门间的信息“孤岛”问题，实现数据互通、资源共享，确保大规模网上协同应用服务的有效实施。业务支持层是政府办公、办事的各种应用支持平台。通过统一公务员办公门户、统一用户身份认证、统一用户权限管理、统一邮件系统管理、统一

计算存储、统一安全管理，直接提升政府办公效率、降低政府运营成本，进而实现真正意义上的“电子政府”。

2. 加快统一基础环境，全面提升 IDC 数据中心统筹整合与服务能力

通过以城市级数据交换平台为核心的“数字株洲”IDC 数据中心建设，株洲市已初步建立了标准统一、跨部门共享的政府信息资源数据存储、交换和安全统一体系，实现硬件基础设施的资源管理与信息管理的全面结合。目前已有协同及移动办公、市政府门户网站群、“12345”市长热线、网上行政审批电子监察、数字城管、地下管网、公共自行车、视频融合统一共享平台等 10 多个应用系统进入中心实施集约化建设和管理，全市公共资源交易平台、出租车服务管理系统、地方统计服务平台、网上信访平台等一批新建部门应用系统正在统一有序纳入。基于这种集约化建设模式，2013 年株洲市直接节约财政投入达 1612 万元。此外每年还将大量减少部门维护费用，使该中心逐步成为株洲市智慧城市集约化建设的核心基础。同时，依托 IDC 数据中心统筹建设的优势，株洲市重整政府内外网布局，加快了全市电子政务的外网建设和应用推广，逐步将各部门非涉密的、具有对外公共服务职能的业务应用系统整体搬迁到政务外网。现在政务外网设有统一网络出口，与互联网仅作逻辑隔离，使政府各部门业务应用资源得以整合起来直接在网上对外服务，面向公众的服务效率大大提高，有力推动了株洲市服务型、效能型、节约型政府建设。

3. 深化基础数据整合，有序推动公共资源的集约化建设和共享应用

一是充分发挥地理空间框架平台在全市公共地理数据的基础整合作用。依托全市电子政务网络，推动了市公安局警用地理信息应用平台、数字城管、地下管网、应急指挥等一批重要系统共享该平台提供的公共基础数据服务。这不仅有效建立起公共地理信息资源共享机制，而且避免了各部门开展大量重复的公共地理数据普查工作，节约了巨额的财政投资。二是坚持以整合为主、以新建为辅的建设思路，建设了全市社会视频监控整合共享平台，加快推动社会视频资源的统一规划、集约建设、分级应用，避免重复建设，促进资源共享。平台全面建成后将有效融合公安、城管、环保、交通、公路、文化、教育、卫生、水务、安监、社区、公共自行车等 10 多个部门和行业以及五县（市）的

视频监控点，统筹建设和整合1万个监控探头供全市各部门实时共享调用。三是有效推进了地下管网平台数据的归集和整合工作，初步实现了以地理空间框架平台为基础，推动各部门和行业管线资源信息统一普查和数据共享的目标，进一步实现了株洲市对地下管线的动态管理和对突发事件的快速联动处置，提升了地下管线信息化管理水平。

4. 集成政府服务资源，着力打造全市政府公众服务的统一门户

经过几年来的不断完善和充实，株洲市政府门户网站已逐步形成以市政府门户网主站为核心，整合80多家部门子网站及其应用于一体的统一站群云服务体系。2013年以来，株洲市在主站建设上推出了整合“综合动态”“专题站群”“聚焦株洲”“图说株洲”等多个版块，界面清新、大方、美观的新主页，通过以丰富的照片配文字解说、实时交流互动等直观真实的网页展示方式和互动手段，将原来零散乏味的政府信息统一集合优化后发布，使市民能够更加直观形象地获取真实、丰富的政府公开信息。在民生服务上，加快整合了教育、卫生、社保、交通、三农等13个重点领域的网上便民服务平台，优化了嘉宾访谈栏目，完善了场景式智能服务、无障碍信息服务等绿色通道。市级政府共有39家行政机关302项审批和服务事项在网站开展业务，促进了政府服务水平的不断提升。2013年全年，通过各级政府门户网站，市级部门政务信息公开40889条，政民互动公众参与390条，政民互动市级部门答复352条，答复率90.2%；县（市）区政府政务信息公开35403条，政民互动公众参与638条，政民互动政府答复526条，答复率82.4%。先后完成了10期嘉宾访谈栏目，汇聚了15次部门的网上调查，征询广大市民意见和建议，为政府决策提供了高价值的参考依据。

5. 突破传统办公界限，大力推广无纸化统一办公平台

为有效突破传统政务办公的时空限制，提升政府工作效率，节约政府资源，株洲市利用云计算和虚拟化技术建成了涵盖信息门户、待办工作、公文管理、通知公告、领导日程、会议管理、后勤管理、移动办公等十多项应用功能的协同及移动办公统一平台，有效满足全市各委办局、直属企事业单位和县（市）区“四大家”网上办公、远程办公和移动办公的需要。目前，平台已在市政府办公室得到推广应用，市信访局、市文化执法局、市人社局、市财政

局、市司法局等部门也开展了应用试点。平台全面推广以后，株洲市各部门和单位无需建设和维护内部办公系统，可直接节省财政投入 2000 万元以上，受到省委办公厅、省政府办公厅的高度肯定。在 2013 年全省电子政务云技术研讨会上，株洲市协同办公平台在云技术方面的创新实践得到省政府办公厅和省经济研究信息中心等上级部门的重点推介。

6. 推行网上行政审批，不断提升各级政府服务效能

市级政府网上行政审批电子监察系统于 2010 年建成投入使用，现已搭建网上审批、电子监察、政务服务门户网站三大核心系统，覆盖 39 个行政许可职能部门、302 项行政许可项目，实现了网上受理、网上审批、网上查询及评议等多个服务功能，推动了审批服务与公众监督的无缝结合，进一步优化了全市经济社会发展环境，提升了城市发展竞争力。2011 年 7 月 1 日，市级平台已完成与省电子政务外网全省行政审批系统的数据对接。县（市、区）政府网上行政审批电子监察系统也于 2013 年全部部署完成。2013 年，市级政府实现网上办理各类行政审批事项 4 万件，办结率 100%；县（区）级政府实现网上办理各类行政审批事项 3 万件，办结率 100%。

7. 整合网络安全资源，统筹构建全市统一的政务网络与信息安全保障体系

针对近年来国内外网络与信息安全风险不断攀升的严峻形势，株洲市严格按照国家网络和信息安全有关法律法规的要求，积极创建全市统一的电子政务网络安全体系，并由市政府研究室（市电子政务办）统筹建立了湖南省 CA 中心株洲市分中心，通过以数字证书为核心的信息安全技术，逐步将“数字株洲”和“智慧株洲”应用系统纳入株洲市统一的数字认证安全共享体系中，全方位提供信息安全保障服务，确保全市网络和信息安全。目前，该中心已完成工商网上年检、协同及移动办公等多个平台的对接任务，正在有序推进其他应用系统的有序纳入。同时，强化了对各级各部门网络安全建设的统筹指导，每月都会组织对重要网站和信息系统的安全检查，及时消除了醴陵市政府门户网站等几个县级政府门户网站存在的安全风险，切实保障了政务网络和门户网站的安全；会同市国家保密局、市公安局等相关部门建立了网络信息安全管理长效机制，健全了电子政务业务系统安全等级保护机制，完善了网络与信息安全突发事件应急预案。全年未发生一起影响严重的网络与信息安全事件。

二　2014 年全市电子政务工作总体展望

2014 年市政府工作报告明确提出“要统筹信息化建设和整合，推进‘智慧株洲’建设”的新要求，为今后几年株洲市“数字株洲”和电子政务建设确立了总体发展方向。因此，株洲市将继续按照深化集约化建设、资源共享的思路，不断创新电子政务管理模式，加快“数字株洲”项目群建设，推动“数字株洲”向“智慧株洲”全面转变。

1. 统一基础平台，深化集约建设

在“智慧株洲”顶层架构和统一的数据标准体系下，依托全市统一的电子政务内、外网平台，加快提升“数字株洲”IDC 云服务数据中心的集约化、融合化功能，强力推动各部门将应用系统部署到 IDC 中心进行统一建设、维护和管理。严格控制各部门和单位的网络和机房建设，推动城市社会视频资源、空间地理信息、公民信息等基础共享资源的统一建设和管理，逐步将 IDC 云服务和虚拟化这种安全、绿色、低碳的智慧城市全新信息资源服务模式大力推广和应用下去，促进城市信息资源的融合共享，避免基础设施重复建设和资源浪费。

2. 突出示范带动，建设智慧样板

一是大力推广和使用株洲市协同及移动办公云平台，全面实现株洲市 67 家市直部门、单位和 10 个县（市）区“四大家”机构的无纸化、实时化、移动化政务办公，打造“两型政务”建设的样板。二是启动建设惠及全民的智慧社区服务平台，以“一网（电子政务外网）、一图（实景三维图）、一平台（城市级数据交换平台）”为支撑，建设智慧社区公共服务云平台，有效整合株洲市社区服务、政府门户、社会保障、教育医疗、城市管理等各领域的便民惠民资源，为公众提供一站式社区服务和智能化生活享受，将智慧城市建设红利惠及广大基层社区和普通市民。三是着力推进市政府网站群建设，制定相关规章制度，强化对政府子站的组织管理，提升政府网站群安全保障水平，确保

网站群系统正常运行；启动市级政府门户子网站改造项目，满足使用单位的功能需求，逐步关停原来具有独立域名的部门官方网站，做到网站服务器统一托管、网站页面统一设计、后台操作统一系统、信息资源统一共享、安全维护统一保障。此项工作完成后，预计每年将为市财政节约资金一千万元以上。

3. 强化资源整合，提升服务效能

一是完成全市社会视频统一共享平台及视频专网的初步搭建，加快整合零散的社会公共视频资源，提升视频资源服务效率，进一步维护社会公共安全，避免公共视频资源的重复建设。二是完成“12345”市长热线整合网上信访系统建设项目，建成以市长热线为龙头，融合部门各条热线、信访管理系统、市长信箱各种诉求渠道，集信息汇集、咨询服务、救助、协调、督办、统计分析和辅助决策于一体的自动化非紧急社会求助服务平台，打造全省一流的民生服务热线。三是建立全市电子联合审批的大集中平台。以施工图数字化建设为抓手，推动现有的网上行政审批和电子监察系统有效整合和优化建设领域项目的联合审批资源，将公共资源交易、联合审图、联合踏勘、联合验收、图文一体存档等工作予以统一规范，重点解决建设领域的突出问题，促进株洲经济发展环境不断优化。四是建立覆盖市、区、街道三级所有执法部门或机构的综合执法统一共享平台，实现全市执法部门和机构的信息实时共享、协同办案以及移动执法。各部门将无需建设自己的执法平台。这一举措在提升行政执法效能的同时，亦将推动政府资源的整合共享。

4. 狠抓技术服务，促进工作提质

一是创新政府投资信息化项目管理服务模式。加大政府投资信息化建设项目的审核力度，探索项目的申报、立项、审核、竣工验收、绩效考核等环节管理，形成标准规范、高效务实的闭环管理体系，杜绝各种违规操作行为，使电子政务项目管理更加规范化、制度化、程序化。二是加大专业人才储备力度。积极鼓励各级各部门加大信息化专业人才培养力度，通过多种途径储备一批高学历、高素质、具有丰富实践经验的实战型人才，为全市电子政务建设提供强大的智力保障。三是认真做好县（市、区）和各部门信息化建设的技术指导和协调服务工作，扎实推进县（市、区）网上行政审批电子监察系统、社会视频资源整合联网平台、电子联合审批平台、综合行政执法平台等智慧城市重点项目，促进智慧城市建设有序开展。四是继续加强网络与信息安全保障工作。深入贯彻落实《国务院关于大力推进信息化发展和切实保障信息安全的若干意见》（国发〔2012〕23 号）的重要精神，进一步完善株洲市网络与信息安全基础设施，充实网络与信息安全专业骨干队伍、应急技术支撑队伍，强化监管力量，增强风险隐患发现、监测预警和突发事件处置能力，有效防范各类网络与信息安全问题。

B.15

2013年湘潭市电子政务建设情况及2014年发展展望

湘潭市人民政府电子政务管理办公室

2013年，湘潭市围绕加强政府网站建设和网上政务服务考核、“市长信箱”办理、完善网上政务服务和电子监察系统、推动政务服务中心信息化建设等重点工作积极推进电子政务建设管理，网上政务服务水平不断提升、网上政民互动交流日益通畅、网上办事能力得到不断加强，各项工作取得了显著成绩。

一　以服务民生为导向，提升政府网站建设管理水平

湘潭市政府门户网站始终着眼民生服务，提升网站功能，致力于打造政府信息公开“第一平台”，成效显著。2013年，市政府门户网站先后被评为“全省优秀政府网站”和“中国信息无障碍建设示范单位”。

（一）便民利民，提升网上政务服务水平

及时准确发布政务信息，2013年政府门户网站共发布政务信息3万余条，信息发布数量和时效性大幅提升，极大地方便了公众查阅、获取政府信息，未出现政务信息发布迟缓、错误等问题。

紧紧围绕市委、市政府中心工作，结合社会热点问题，建设了“环境空气质量实时发布平台”“网络监督平台”“科普之窗”“41个市直部门公开承诺”等一大批民生服务栏目，进一步丰富了公众信息服务的内容，提高了政府网站的在线服务能力。同时，将保留的261项市级行政许可项目在政府门户网站上进行了公开。

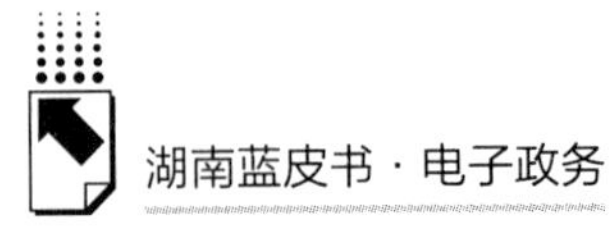

2013 年，市政府门户网站共完成在线调查 3 期、民意征集 10 期，为市政府科学、民主决策发挥了很好的参谋作用。

完成手机 WAP 门户接口开发任务，数据顺利对接，通过搭建门户网站移动平台，使群众可以随时随地获取政务信息和服务。积极推进政务信息无障碍示范建设，在市政府门户网站建立信息无障碍平台，使网站信息不仅能“看”，还能“听”，为特殊群体提供了更为便捷的浏览方式。“走着听网站，交流无障碍”已经成为湘潭市政府网站的新亮点。在 2013 年召开的全国信息无障碍推进会上，湘潭市荣获“中国信息无障碍建设示范单位”称号。

（二）规范管理，推动网上政务资源整合

以政府门户网站为龙头、以各级各部门网站为子站的全市政府网站群的政府网站服务功能不断加强。

2013 年湘潭市出台了《湘潭市政府网站管理办法》（潭政办发〔2013〕26 号），对网站建设的运行管理、网站安全、评估考核等方面工作进一步提出了明确要求。建立了《网站信息审核发布制度》《网站链接审批制度》《网站密码安全保密制度》《网站运行维护管理制度》《市政府门户网站读网制度》等一系列管理制度，细化分解责任，确保市政府门户网站全年安全运行。

同时，按照“统一平台、物理集中和分步实施”的整合原则，推进全省政府网站资源整合试点城市工作。目前，全市 45 个市直部门的网站整合在政府门户网站平台下，均配备了“xxx. xiangtan. gov. cn”的二级域名。

开展互查互评。从 2012 年 7 月开始，湘潭市开展政府网站阅评工作，共刊发《阅评简报》13 期，引起各级各部门对政府网站建设和管理上的关注，及时发现问题、解决问题，有效促进了政府网站提质。

（三）政民互动，拓宽网上政务服务渠道

一是“市长信箱”办理透明高效。门户网站“市长信箱”搭建政府与群众沟通的桥梁，为群众解决各种困难。截至目前，通过“市长信箱”共收到群众提交的信件 1937 件，回复率 97.5%，满意度 90%。所有来信及回复都及时在市政府门户网站进行了公布。2013 年 6 月底正式开通的“市长信箱”短

信提醒平台，进一步提高了办件效率。二是通过“在线访谈”展示湘潭形象。2013 年 8 月，市委常委、常务副市长谈文胜代表湘潭市委、市政府做客省政府门户网站“嘉宾访谈”栏目，围绕“坚持科学发展，实现‘三量齐升’”的主题与网友进行了在线交流与互动，很好地展示了湘潭经济社会发展的形象。

二 以业务应用为重点，夯实政务外网平台建设基础

通过推进网络设施基础建设，加大应用系统建设力度，湘潭市网上政务服务能力不断得到加强。

（一）政务外网平台基础建设继续夯实

截至目前，湘潭市已完成了纵向上连省政府外网平台，下连雨湖区、岳塘区、韶山市、湘潭县、湘乡市、高新区、昭山示范区等区县级平台，横向完成了四大家和河西、河东等城域网汇聚节点建设，实现了全市 70 多个政务部门的接入和互联互通，为各部门提供了统一互联网出口和连接省级对口部门的 VPN 通道，能够满足各级政务部门开展信息化条件下的社会管理和公共服务业务的需要。

完成了政府大楼三楼过道和新增六楼信息点分布设计。协助完成后栋弱电井和前栋三楼、四楼弱电井线路整理。完成新增设备和部分老旧设备置换，新增设备 8 台，置换 6 台，新增信息点近 300 个，用户资源 216 个。2013 年 8 月，在电信资源相对不足的情况下，经过反复协调，实现了湘潭市网络平台与九华网络的互通。

（二）信息网络安全保障能力不断提升

湘潭市严格落实有关网络信息安全方面的各项规定，采取了多种措施防范网络信息安全相关事件的发生。2013 年新增 WAF（Web 防护服务器）一台，针对政府网站和应用系统的程序升级、账户密码修改、病毒入侵、网站维护、政务外网接入和运行等方面存在的问题提供保护。定时进行系统风险清理排

查，及时进行系统更新升级，强化安全防范措施，及时处理各类信息系统出现的漏洞和安全风险，消除隐患，化解风险。市电子政务办联合公安局对政务网络及政务信息系统开展了安全等级保护工作，并配合国安局、经信委开展了信息系统网络安全调查工作。

（三）网上政务服务能力全面拓展

根据省政府要求，结合湘潭市电子监察应用现状，2013 年进一步加大了平台接入和应用推广力度。目前已完成了各县（市、区）与省级平台的对接，市直 50 家行政审批单位 650 项审批事项全部纳入系统，与省级平台实现数据对接。

鉴于湘潭市电子监察系统自 2008 年建成运行以来已进入第 5 个年头，当前设备日渐老化，同时省级统一政务服务编码规则和监察规则进行了调整，湘潭市系统出现故障频发、数据对接不畅不准等问题，基于全省数据集中的趋势和从根本上解决监察数据与省平台畅通对接的问题，经多次与省政府经济研究信息中心、市监察局会商，提出了将现有系统整体迁移至省平台的思路，制定了迁移方案。该方案得到了省中心的大力支持，已进入实质操作阶段。目前已与市政务中心等部门协同合作，完成迁移项目的初步梳理、省平台迁移技术方案的论证等工作。下一步将进入项目迁移配置、操作培训、运行测试等实质性的操作阶段。

非行政许可和年检项目在线办理工作稳步推进。2013 年新增电子标识数字证书项目一个，新受理证书办理 123 个，其中湖南省电子监察系统 100 个、工商系统 11 个、国土招投标系统 5 个、电子标识系统 5 个、政府采购系统与金融办项目各 1 个；受理证书延期共 83 个，其中工商系统 46 个、国土招投标系统 4 个、计生委智能客户端 33 个。

三　以项目带动管理，电子政务资源整合逐步推进

电子政务建设管理多年来存在重复建设、资源浪费的现象，要从根本上解决这一问题，湘潭市着力从电子政务建设管理顶层设计着手，从项目建设管理具体推进，各项工作有序推进。

（一）推动电子政务建设顶层设计

为进一步整合全市电子政务建设资源、规范管理电子政务建设，2013 年湘潭市着手启动“智慧政务”建设工作，从顶层规划着手规范全市电子政务建设管理工作。

（二）加大电子政务项目建设指导力度

2013 年，湘潭市公安局“平安城市”“智能交通”，城管局“数字城管”，岳塘区网络化管理，民政局社会救助管理系统，房产局保障性住房系统等一系列电子政务建设项目启动。这些项目均在市政府统一调度下，由市电子政务办负责提供建设指导意见和建议，并通过对上述项目的深入调研指导为政府在合理安排湘潭市电子政务建设资金、推动电子政务项目建设等方面提供决策参考意见。在保障各部门业务应用系统建设有序推进的前提下，避免重复建设和财政建设资金的浪费。

（三）争取省电子政务建设项目资金

2013 年湘潭市向省经信委、省财政厅申报了“湘潭市电子政务网络平台信息安全升级改造项目”。该项目通过省相关部门的严格审核，下拨省财政资金 20 万元，为推进湘潭市电子政务网络平台信息安全升级提供了保障，减轻了市级财政压力。

（四）全面推动全市党政机关软件正版化工作

2013 年湘潭市针对党政机关软件正版化工作先后开展了 2 次督查并提出整改指导意见，有效地防范了全市电子政务业务应用可能面临的潜在版权风险。

四　以考试带动培训，电子政务人才培养再上台阶

储备人才、提升素质，加强电子政务业务培训指导。一方面，对全市电子

监察系统等应用业务进行了全面的指导，为人社局、公安局、卫生局等多个部门人员提供专门的培训，同时还对县（市、区）电子政务工作人员进行了技术指导，帮助其解决工作中存在的困难和疑问。另一方面，为储备电子政务建设管理人才，2013 年湘潭市组织了全省“计算机技术与软件专业技术资格（水平）考试”。该考试报名人数达 1525 人次。湘潭市软考工作各项考核指标再次列全省第一。

五　2014 年度工作展望

出于历史原因，湘潭市电子政务工作还面临更加艰巨的任务。为此，湘潭市 2014 年将继续围绕“突出规划谋大局、夯实基础强建设、关注民生重服务”的工作思路，依法推进电子政务建设管理，不断整合电子政务建设管理资源。2014 年我们将重点开展以下工作。

1. 推动顶层设计，规范电子政务建设管理

围绕湘潭市“智慧政务”建设，着力谋划湘潭市电子政务建设管理顶层设计，研究制订电子政务项目建设管理办法，规范项目建设管理。为规范、有序推进湘潭市电子政务工作奠定基础。

2. 整合政务资源，完善电子政务网络平台

加强电子政务基础设施建设。结合湘潭市实际，建设和完善全市统一的电子政务网络，完善信息安全保障体系，统筹运行维护体系建设。根据省、市工作要求，结合湘潭市电子政务实际，重点组织政务中心信息化建设工作、湘潭市政府应急平台体系建设、全市行政审批与电子监察系统向省平台迁移等具体项目。完成政府大楼网络平台升级改造，以应对政务信息化工作的新要求。

推动政务云数据中心建设，通过建设网络基础系统、数据存储系统、数据管理系统、数据服务系统、数据挖掘支持系统和数据交换体系等，为政府各部门提供日常办公应用，为民生、经济、政务、文化等数字化应用做好基础性服务。

完善基础性政务信息资源库建设。进一步完善人口信息数据库、法人单位数据库、基础空间地理数据库和宏观经济信息数据库的建设，建立上述四大基

础数据库的公共数据共享交换平台，实现数据共享。

3. 构筑信息保护和网络信任体系

建设全市统一的政务数字证书认证体系，开展电子签名应用，形成以身份认证、授权管理、责任认定等为主要内容的信息保护和网络信任体系。推动电子身份认证和责任认定的规范化和标准化。

4. 加强政府门户网站建设

一是建立健全政府信息发布保密审查机制，明确审查的程序和责任。二是切实提高在线办事能力，不断增加在线办事的项目，使在线办事成为公众办事的主要渠道。三是不断加强互动栏目建设，不断丰富互动交流方式。通过“在线访谈”“热点解答”“网上咨询”等相关栏目，为公众参与互动交流创造条件。四是不断运用新技术，创新服务模式。进一步完善市级 WAP 门户建设，提升功能拓展应用，推广政府网站无障碍技术的运用。

B.16

2013年衡阳市电子政务建设情况及2014年发展展望

衡阳市人民政府电子政务管理办公室

2013年，在省中心的关怀指导下，在市委、市政府的正确领导下，我们坚持以党的十八大精神为指导，深入贯彻落实科学发展观，锐意进取，团结拼搏，创造性地开展了衡阳电子政务工作，圆满完成了“数字衡阳”一期建设任务。现就2013年工作落实情况和2014年工作思路介绍如下。

一 2013年主要工作情况

最近几年，是衡阳市经济社会快速发展的重要时期，也是电子政务工作扎实推进的重要阶段。特别是2013年，我们乘着十八大的东风，以科学发展观为指导，在市委、市政府的正确领导下，紧紧围绕全市中心工作和战略部署，攻坚克难，奋发有为，电子政务与数字城市建设工作取得显著成效。主要工作继续位列全省第一方阵，网上政务服务、政府信息公开等工作在全省市（州）名列前茅。“数字衡阳”建设工作成为全省乃至全国的亮点。“中国·衡阳”党政门户网站在2013年中国政府网站绩效评估排名中，位列全国地市组第10名，其英文网站位列全国第3名。

（一）“数字衡阳”一期项目建设全面完成

“数字衡阳”是“数字湖南”的重要组成部分，也是衡阳市提升城市信息化水平、推动经济社会发展、保障改善民生的重要工程。该项目由衡阳市电子政务办牵头建设，一期各项工作任务已全部完成，并于2013年12月26日举行了高规格的开通仪式。其具体建设情况：完成云中心平台搭建；四大核心应

用全面试运行，正发挥着重要作用。“数字城管”“智能交通”“应急联动”三个指挥中心已建成并投入使用。“数字衡阳”一期工程共建成城市高清监控2000 个，设备联通率达 98% 以上。其中“平安城市”新建了 1500 个高清监控点、30 个高清卡口、警用地理信息系统、报警联动系统；“数字城管”发放了近 400 台城管通、300 套车载监控系统，采集了城区 100 平方公里部件信息，部署了城管综合管理平台；“智能交通”部署了电子警察、信号系统、道路监控、交通诱导、流量检测、高空监控等共 300 多套设施及管理平台；“应急指挥”在市级及城区外的 8 个县（市、区）、市直部门共部署了 13 套小型移动应急平台，建设了应急指挥、调度、图像接入综合管理平台。各县（市、区）按照全市统一部署也正在加紧启动“数字衡阳”分中心建设。正在建设的全市信息调度指挥中心、12345 政府服务热线也将实现与“数字衡阳”的无缝对接。

（二）“12345”政府服务热线筹建有序推进

为落实市长的指示精神，切实做好全市信息调度指挥中心的建设工作，衡阳市电子政务办迅速行动，成立专班，在 2013 年 8 月份拿出了《衡阳市信息调度指挥中心暨衡阳市“12345”政府热线建设方案（草案)》，并报市政府审定。市长高度重视指挥中心的建设，2013 年 9 月 4 日，再次听取了衡阳市电子政务办工作汇报，明确指示成立衡阳市信息调度指挥中心，由市长任主任。衡阳市信息调度指挥中心下设办公室，负责指挥中心与“12345”政府热线工作的日常管理，将衡阳市电子政务管理办公室加挂衡阳市信息调度指挥中心办公室牌子，实行两块牌子、一套人马管理。衡阳市电子政务办积极开展了“12345”政府热线的筹建，出台了相关技术方案、前台及后台管理制度。2013 年 11 月 21 日，召开了全市各县（市、区）政府和市直相关部办委局的办公室主任会议，就“12345”热线系统知识库信息采集工作做了部署安排。起草了由市政府下发的《衡阳市信息调度指挥中心（“12345”政府服务热线）管理工作方案》《关于建立衡阳市“12345”政府服务热线信息知识库的通知》等相关文件，文件赋予衡阳市电子政务办对热线办理督查督办及考核奖惩职能，为下一步开通运行奠定了基础。2013 年 12 月 5 日，市长又主持召开会议，就全市信息调度指挥中心建设有关问题展开专题研究。会议审定通过了

《衡阳市信息调度指挥中心建设方案》，确定了指挥中心建设模式，明确了中心管理主体，强化了市电政办监督管理职能。下一步，衡阳市电子政务办将认真按照市长办公会议纪要精神，尽快完成财政评审、招投标等相关工作，为下一阶段建设做好准备，加快把12345政府服务热线建设成百姓的“万事通”、城市管理的监督平台、政民联络的桥梁纽带。

（三）阳光行政成效日益凸显

一是推进政府信息公开。按照市委要求，衡阳市电子政务办除信息公开工作外，还承担全市党务公开、工程领域项目信息公开和诚信体系建设任务。衡阳市电子政务办的这些工作都受到了省政府领导的充分肯定。2013年，12个县（市、区）向市本级平台主动公开政府信息共24758条，市直部门主动公开共计9668条；全年共收到依申请公开件42件，全部按时回复；公开工程建设项目信息和信用信息40924条，涉及信息444619条，已公开工程建设项目14769个，已公开502家工程建设从业单位和19919名主要从业人员的相关信息。

二是力促网上政务服务和电子监察。全市电子政务外网平台已实现省、市、县、乡纵向四级和横向146个部办委局的互联互通，为实现网上政务服务和电子监察系统应用提供了平台和技术支撑。按照“部门全覆盖、事项全覆盖、流程全覆盖”的要求，衡阳市的非涉密行政许可、非行政许可审批和公共服务事项全部纳入了网上政务服务系统办理，并实现了审批事项全程留痕、全程可控、全程监管，真正体现行政权力在阳光下运行。2013年，全市网上政务服务办件数238866件，位列全省前茅。

三是内网建设初见成效。自2013年1月25日全市电子政务内网正式开通运行以来，我们始终按照“先易后难、分步实施”的原则着力推广应用，现已初见成效。2013年，市委、市政府利用升级后的电子公文系统向下发文83个，接收省委、省政府公文2250个，向省委、省政府报送公文471个，利用会议管理系统通知、报名、督办52例会议；市委、市政府利用改造后的市政府音视频会议系统召开或组织会议82次；“金纪工程”的综合办公平台已在市纪委机关内部全面应用，纪委办案点数字监控系统正式运行一年多，市纪委常委会议管理系统全面启用，已召开无纸化会议18次；内网的应用全面推广。

（四）政府门户网站建管日趋规范

我们紧紧围绕信息公开、在线办事和公众参与三大功能打造一流政府网站群，建立健全对县（市、区）和市直部门政府网站的绩效评估机制和阅评简报机制，制定完善门户网站应急、运维、安全、读网等多项规章制度，按照市委、市政府主要领导要求，在门户网站定位、信息发布、内容保障、体制机制、运行维护、队伍建设等问题上不断改进，初步形成了以“中国·衡阳”党政门户网站为主站，以各县（市、区）政府门户网站、市直各部门政府网站为子站的全市政府网站体系。目前，市党政门户网站共有 8 个一级栏目 1672 个二级栏目，共计 24 万余条信息。2013 年，共发布政务信息约 4.8 万条，向省政府网站报送政务信息 1500 多条。“书记、市长信箱”共收到公众来信 4120 件，受理并回复 1421 件，及时有效化解了社会矛盾，缓解了政府信访压力。

（五）电子政务环境逐步优化

一是建章立制有序推进。在市委、市政府和市法制办等有关部门的大力支持下，全市电子政务制度建设进一步完备，先后制定出台了关于“数字衡阳”和电子政务的相关规范性文件。二是项目审核有效把关。对全市使用财政资金建设的信息化和电子政务工程项目进行监管，主要是对项目从技术方案到验收等各个环节进行审核把关，有效地加强了资源整合与信息共享，避免了重复建设和财政资金浪费。三是数字认证逐步铺开。按照省里统一部署，各市（州）须设立数字认证服务中心机构。“衡阳市数字认证服务中心”已经成立运行，并在 8 个县（区）设立了数字认证业务受理点，办理数字证书 1200 余张［含县（市、区）］，减少了企业和群众报批的环节，简化了流程，杜绝了职能部门的权力寻租，群众反映良好。

（六）依法行政能力不断增强

坚决贯彻《湖南省行政程序规定》，全面推进依法行政工作。衡阳市电子政务办机关领导干部和工作人员的依法行政观念不断增强，依法行政的能力和水平进一步提高，为全市电子政务和数字城市推进提供了强有力的法制保障。为了进一步理顺体制、体现一个窗口对外的要求，衡阳市电子政务办在政务服务中心设立了一个办事窗口。同时，对各项行政审批审核项目进行了梳理，实现了所有行政审批审核项目均由行政服务中心窗口进行一站式受理服务。按照《全市行政审批工作问题整改方案》要求，衡阳市电子政务办专门成立了行政审批改革工作领导小组，制定了整改方案，从审批时间、审批程序、网上审批和责任意识等四个方面做好了整改工作。2013 年，对全市使用财政资金建设电子政务工程的项目进行了监管，组织审查了衡阳市网格化社会管理服务体系建设、衡阳市政协网站暨网络办公平台建设、“数字衡阳”衡阳县分中心平台和网络完善建设、衡阳市人社信息系统改造、“数字衡阳”一期建设项目、“数字耒阳”建设项目等 6 个项目，涉及建设资金近 2 亿元。在审批过程中，一律实行网上办理，力求在审批程序上简化手续、减少环节，进一步提高了工作效率和提升了服务质量。

（七）招商引资不遗余力

作为政府公共服务部门，衡阳市电子政务办在资源稀缺的情况下，想方设法引进了两个大项目。一是衡阳 100MW 太阳能光伏电站项目。该项目是衡阳市电子政务办 2009 年招商引进的重大项目。几年来，衡阳市电子政务办一直跟踪服务，排忧解难，为该项目的落实做了大量卓有成效的工作。2013 年 11 月份，已正式启动一期工程建设。一期总投资约 9 亿元，主要建设 23 兆瓦太阳能电站（含 3 兆瓦金太阳示范工程）。目前已完成征地拆迁和主要设备订购工作，累计完成投资额 1.73 亿元，其中设备 1.08 亿元、征地拆迁 5800 万元、土石方 500 万元、55 千瓦用户侧屋顶示范电站 200 万元。预计 2014 年 5 月可完成工程建设并投入运营发电。二是中兴全球共享服务中心项目。该中心是全球领先的综合通信解决方案提供商和我国最大的通信设备上市公司——中兴通讯集团在衡阳打造“衡阳云谷”的基础项目。项目计划投资 10 亿元，分三期建设，定位打造智慧城市运营中心、全球教育共享服务中心以及商旅服务运营支撑中心三个中心。目前一期工程已经完工，2013 年 12 月 26 日，市委书记李亿龙亲自为中兴全球共享服务中心揭牌。

（八）机关队伍建设有力

2013 年是衡阳市电子政务办任务艰巨，工作最重、压力最大、最繁忙的一年，衡阳市电子政务办领导班子率先垂范，带领全办人员齐心协力、负重奋进，按照“白加黑”、“5 + 2”的工作要求，打了一场又一场漂亮的攻坚战，彰显了衡阳市电子政务办顽强的战斗力。进一步加强教育学习、完善制度建设、强化监督管理，贯彻落实党风廉政建设责任制，狠抓机关效能及作风建设，切实做到全办上下在工程项目招标和政府采购活动中遵纪守法、清正廉洁，保证了工程项目的高标准、高质量。

二　2014 年主要工作目标

各项工作进入全省第一方阵；做好“数字衡阳”一期项目应用推广与完善，启动二期项目的规划设计与建设，加快向“智慧衡阳”转型；推动电子政务内网二期建设；“12345”政府服务热线建成并发挥重要作用；市党政门户网站保持国内、省内领先地位；政务服务事项 100% 实现网上办理，三级网上政务服务和电子监察系统全面应用；建成政务信息资源目录体系和交换体系平台。

三　2014 年工作思路

2014 年，我们将全面贯彻落实党的十八大和十八届三中全会精神，围绕市委、市政府中心工作和战略部署，坚持稳中求进，坚持改革创新，全力推动电子政务工作持续健康发展，更好更优地服务衡阳市经济社会发展大局。为此，要认真抓好以下十大重点工作。

（一）努力完善“数字衡阳”项目

在“数字衡阳”一期建设基础上，搞好规划，做好设计，抓好整合，进一步加大应用推广力度，加快资源整合进度，督促各部门在规定时间内接入

“数字衡阳”云中心平台。不断完善云中心平台的兼容性、开放性，提高承载能力，依托云中心平台，建设全市统一的信息资源目录体系、交换体系，形成多层次、跨部门、跨领域的信息资源开发和共享机制。利用一期工程“平安城市”的视频接入平台，整合“平安城市”、“智能交警”、“数字城管”、防洪防汛、安监、林业、海事等视频资源。依托云中心平台，建设社会管理、党建等网格化系统，为网格化管理提供基础资源支撑和基础信息共享。规划并适时启动“数字衡阳”二期工程。结合推进“三网融合”“两化融合”，加快与物联网的融合，推进食品药品监管、交通运输、住房、金融与征信系统、价格、环境检测监控、教育卫生、文化共享等涉及民生的重要监管信息系统建设，推动重点领域信息共享和业务协同，整合信息资源，促进信息资源的开发利用。做好数字城镇建设规划，积极推动“数字衡阳”向县（市、区）、向社区和农村延伸，加快“数字衡阳”向“智慧衡阳”转型。

（二）深层激活电子政务内网应用

继续按照国、省相关要求，依照现有模式建设内网二期工程，核心是做好整合、应用工作。第一，进一步强化整合。围绕“横向到边、纵向到底”的建设目标，做到横向连通各部门，纵向连通县（市、区），真正实现“一网打天下”。第二，进一步深化应用。在会议管理、协同办公、人大政协议案提案、电子档案管理以及应急处理等五大系统的开发、利用上下工夫、做文章，把内网的作用充分发挥出来。

（三）全面推进“12345”政府服务热线建设

围绕把“12345”热线平台建设成百姓的“万事通”、城市管理的监督平台、政民联络的桥梁纽带这一目标，充分整合资源，实现“一个号码找政府”。进一步创新热线建管模式，完善系统功能，丰富热线知识库，加强热线队伍建设，加大督查督办力度，充分调动市民参与城市管理的积极性。

（四）着力提高政府透明度

一是要扩大信息公开范围。继续完善信息公开直报系统，进一步扩大政府

信息公开范围，拓宽政府信息公开渠道，各部门主动公开目录，全面推动公共企事业单位和社会组织办事公开。二是要加大重点领域信息公开力度。切实抓好工程建设项目信息公开和诚信体系建设，进一步提高信息归集能力，建立健全工程建设领域项目信息报送制度和诚信体系制度，加大监督考核协调力度。

（五）深入推广网上政务服务和电子监察应用

一是做好数据对接工作。按照省、市数据交换规范做好数据对接协调衔接工作，完成市本级审批系统与各委办局业务系统的数据对接，完成市本级审批系统与县（市、区）审批系统的数据对接，确保数据交换的准确性和实时性。二是推进网上并联审批。积极探索涉及自然人、法人、资金等的跨部门协同审批、并联审批，使行政管理水平和工作效率再上新台阶。三是做好新版网上政务服务和电子监察系统使用培训工作。创新培训方式，加大培训力度，扩大培训的覆盖面，继续采用上门培训和集中培训相结合的方式，确保市直各单位分管领导及相关工作人员都能熟练操作新版审批系统。四是不断完善系统功能。主动收集系统运行过程中出现的问题和用户提出的建设性意见，针对系统运行过程中出现的问题，及时组织各相关公司研究对策，并予以督促解决。针对各部门提出的个性化需求进行统筹考虑并不断完善，推动系统质量不断提升，确保系统可靠运行。五是加强监察考核以推动应用。配合市纪委行政效能监察室抓好网上审批系统的推广应用工作，真正做到所有审批事项的管理100%进入网上政务服务和电子监察系统。建立应用情况通报制度，定期对各级各部门网上政务服务和电子监察情况以效能室的名义进行通报，配合效能室加强电子监察情况的监督落实。对系统建而不用，对群众网上咨询投诉不及时回复，对政务服务过程中因行政不作为、乱作为、缓作为而亮红牌、黄牌等问题，严格按照《衡阳市网上审批电子监察管理办法》的规定进行问责。

（六）认真抓好党政门户网站保位晋级

坚持按“统筹规划、自主建设、资源共享”的建设原则，突出政务特色和公共服务实效，打造“以公众为中心，以服务为导向”的服务型政府网站。做好网站升级改版工作，按政府信息公开、网上办事服务、政民互动的主线进一步完善网站内容和功能，充分研究互联网技术发展趋势，不断提升网站技术水平，做好日常运维、监测和安全保障工作，保持市党政门户网站在全国、全省的领先位置。重点加强对县（市、区）政府门户网站及市直部门政府网站的业务指导和绩效评估。

（七）全力推进数字认证应用

按照省里统一部署，建立完善数字认证平台。一是构建网络安全信任体系。在建立全市统一的数字认证服务 RA 平台的基础上，通过第三方的可信任机构 CA 认证中心，建设以公钥基础设施为核心的安全支撑平台。二是逐步推广数字认证应用。依托“数字衡阳”云中心平台，电子政务内、外网平台，对接入单位统一发放数字证书，进行身份认证和访问权限划分。推进网上政务服务及电子监察、协同办公、信息公开等电子政务系统的数字证书应用，针对接入市电政务管理的政务应用平台的政府机关、企事业单位发放单位数字证书。逐步开展全市公务员队伍的个人数字证书发放，采取由上至下的顺序对所有公务人员进行身份认定和管理权限匹配。选定社会劳动保障、政府采购、国土与矿产资源网上招拍挂、食品药品监督等重点领域为突破口进行市场拓展工作，为电子政务各项应用健康、有序发展提供安全保障。

（八）创新推动农业电子政务

围绕“一流转五服务”工作，大力推动各种涉农信息系统共享网络资源，提高农业信息综合服务水平，建立适应现代农业发展的电子政务体系。市、县、乡三级农业管理部门公文报送实现无纸化传输。建设农业行政许可网上办理系统和农业综合管理服务平台，实现与市网上政务服务和电子监察系统的对接与数据共享，审批事项全部实现网上办理。坚持政府引导和市场运作相结合，发展涉农信息服务业，搭建公共型、专业型、市场型等多种信息资源和服务平台以及农产品营销促销网络信息平台。

（九）积极促进信息化协会发展

一是做好协会换届工作。认真做好衡阳市第三届信息化协会换届的材料准

备、会务、联络协调等各项工作，做到不出纰漏、精益求精。二是抓好会员单位发展工作。会员是协会生存和发展的基础和根本，要通过树立服务意识，增强服务能力，提高服务水平来带动会员发展工作。三是搞好建章立制工作。进一步建立健全信息化协会章程及各项规章制度，明确协会责任目标，规范协会权力运行。

（十）加强电子政务队伍建设

开展面向党政机关和事业单位的电子政务应用和信息安全宣传教育培训，增强机关工作人员的信息化意识和信息技术应用技能。结合学习型机关建设，通过专题研讨、培训班等方式有计划地开展业务培训。培养适应“四化两型”需要的高素质、高本领人才，建设责任心强、知识结构合理的电子政务工作队伍，为“数字衡阳”和电子政务建设提供人才支撑。

B.17

2013年益阳市电子政务建设情况及2014年发展展望

益阳市人民政府电子政务管理办公室

2013年，在市政府办的正确领导和省政府经济研究信息中心的具体指导下，益阳市电子政务办按照上级领导的要求和年初所确定的工作目标、任务，在加强电子政务建设和管理、推进政府信息公开、促进政民互动交流、提升政务服务水平等方面做了一些工作，现就全年工作总结如下。

一 中国益阳门户网建设情况

（一）加强了网站运行维护

市电子政务管理办公室采用总策划、总编辑、总工程师“三总”工作机制，推进网上益阳建设，重点打造益阳门户网站。为了搞好网站建设维护工作，我们强化了人员配置，抽调主要力量充实网站管理科；加强了网站制度建设，制定了网站应急管理制度、目标考核制度、节假日值班制度，重新修改制定了信息审查制度、安全保障管理制度，进一步完善了网站机房管理制度、网站保密制度。目前中国益阳门户网日均点击率已超过35万人次，网站信息总量达10万余条，日均更新信息70余条，网站整体运行平稳，没有出现大的技术事故。

（二）全面完成了门户网站的改版升级

按照市长的指示要求和年初电子政务办的工作计划，2013上半年我们重点开展了对网站改版升级的一系列工作。启动该项工作后，我们将初步设计方

案发送到区县（市）和市直有关部门，征求区县（市）和部门领导及从事这项工作的有关人员对门户网的设计意见。同时上门征求专家意见，我们分头拜访了湖南城市学院、湖南工艺美术职业学院从事有关设计教学的老师。在广泛征求各方面意见的基础上，制定完善了网站改版方案，委托西安时光公司进行设计制作，全面完成升级改版工作，新版已经上线运行。

（三）完善了专题栏目建设

网站改版升级后，我们增设了“民生服务”“重点领域信息公开”栏目，内容涵盖教育、就业、医疗、住房等多个方面；开辟了“网上办事”栏目。将 2012 年新增的“土地信托流转”“城乡统筹”“交通大会战”“园区大会战”“创建国家交通管理模范城市”“集中整治违法建筑”等多个专题栏目进行了清理优化。完善了政府信息公开目录，增加了“规划公示”“价格收费”“保障性住房”“生产安全”“食品安全”“环境保护”等栏目。继续做好“党风廉政舆情在线”“市长热线”等市民关注度较高的老栏目、热点栏目。

（四）正式开通并录制了四期在线访谈节目

益阳市电子政务办积极对在线访谈栏目进行探索，制定了在线访谈方案，与益阳电视台合作正式录制了四期访谈节目并上线播出。截至目前，第五期访谈前期工作已经完成。2014 年，我们计划完成 24 期在线访谈录制任务。益阳市电子政务办将与电视台探讨如何建立长效机制，有计划有步骤地做好 2014 年的在线访谈节目。

（五）强化了网站安全保障

针对日益严峻的网络安全形势，益阳市电子政务办制定了网站应急管理制度和安全保障制度，并成立由一把手任组长的领导小组，全办上下齐心协力搞好网站安全保障。改版后的网站服务器重新集中部署到市电子政务中心机房，运维方面得到了极大改善。采用了实时的动环监控系统，随时报告服务器异动。UPS 保障一天 24 小时持续不断电源供应。设立机房值班室，抽调人员进行 24 小时值守。节假日轮班，确保及时发现、解决网站可能出现的问题。

（六）持续推进网站整合和子站管理

市委、市人大、市政府、市政协的网站已实现统一管理和维护。益阳市电子政务办到17个单位进行了专题调研，整合了6家市直部门网站，已整合的部门网站达42家。将市经合局、市红十字会的网站纳入网站群管理。在做好市级部门网站整合管理的同时，进一步加大了对区县（市）及部门子网站的管理力度，每季度召开一次区县（市）、部门网站点评会议，按季度发布阅评报告，对存在的问题进行通报，并责令按时进行整改。截至2013年底，各区县（市）和市直部门共报送政务信息17542条，被采用的有9939条。其中，赫山区报送信息2321条，采用914条；资阳区报送信息1038条，采用453条；沅江市报送信息1312条，采用675条；南县报送信息1298条，采用597条；桃江县报送信息2858条，采用1387条；安化县报送信息1056条，采用519条；大通湖报送信息1006条，采用487条；高新区报送信息942条，采用492条。市直部门报送信息5711条，采用4415条。

（七）无线门户WAP网站建设有新突破

按照省政府的统一要求和建设思路，全省将统一建设WAP门户网站平台，统一建立数据库，基本统一页面设计，并保证个性化需求。为此，益阳市电子政务办多次到省政府经济研究信息中心汇报建设工作，咨询有关问题，并向省移动公司和省信息中心提出了我们的个性化需求：重点应该放在民生工程上，体现民本政府理念，方便群众掌握信息，了解政府及其部门的办事程序，查阅个人的有关资料等。同时，积极与市直相关单位联系，做好了数据对接等各项工作。

二　电子政务建设工作情况

（一）正式出台了《益阳市电子政务工程建设管理办法》

2013年3月，市政府办以一号文件形式下发了《益阳市电子政务工程建设管理办法》，更好、更有效地规范了市直各部门电子政务工程项目建设，对

区县（市）电子政务工程建设管理工作起到了借鉴和指导作用。该办法出台后，益阳市电子政务办会同市财政局下发了《益阳市电子政务工程建设项目申报及建设流程》，将“办法”的程序进一步量化，目前得到有效实施，各级各部门基本能按照“办法”及其建设流程进行项目申报和建设。

（二）电子政务外网平台运行平稳

电子政务外网平台从 2011 年开始规划建设到 2012 年 3 月正式建成，目前整体运行安全、平稳。实现了市政务中心网络与电子政务外网的无缝对接，进驻到政务中心的 31 个主要部门都可在外网平台上进行服务事项的受理审批。启动了网上电子监察，实现了远程视频监察和项目办理程序的监察。工程建设领域信息公开和诚信体系建设项目已正式在外网上运行。2013 年上半年，“数字房管”正式上网试运行。我们会同市审计局，全面部署了“金审工程”项目，分别到安化、沅江、南县、资阳及高新区进行了调研对接，促成“金审工程”项目的顺利实施。

（三）加强了电子政务应用的技术服务和安全保障

对于益阳市电子政务办负责的市政府电视电话会议室和政府常务会议室，我们切实做好设备管理和技术支持，及时安排专门技术人员提供技术服务，保障了各项会议的成功召开。全年召开电视电话会议 86 次、政府常务会议 17 次，制作政府常务会议幻灯片 80 个。为市长胡忠雄、市纪委书记黄进良等领导和省纪委等上级机关精心制作了汇报、讲课 PPT，为政府绩效评估述职提供了优质的技术支持，赢得了领导的一致认可。继续完善网络安全各项规章制度，加强安全值班、安全检查，排除隐患，保证各项防范措施落到实处，确保了对上、对下及市政府各部门间网络的畅通。同时我们还坚持把提供上门技术服务作为强化网管职能的一项重要工作，为市委、市政府等有关单位提供上门服务 170 多次，力所能及地帮助解决了一些实际问题。

（四）强化电子政务项目建设监管和业务指导

市政府办印发《益阳市电子政务工程建设管理办法》后，益阳市电子政务办会同市财政局下发了《益阳市电子政务工程建设项目申报及建设流程》的通知，进一步加强了对各部门电子政务项目的监管和业务指导。电子政务工程建设项目严格按程序申报。2013 年申报项目单位有市房管局、市交易中心、市交警支队、市公积金管理中心、市教育局、市人社局、市审计局等。益阳市电子政务办与市财政局按该办法规定的职责分工严格把关。如就公共资源交易电子平台建设，益阳市电子政务办与市财政局到市公共资源交易中心调研了 2 次，还学习了常德的一些做法，力争把方案做得更稳妥。益阳市电子政务办还对市人社局信息平台建设方案进行了再次优化。益阳市电子政务办与人社局就方案进行了几次讨论，重新制定了建设方案。下一步还将与市财政局提出项目资金投入的问题，力争以最少的投入取得最大的效益。目前各申报项目进展顺利。

2013 年 10 月份，益阳市电子政务办下发《关于申报 2014 年度市直单位电子政务建设项目的通知》，收集汇总了各单位 2014 年电子政务工程建设项目申报表，并做好了前期审核立项工作，为 2014 年的工作打下了基础。

（五）资源整合成绩显著

一是机房的整合。2013 年我们完成了绝大部分小型机房整合工作，全面完成了资源整合第一阶段的工作任务。2014 年，我们还要将一些符合条件的大机房，如财政局、人社局的机房整合到中心机房来。

二是统一互联网出口。2013 年，益阳市电子政务办就统一互联网出口做了一些具体工作，分别到 40 多个市直部门和中心城区 3 个区开展调查研究、上门服务指导，采取了一系列措施强力推进该项工作。目前，市委、市政府、市人大、市政协、市发改委、市教育局、市卫生局、市环保局、市物价局、市信访局、市商务局、市林业局、市食品监督管理局、市政务中心、市审计局、市房管局、市交易中心已统一互联网出口。随着接入单位的增多，网络出口带宽瓶颈显现出来。为此，我们分别与电信、移动、联通进行了协商，与三大运营商合作，按照接入的实际数量逐步增加网络的出口带宽。目前，我们已接入电信 100 兆、移动 500 兆、联通 300 兆，2013 年底我们还要新增联通 200 兆带宽，2014 年逐步达到 2G 的出口带宽，以满足接入需求。

三　2014 年主要工作安排

其一，高标准完成电子政务发展规划，严格按照规划，狠抓各项工作的落实。

其二，加强外网平台建设，指导区县（市）完成外网平台建设的各项指标任务，全面启用外网系统，增加运用项目，提高运用和管理水平。

其三，继续抓好电子政务工程项目建设，严格管理电子政务工程项目，避免重复建设，加强资源整合，发挥每一个电子政务工程的效益。

其四，进一步加大对电子政务机房和网络平台的整合力度，按照“大网络、大平台、大管理”的思路，力争全面整合到位。

其五，进一步加强对门户网站群系统的建设与管理，出台网站管理办法，按照省政府门户网的考核目标，制定考核细则，加强对子站的目标考核。加强中国益阳门户网的日常运营工作，突出办好在线访谈栏目。

B.18

2013 年常德市电子政务建设情况及 2014 年发展展望

常德市人民政府电子政务管理办公室

一 2013 年工作情况

2013 年，在常德市委、市政府的高度重视和正确领导下，常德市电子政务工作推进有力，成果明显。

（一）“智慧常德”建设全面启动

一是完善了组织管理体系。市政府成立了由市长任组长的“智慧常德”建设领导小组，领导小组办公室设在市电子政务办。市电子政务办的职能职责整体提升到“智慧常德”的建设和管理层面。二是启动了整体规划设计。组织考察团赴宜昌、宁波、济南、青岛、广州等地广泛考察智慧城市建设并结合常德实际，起草了《智慧常德建设纲要草案（2014～2017）》，积极谋划建设泛湘西北区域智慧中心。三是推进了部分重点项目。协调组织了智慧城管、智能交通、平安常德数字防控项目建设，智慧城管项目基本竣工，智能交通和平安常德数字防控项目正在抓紧实施。数字证书认证管理平台建成运行。四是启动了云计算中心建设。提出常德云计算中心两步走建设方案：第一步建设小规模云计算中心；第二步建设常德智慧中心大楼，使之成为常德的地标性建筑，形成泛湘西北区域智慧中心，并依托该中心深入拓展应用，培育智慧产业。

（二）政府网站建设稳步推进

一是推进了规范管理。实施改版升级，完善了管理平台，促进了资源整合；加强督促考评，促进了内容保障。二是推进了政务公开。完善提升“市

政府信息公开平台”，政务公开信息栏目达到 26 大类 140 多个，主动公开政府信息 3 万多条，提升了政府工作的透明度。三是推进了在线办事。建设教育、社保、医疗等 13 个领域的公共服务专栏，优化便民提示、便民查询等栏目，为公众和企业网上办事提供了方便。四是推进了政民互动。回复处理市长信箱和市民留言诉求 8000 多件，开展嘉宾访谈 52 期，组织了市长与网民的面对面交流，提升了政府亲民形象。五是积极宣传了常德。围绕“新常德新创业”组织专题报道 22 个，开展各类采访 600 余次，及时更新动态消息 3 万多条，全面展示了常德形象。2013 年常德政府网站再次被评为全省优秀政府网站。

（三）项目建设管理规范有序

一是加强项目立项管理。下达年度电子政务专项资金建设项目 23 个，计划资金 1314 万元，受理非电子政务专项资金建设项目 41 个，申报资金 4.6 亿元。项目建设数量和资金投入规模达到历史新高。二是加强技术评审管理。评审电子政务建设项目 61 个，申报资金 3.5 亿元，审定金额 2.1 亿元，审减资金 1.4 亿元，优化了项目建设技术方案，确保了项目建设高标准、高水平。三是加强建设过程管理。对 31 个项目开展了工程监理；对 44 个项目组织了竣工验收，一次性验收合格 40 个，整改合格项目 3 个。通过建设监理和竣工验收，确保了项目建设质量。四是加强项目运维管理。重点督导完成电子政务内网和外网接入拓展工作，顺利完成了市电子政务中心机房的搬迁工作。五是加强考核考评管理。修订了年度电子政务工作考核体系，加强了对市直单位和县（市、区）电子政务及政府网站管理工作的日常监测与考核，认真组织了年度电子政务绩效评估工作。

在客观总结工作成绩的同时，我们也清醒地看到了不足：一是“智慧常德”建设刚刚起步，工作成效还不明显，工作力度有待加大；二是政府网站服务水平有待提升，距服务型、智慧型政府网站还有很大差距；三是项目建设管理还需规范，技术评审还需提速，特别是弱电工程管理还有待规范。

二　2014 年工作思路

2014 年，全市电子政务工作将紧紧围绕“智慧常德”建设推进，其总体思路是：按照建设泛湘西北区域智慧中心的总体目标和“一个中心、三大体系”的基本框架，本着“整体规划、分步实施、政府引导、市场运作、技术领先、科学实用”的基本原则，集中精力、加快打造一批智慧示范工程。“一个中心”，即常德云计算中心；“三大体系”，即公共管理服务体系、民生服务体系、产业服务体系，“三大体系”包括若干应用系统。2014 年全市电子政务工作的主要预期目标是：常德政府网站跻身全省领先位置；“智慧城管”、智能交通管理、城市数字防控项目建成运行；常德云计算中心建成运行；“智慧常德”项目建设管理规范有序；“智慧常德”建设的工作体系、标准体系、保障体系更加完善。

围绕上述要求和目标，2014 年要重点抓好三个方面的工作。

（一）加快推进“智慧常德”建设

一是加快完善基础设施。大力推进无线城市、光网城市和“三网融合”建设，积极发展下一代互联网。加快建设常德云计算中心，启动常德智慧中心大楼建设。推进基础数据库建设和专题数据库建设。二是加快发展重点应用。完成“智慧城管”、智能交通、城市数字防控项目建设，推进社会管理综合信息系统、网上办公系统、应急指挥系统、综合治税系统建设。三是加快培育智慧产业。推进信息化与工业化融合，发展电子信息产业，推进智慧园区建设。试点建设应用农业信息化管理服务系统。发展智慧物流、智慧旅游、电子商务、信息消费。发展云计算、物联网、下一代互联网等新兴产业。四是创建国家智慧城市。争创国家智慧城市试点示范城市、电子商务示范城市、信息惠民示范城市、下一代互联网示范城市，积极争取上级政策及资金支持。五是积极推进市场运作。推动战略合作企业向智慧城市运营商转变，成立智投公司运作“智慧常德”的投融资建设及运维。

（二）加强智慧政府网站建设

一是强化信息公开。完善政务信息公开栏目，建立政务微博、微信平台，完善政府信息网上公开机制，逐步把常德市政府网站打造成市本级政务信息的权威发布平台。二是拓展在线办事。加快建设网上办事大厅，深化和拓展行政

审批系统应用，实现在线办事“前台一口受理，后台协同办理”“一点受理，抄告相关，并联审批，限时反馈”。三是深化政民互动。深度整合多种交流渠道，全面聚合多种互动功能，打造功能强大的互动交流平台，不断畅通和规范群众诉求表达、利益协调、权益保障渠道。四是积极宣传常德。充分整合传统媒体的优质信息资源，加大网站系统的信息采编力度，策划一批重大专题报道，充分发挥政府网站宣传常德的窗口作用。五是创新展现形式。完善政府网站 WAP、手机版、APP 等应用模式。提升政府网站外文版建设水平。推进在线服务精准响应，提高政府网站的智慧响应能力。六是加强统一管理。出台常德市政府网站建设管理办法，推进子网站管理平台统一和信息资源共享，提升网站内容保障和安全防范能力。

（三）继续规范项目建设管理

一是加强归口管理。完善“智慧常德”项目建设管理办法，完善落实并联审批机制。科学编制总体规划和年度计划，并严格组织实施。创新项目技术方案评审机制，提升评审质量和时效。二是推进资源整合。建设全市统一的电子政务专网，逐步将部门纵（横）向网整合到统一的电子政务专网上。建设常德云计算中心，市直单位不再新建机房，现有机房逐步整合。三是完善标准规范。逐步建立支撑“智慧常德”建设的标准体系，并根据“一数一源”的基本原则进行数据和业务管理，促进数据统一、准确、权威。四是加强安全管理。建立网络信息安全协同保障机制，落实系统信息安全标准、技术规范、安全设施，提高网络与信息系统安全隐患预防预警和应急处置能力。五是推进统一运维。整合市直部门人才，发挥战略合作企业的人才优势，组建专业化信息技术服务队伍，统一为“智慧常德”建设提供专业化的运维服务。

B.19

2013年岳阳市电子政务建设情况及2014年发展展望

岳阳市人民政府电子政务管理办公室

2013年，岳阳市积极落实国家电子政务“十二五”规划和省委、省政府推进“数字湖南”建设等文件的精神，始终坚持“以需促用、以用促建”的电子政务建设原则，以电子政务内外网和市政府门户网站的建设与管理为基础，加强“数字城管”、城市治安电子防控系统、智能交通、“数字岳阳”地理空间框架项目建设，深入推进电子政务业务应用，大力提高信息共享和公开程度，促进了电子政务工作平稳、较快发展。

一 2013年岳阳市电子政务建设情况

（一）基础设施建设情况

岳阳市电子政务和城市信息化建设按照《岳阳市电子政务建设规划（2010~2012）》顺利实施，基础设施建设快速推进，取得了令人瞩目的成绩。覆盖全市的电子政务内外网分别建成并投入使用。其中电子政务内网覆盖全市近300家单位，电子政务外网覆盖全市466个单位，两网的覆盖范围随着应用的逐步深入还在不断拓展。全市共享的视频专网建成投入使用。电子政务和城市信息化基础设施建设取得了跨越式发展。

（二）电子政务项目建设情况

1. 岳阳市“数字城管”项目

结合岳阳市城市管理实际情况，系统开发了网格化精细管理、信息采集员

监管、车辆 GPS 智能监管、可视化指挥调度、全民城管与自动回访、综合考核评价等六大核心功能。采用了“一级监督、二级指挥、三级考评、四级联动、分口处理”的城市管理新模式。系统自 2011 年 8 月正式启动建设以来，先后完成了应用系统、基础数据、视频监控、监督指挥中心和终端受理平台等五个方面的建设任务。系统覆盖中心城区面积 89.7 平方公里，涉及 21 个街道办事处、116 个社区，共划分万米单元网格 3486 个、监督网格 52 个，普查建库的城市部件 55 万件。

2. 岳阳市应急基础数据库管理项目

该系统是面向全市有关市直部门和单位及乡镇街道的基础信息系统，主要实现对全市应急预案、指挥系统、应急队伍、专家队伍、物资储备、风险点、危险源的动态管理，有良好的操作界面和可视性。管理系统分前台和后台两个子系统，主要功能包括用户管理、单位管理、动态地图、查询、统计和下载等功能。

3. “12345”政府公众服务热线项目

“12345”政府公众服务热线是以现代信息技术为手段，以统一的电话号码“12345”整合各类公共服务热线，提供社会公众与政府直接沟通的公共服务热线语音门户平台，构成政府为社会公众服务的新型支柱平台；是一个旨在转变政府职能，改进机关作风，解决供需双方信息不对称，提高市民生活质量，不断提升社会管理和公共服务水平，着力建设服务型政府的公共服务信息平台。2013 年“12345”热线来电量大幅度增长，一年来共受理市民来电 23.5 万个，办结 23.4 万个，综合办结率 99.6%。从回访情况来看，群众满意率 94%。

4. 网上政务服务和电子监察项目

岳阳市行政审批与电子监察系统综合了各种审批业务流程，减少了信息的垄断，因而能够在很大程度上提高政府服务效率，促进社会公平，并且实现政府内部的协同作业，提高了办事效率，简化了办公流程，降低了办公成本，减少了百姓办事时间，使行政审批真正做到准时、规范、高效。

5. 城市治安电子防控系统项目

在城市治安电子防控系统项目方面，以公安应用为主，政府相关职能部门共享（城市应急、城管、工商、人防、交通、卫生、武警、消防等部门均可共享）的多功能城市综合管理系统已初步建成。中心城区共安装监控摄像机1003个，同时系统建设综合考虑政府各职能部门的需求，按照“一点多用”的原则，在街道、道路卡口、繁华地段、重点单位、重点部位和治安复杂地区等区域按需布防，以满足治安防控和城市管理的需要。

6. 地理空间框架项目

目前，岳阳市以地理信息共享服务平台为基础，整合岳阳市基础地理信息资源、遥感资源、街景资源，形成了逻辑上统一、物理上分布共享的地理空间基础信息库。通过数据提取、整合、扩充和保密处理一系列技术手段，建立了面向政务应用和公众服务的产品数据集，建设了地理信息共享服务平台，各部门可共享建设成果。

（三）应用系统建设情况

以电子政务基础设施为依托，一批应用系统如“12345”公众服务热线，网上政务服务和电子监察系统，“数字城管”，“平安城市”，“智能公交”，国土资源网上交易系统，二手房评税系统，人口、教育、社保、房产等管理系统按计划建成并投入使用。市国土资源局全面实现了网上审批、网上办文和网上交易；市国税局建成电子申报缴税系统；市公交总公司建成智能公交系统；市规划局建成“岳阳市一站式管理服务平台”；市教育系统基础网络建设基本实现“校校通”；市房地产、税务部门建设了二手房交易管理系统，数字房产项目正在启动；市人力资源和社会保障局、住房公积金管理中心等部门分别结合自身实际建成了使用方便、应用高效的信息系统。这些系统自投入使用以来，极大地提升了城市管理效率，方便了广大市民，整合了一些涉及民生的重要政务流程，提升了城市品质，改善了城市形象，促进了城市的全面发展。

（四）政府网站建设情况

1. 市政府门户网站改版升级工作顺利完成

2012年底，岳阳市启动了市政府门户网站改版工程，历时半年，精心打

造的新版网站于 2013 年 6 月份正式上线运行。新版网站形式更新，彰显了岳阳的文化底蕴。在设计中采用水墨画元素进行创意构思，凸显了历史文化名城的古典风情。网站内容更丰富，更关注民生民意。增设了“快捷通道”“政务微博”等特色栏目，以贴近民众所需，广泛听取民意。开设了“美丽岳阳”“岳阳旅游”等特色频道，打造城市名片，吸引投资眼光。网站技术更先进，服务更优质便捷。改版了“市长信箱”系统，信件反馈更及时，市民参与度更高，栏目影响力更大。通过改版升级，岳阳市政府门户网站资源整合得到加强，网站软硬件平台大幅提升，管理应用水平进一步提高，向服务型政府网站迈进了一大步。网站在中国优秀政务平台综合影响力评估中荣获 2013 年度“中国政务网站优秀奖”，首次进入全国地市政府网站前 20 名。“市长信箱”栏目连续三年获得“政府网站政民互动类精品栏目”奖。

2. 全市政府网站群子网站整合工作有序开展

为了提高政府网站集约化建设水平，将岳阳市政府门户网站群建设成为统一管理、统一形象、统一服务的“一站式”政务服务门户，2013 年岳阳市着手开展了全市政府网站群子网站整合工作。通过对全市 78 个政府网站进行集中绩效评估，基本摸清了各部门子站和县（市、区）网站的情况，开展了项目需求调研和梳理，编制了项目建设技术方案，下发了《关于整合市政府网站群部门子站的通知》。现各项前期工作已经完成，只等资金到位即可开展项目实施工作。

3. 网站政务公开和信息公开工作全面提升

通过电话联络、网上沟通、专题座谈、搜索引擎、共建共享、信息抓取等多种方式强化部门和县（区）的信息报送工作。2013 年 1 ~ 12 月，市政府门户网站共发布各类信息 31938 条，其中政务动态发布信息 30052 条、市政府信息公开平台发布信息 1886 条；网上办事 389 项；区（县）政府政务信息公开 66645 条，网上办事 3079 项。

4. 政民互动栏目深入人心

新版“市长信箱”系统通过短信互动、延时申请、满意率评价、用户二次反馈等多项新业务应用，进一步规范了电子邮件受理、办理、回复、公开等工作内容，大大提高了信件的办理效率和办理质量。“市长信箱”栏目 2013

年共收到市民有效来信3359封，回复3291封，回复率达到97.97%。

市政府门户网站微博总粉丝达到10578人，微博共发布信息5063条。

区（县）政民互动公众参与4644条，政民互动政府答复4520条，答复率97.33%。其中，岳阳楼区2013年“区长信箱”回复率为100%，平江县“县长信箱”回复率为98%，其他县的“县长信箱”回复率也都在90%以上。

5. 网站安全管理水平和健康程度大幅提高

2013年借助网站改版的契机，岳阳市充分调动网站开发商、外包技术公司、上海星鸟信息技术公司和华中安全测评公司等各方力量，对网站服务器硬软件平台、网站应用平台和数据库平台及安全漏洞隐患进行了全方位查漏补缺，取得了显著成效。

（五）电子政务的发展环境保障情况

1. 成立领导小组

为了加快推进电子政务建设，加强对该工作的领导，市委、市政府成立了市电子政务和城市管理信息化工作领导小组，由市长亲自任组长，各部门负责人为成员，领导小组下设办公室，负责日常工作。

2. 加强制度建设

市政府召开会议专题研究全市电子政务暨城市管理信息化建设工作。根据会议精神，并结合《湖南省政府服务规定》，着手制定了《岳阳市电子政务建设管理暂行办法》，现正在市政府法制办进行规范性审核，审核完成后将颁布实施。

编制完成了《岳阳市电子政务与城市信息化管理建设规划（2013～2015）》。根据国家和省里的要求，结合岳阳市实际及部门需求，组织电子政务专家先后到市直14个主要部门进行调研，三次大规模征求相关部门意见，先后五易其稿，完成了规划（草案）。2013年6月7日，省信息中心组织国家和省信息化专家对岳阳市的规划文本进行了高规格的评审，规划文本顺利通过了评审。

为加强“数字岳阳”地理空间框架建设与使用管理，理顺各部门职责，

提高资源共享和网络化服务水平，我办在广泛征求各相关应用部门的意见基础上，拟定了《岳阳市地理空间框架建设与应用管理办法》。

岳阳市电子政务发展水平与发达地区相比还存在一定差距，一些政府机关工作人员对信息技术在转变政府工作职能、提高透明度、建设法治政府等方面发挥的巨大作用认识还不深刻，信息化使用水平还有待提高。面对信息新技术带来的变革，今后我们将抓住机遇，准确把握发展趋势，深化岳阳市电子政务工作，更好地为全市经济社会发展服务。

二　2014 年岳阳市电子政务建设展望

（一）电子政务建设体制机制进一步理顺

适应岳阳市实际的电子政务建设体制机制已经初步建立。2014 年要随着电子政务建设的实际需要对机构设置持续优化，相应的职能划分更加清晰，部门间协同合作建设电子政务效率不断提高，配套的政策文件日益完善，促进岳阳市电子政务建设体制机制深化发展。

（二）电子政务建设保障措施进一步完善

经过过去几年的努力，岳阳市电子政务建设的保障措施逐步建立。2014 年要逐步完善满足岳阳市电子政务建设需要的政府规范性文件，丰富配套的标准规范体系，拓展相应的信息安全体系，优化相应的组织机构设立，梳理相关的系统建设运行流程。

（三）电子政务信息资源共建共享深入发展

岳阳市电子政务已经实现一些关键基础信息的共建共享。进入 2014 年，要在信息共享的深度和广度上下工夫；要在实现视频信息资源共享、地理空间信息资源共享等已经取得的成果的基础上，逐步有序推进智能交通、数字城管、人口、法人、宏观经济、政策法规等电子政务信息数据的共建共享，促进岳阳市电子政务信息资源共建共享的深入发展。

（四）电子政务业务协同逐步推广

岳阳市电子政务业务协同建设目前已经处于全省地州市前列。2014 年要在重点建设的领域如智能交通系统等建设中全面推进电子政务业务协同建设，不仅推动市直各单位之间的电子政务业务协同，更要促进各市直单位部门间的电子政务业务协同，强化有关考核。

（五）电子政务业务应用更加普及深入

电子政务建设的直接价值体现在应用。2014 年要深化电子政务系统的应用普及，通过电子政务应用的深化普及提高政府服务社会、管理资源、掌控经济、全面发展的能力。

（六）电子政务基础设施建设持续优化

2014 年要在已经建成的电子政务基础设施资源的基础上持续优化基础设施建设，确保电子政务基础设施的稳定高效，提高运行效能，确保系统安全，降低基础设施运行成本。

B.20

2013年邵阳市电子政务建设情况及2014年发展展望

邵阳市人民政府电子政务管理办公室

一 邵阳市电子政务发展概况

在全国电子政务建设的热潮中，邵阳市电子政务建设近几年也取得了跨越式的发展，电子政务内、外网相继建成使用，各单位信息化水平也上了新台阶，各种电子政务系统、业务专网大量投入使用。2008年进行的电子政务外网一期工程建设，共投入160万元，现已建成使用；2011年投入860万元进行二期工程建设，实现了省、市、县、乡四级政务外网互联互通。邵阳市本级联通80多家单位，行政审批网上申报系统、电子监察系统在电子政务外网上正常运行，全市行政审批项目100%纳入网上申报系统进行办理。电子政务内网投入500多万元，联结着市、县、乡各主要单位部门，运行各种涉密的业务系统。网站建设方面，逐步建成以邵阳市人民政府门户网站为中心，以各县（区）和各市直部门为子网的政府门户网站群，政府信息网上公开工作有条不紊地进行，平均每年新增信息数万条，政务动态及环保、食品安全、财政等重点领域信息公开准确及时。“网上评议”“网上调查”“在线访谈”“公众问答”“市长信箱”“县长信箱”“12345”政府服务热线系统等建成使用，拓宽了与民众互动交流的渠道。平安城市视频监控系统、公共自行车租赁系统，大大保障了人民的安全，方便了市民的生产生活，提升了政府服务的水平。视频会议系统、应急平台系统等提升了政府办事效率，降低了行政成本。目前，邵阳市电子政务建设正朝着统一化、规范化、智慧化方向发展。

二 2013 年电子政务建设情况

（一）完善基础设施

加强电子政务外网建设，拓宽了电子政务外网的覆盖范围，2013 年各县区的边远乡镇基本上实现了外网的连通。与中国移动合作，由中国移动邵阳公司出资建设电子政务外网备用线路，以保证电子政务外网的畅通。投资 2000 多万元，购买了存储设备、高清摄像头，并提高网络的带宽，用来部署平安城市相关系统。投资 600 多万元建设公共自行车租赁系统，方便市民出行。

（二）规范网站建设

网站建设方面，邵阳市秉持大统一原则，逐步建成以邵阳市人民政府门户网站为中心，以各县区和各市直部门为子网的政府门户网站群。到 2013 年底，总共有 43 家单位进入政府网站群，实现协同共建、资源共享和整体联动。在保证安全的同时，又提升了资源利用率，节约了政府开支。建立长效的县（市）区以及市直部门向门户网站报送信息的内容保障机制，并把内容保障纳入对各县（市）区以及市直部门的年终绩效考核评估指标中来。政府门户网站信息 2013 年度共计更新数据 22266 条，平均每日更新 61 条，比以往年份稍有提高。首页及各栏目头条新闻等保证每天都有更新。网站建设突出实用化、规范化，各县（市、区）都建有统一的政府信息公开平台、公众服务等栏目。辖区内的武冈市、邵阳县都对门户网站进行改版，与一系列的系统进行互联互通，网站更加美观大方实用。

（三）加强网络应用

2013 年在进一步加强行政审批网上申报系统和电子监察系统应用的基础上，新部署了 12345 政府服务热线系统、视频会议系统、应急平台系统、公共自行车租赁系统、平安城市视频监控系统。利用电子政务外网完成了审计局的

四级网络互联试点工作。

12345 政府服务热线系统由电子政务外网承载运行，采取统一受理、分配处理的方式，由邵阳市“12345”政府服务热线中心统一受理后再分配到各相关单位进行处理回复，全程可跟踪，结果可查询，服务可评价，人员可考评。

安监局视频会议系统，连通国家、省、市、县，利用电子政务外网，采用 MPLS－VPN 技术。2013 年已基本完成调试，投入使用。

平安城市视频监控系统，由公安局主导建设，共投入 2000 多万元。该系统调用国土资源部门的基础地理信息，采用 720P 高清摄像机及大容量存储设备，录像可存放 30 天，可回放查看，可授权调用。

（四）提升安全保障

在安全方面，邵阳市电子政务内、外网在 2013 年全年无安全事故，安全、稳定、高效运行。这得益于大量安全软硬件设施的支撑，得益于管理上的到位，得益于电子政务建设安全先行的理念。2013 年电子政务管理单位积极准备安全等级保护工作，认真制定修改相关的安全管理制度，如《网控中心安全管理制度》《信息报送审核制度》《部门网站准入制度》等，并组织人员把各项安全制度落到实处。配合邵阳市公安局做好安全自查工作，了解潜在的安全隐患并及时修复，保证了电子政务外网的安全。

电子监察系统在 2013 年也开始采用数字证书，各市直单位和县区主要负责人都已开始运用数字认证平台进行网上办事的受理和监督，大大加强了该系统的安全性。

三　电子政务建设的经验

（一）电子政务建设规范化，提升安全度，节约开支

鉴于邵阳市以往各单位网站乱靠乱挂以致出现严重的安全隐患的现象，邵阳市政府专门出台文件进行规定，凡是没有建设独立机房或没有机房管理人员的单位，单位网站必须集中托管到市政府中心机房。这样既减少了网站挂靠在

网络公司带来的安全隐患，又提升了中心机房设备的利用率，也给各部门节约了开支。

在电子政务工程建设方面，为了杜绝不合理建设及重复建设，邵阳市电子政务办起草了《邵阳市电子政务工程建设管理办法》。按照该办法，凡是电子政务工程建设，都要遵循统规统管、共建共享、互联互通、注重实效、保障安全的原则，充分利用和整合各种信息网络资源，防止盲目投资和重复建设，工程建设的方案都必须通过专家组的评议，通过后方可施工，施工完毕验收通过后才可交付使用。规范化的电子政务工程建设减少了重复建设，降低了财政压力，提高了建设效率，为以后智慧城市建设打好了基础。

（二）服务民生的电子政务建设先行，突出实用性

电子政务建设归根结底是为了更好地服务社会、服务人民，让服务民生的电子政务工程先行建设，做到科技引领、服务民生，这样既让市民依托信息化建设充分享受电子政务带来的现代化城市生活，也减少了建设的阻力。比如邵阳市的公共自行车租赁系统、“12345”政府服务热线系统等，这样的电子政务建设效果立竿见影，能立刻让市民享受电子政务建设带来的便捷。

（三）创新建设模式，引导社会资金进入，加快电子政务建设进程

电子政务建设事关城市发展的方方面面，如果仅由政府来完成则效率太低，如果仅由企业来完成则又会导致无序发展。因此，对于政府来说应该在电子政务建设这一过程中起到引导、规划、协调、监督、管理的作用。加强政府、企业、科研院所的联系与合作，进行资源整合，形成合力，提高电子政务建设效率。各大企业在电子政务建设领域也都想占有一席之地，在激烈的竞争中占得先机。但是如何让企业参与进来获得双赢？以何种方式引进社会资金以加速电子政务建设？邵阳市借鉴其他城市经验并结合邵阳市情，在多项电子政务工程建设当中，引入企业竞争，采取企业投资、政府租赁方式，分期交付，如遇到工程建设过程当中出现问题，则可以相应地减少付款。这种方式既可保

持企业的建设积极性，又保证了工程建设的质量，也缓解了财政一次性付款的压力，促进了电子政务的建设。

四　2014 年电子政务发展展望

2014 年邵阳市电子政务建设规划主要是建设大数据中心和云平台，为建设数字城市、智慧城市打好基础。在数据中心建设当中，计划先把一些基础信息纳入以实现共通共享，比如可对基础地理信息、城管公安视频信息，实行有权限的管理，今后有政务系统需要调用此类数据时只需开放接口进行调用即可。在云平台建设当中，计划建设虚拟的服务器，进一步提高资源的利用率，也可以实现快速部署服务系统，提高建设效率。在网站建设方面，计划将目前的邵阳市政府门户网站进行改版，使网站功能更贴合实际需求，以打造更好的服务人民的“窗口”。在安全方面，进一步加强数字证书的使用，落实好电子政务外网等级保护工作，按照等级保护的要求建设好、改造好电子政务相关设施和系统，更进一步提高电子政务的安全性。在机房建设方面，2014 年邵阳市市政府中心机房将进行搬迁，新的机房将严格按照相关的标准和要求进行建设，确保满足相应的要求。

“没有信息化就没有现代化”，没有电子政务就没有政府的现代化，2014 年邵阳市将在电子政务建设道路上稳步前行。

B.21

2013年郴州市电子政务建设情况及2014年发展展望

郴州市人民政府电子政务管理办公室

2013年，在省政府经济研究信息中心和郴州市委、市政府的正确领导下，郴州电子政务工作紧密围绕全市经济社会发展战略部署，着力加强电子政务信息资源开发应用，切实规范电子政务建设应用管理，努力加强信息资源整合共享，电子政务支撑政府社会管理与公共服务的水平与能力大幅度提升，全市电子政务工作迈上了新台阶。

一 科学规划，把握资源整合主线，"数字郴州"建设稳步推进

按照中央、省、市有关电子政务的工作要求，结合郴州市具体实际，高起点、高标准、高质量地编制完成《数字郴州规划（2012～2015年）》，并以市政府名义下发；成立郴州市"数字郴州"建设工作领导小组，切实加强"数字郴州"建设工作的组织领导。提请市政府召开了全市电子政务建设管理工作会议，专题研究整合提升全市电子政务建设工作有关问题；成立郴州市电子政务建设管理工作领导小组，统一领导全市电子政务的规划、建设和管理工作；调研起草了《郴州市电子政务项目建设管理办法》，切实强化对新建、改建、扩建的电子政务信息网络工程以及运行维护项目的源头管理。按照"数字郴州"规划的总体思路，先后做好了建设全市应急救援联动指挥系统、市机构编制实名制管理系统、消防安全物联网系统、统计联网直报指挥中心、整合公共安全信息资源、平安城市二期建设、郴州军分区战备指挥系统引接电子政务网络及相关业务应用等一大批全市跨部门和重大电子政务建设项目的方案

论证、技术把关和建设支持工作，加快推动各类信息技术资源的高效整合、充分开发、深度应用和广泛共享。

二　突出重点，完善政府服务平台，经济发展环境有效优化

围绕郴州市 2013 年作风大整顿的“发展环境整治年”活动，加速推进网上政务服务和电子监察平台建设与运用，着力提升机关效能，打造优质便捷、高效清正的政务服务环境。

一是政务服务系统实用效能进一步提升。全面完成郴州市行政审批和电子监察系统、行政处罚和电子监察系统包括批量审批、退窗办结、外网审批等 58 项新增及完善功能在内的共性功能的开发部署，以及行政审批和电子监察系统 23 项、行政处罚和电子监察系统 30 项新增个性化功能开发、安全漏洞修补等方面的优化升级工作，建立和使用统一的数字认证安全体系，系统数据对接更加流畅，操作功能更加完善，反应速度更加快捷。按照郴州市政府令第 12 号的有关规定，将市本级新一轮行政审批项目清理工作后公布保留实施的行政审批事项全部纳入市行政审批和电子监察系统运行，并接受实时电子监察。初步完成各类项目联合审批与并联审批事项的梳理和功能开发工作，进一步创新了行政审批方式，优化了行政审批流程，提升了行政审批效能。

二是政务服务系统应用范围进一步拓展。加速推进并顺利完成了 5 个市直及中央、省驻郴单位自有系统与市级政务服务系统的互联对接；以市本级电子监察平台与市财政局行政收费系统互联对接为先导，积极探索实现政务服务工作多业务协同、多部门联动、多角度监管方式。县级审批系统已基本实现 100% 的部门、事项、流程全覆盖，已有 4 个县（市、区）全面完成审批系统向乡镇（街道）延伸工作。在确保市本级 48 家系统入网单位所有行政处罚事项全部网上运行的基础上，按照“统一技术方案、统一招标采购、统一建设验收、分级平台部署、分层实施维护、分摊建设资金”的原则，稳步铺开县（市、区）行政处罚和电子监察系统建设应用工作。同时，积极探索现代信息化技术与涉企检查电子监察工作的切入点和融合点，配合全市各有关单位开发

应用软件（程序），利用计算机技术和信息化手段找准关键点，排查风险点，强化薄弱点，将权力运行过程固化设定为计算机程序，加快实现规范权力运行的数据电子化、流程标准化、信息公开化和监督实时化。

三是政务服务系统综合平台初步形成。编制完成《郴州市网上政府服务和电子监察发展建设规划（2014～2020年）》，制定下发《郴州市网上政府服务和电子监察工作管理暂行办法》；深入推进行政审批、行政处罚两大电子监察系统现有应用功能的整合对接；初步构建了“单入口登陆、分频道显示、全角度分析”的综合电子监察平台；规划设计了集行政审批、行政处罚、行政收费、公共资源交易、政府采购、政务公开等政府服务事项于一体的网上政府服务平台，为全面实现政府服务工作的网络化流转、协同化办理、无缝化对接和系统化监管奠定了基础。按照“先点后面、先易后难、先市后县、逐步推开”的工作思路，积极牵头开展建设全市统一的公共资源交易虚拟平台，初步完成了市建设、财政、国土、公共产权四个分交易中心自有业务办理系统的上线试运行，目前正稳步有序地推进各业务子系统间的互联共享。

三　把握主线，统筹系统网络建设，行政管理方式不断创新

以工作需求为导向，以实际应用促发展，大力推进电子政务应用系统建设，进一步加深电子政务与政府行政管理体制创新的融合。

一方面是电子政务网络基础逐步夯实。建设完成全市连接11个县（市、区）的电子政务内网纵向骨干传输网和连接市委、市人大、市政府、市政协四大家，接入全市220家市直部门（单位）的电子政务内网横向传输工作网；对接部门专线政务网络和业务应用系统并纳入外网平台统一运行，积极推进县（市、区）电子政务外网向乡镇（街道）延伸的工作，努力构筑省、市、县、乡四级互联互通的外网骨干传输网络体系。

另一方面是应用系统集约建设逐步深化。建设完成横向覆盖市直所有医疗卫生机构、纵向连接11个县（市、区）卫生信息化子平台，以居民电子健康档案、电子病历、门诊统筹管理为业务核心的区域医疗卫生信息化网络，实现

了全市卫生医疗机构间数据、信息、资源的共享和互联互通；启动郴州市“数字治超”综合信息管理平台建设，加快实现全市“治超”工作的电子化调度、自动化稽查、智能化管理；统一规划设计和建设部署市本级人大建议、政协提案网上办理和人大代表、政协委员履职管理系统，着力提升建议、提案工作的信息化、科学化水平；开展市城区涉税信息共享系统二期建设，将涉税信息系统延伸到北湖区、苏仙区、郴州高新技术产业园区、郴州经济开发区，充分实现信息共享和源头控税功能，推动全市税收征管向精细化、集约化、数字化管理方式转变；立足于加强市城区公交智能安防工作的要求，着手建设郴州市公共汽车公司智能公交管理系统；在市政府高清视频会议系统中部署增加了市委视频会议室节点，以便于市委、市政府领导统筹时间就近参会。

四　树立导向，深化政府网站管理，站群综合效应持续放大

着力加强网站自身建设，不断提升运行管理水平，市政府门户网站群在综合展示政府形象、提升政府行政透明度、服务企业和社会公众、加强同群众的联系与沟通、提高行政效能等方面取得了显著成效。郴州市政府门户网站在国家工信部计算机与微电子发展研究中心（中国软件评测中心）组织的第 12 届中国政府网站绩效评估工作中，名列全国 297 家地市级政府网站的第 21 位；连续 6 年被省政府评为“湖南省优秀政府网站”。其措施主要包括三个方面。

一是拓宽渠道，信息公开工作向实时化、常态化发展。规划设计了政府门户网站政务信息公开发布平台，11 个县（市、区）政府、市政府 103 个工作部门和九大园区（开发区）管委会通过统一的公开目录体系在各自的信息公开栏目发布信息，大大拓展了政务信息公开的广度和深度。2013 年，市政府门户网站内容更新 5.5 万条；上传各部门简报 259 期，上传市委文件 109 份、政府文件 271 份；向省政府门户网站报送信息 1330 条，被采用 282 条；围绕市委、市政府的中心工作建设专题栏目 14 个。其英文门户网站共发布各类信息 656 条，建设各类专题 5 个。直播郴州“两会”、经济工作会议、新闻发布会、听证会、电视问政、在线访谈等节目 32 场，有效地维护和保障了人民群

众的知情权、参与权和监督权。

二是整合资源，网上办事服务向人性化、纵深化发展。坚持以服务民生、服务企业为宗旨，积极探索联合共建的方式，深化拓展民生、企业专题服务和13个重点民生业务领域服务，搭建网上公共服务平台。选取计划生育服务证、保障性住房申请、身份证办理等3项办理量大、覆盖面广的办事服务，策划“重点业务服务”专题，将涉及39个职能部门的服务事项的情况、办理流程、涉及部门、前后关联等资源详细提供给用户，进一步提高了服务的实用性。通过“重点领域业务服务”“公众办事”“企业办事”“公共服务”“场景服务”“网上办事服务大厅”等栏目，为老百姓提供办事指南、表格下载、在线办理、咨询投诉、办件查询等服务事项1629项。进一步完善“郴州市电子地图”，正式开通了信息无障碍浏览服务平台，确保各类人群都能够从市政府门户网站平等、方便、无障碍地获取、利用信息。“网上办事”栏目被国家电子政务理事会、电子政务杂志社评为2013年全国政府网站精品栏目。

三是贴近民生，政民互动交流向协作化、特色化发展。充分发挥“市长信箱”倾听民声、集中民智、关注民生的作用。严格规范信件办理规则，全年共收到市民来信1752件，处理回复1705件，处理率97.32%，满意率61.47%。就市政府重点工作和老百姓关心的问题开展专题网上调查和意见建议征集活动24次，积极为政府科学决策进行参谋辅政。邀请县（市、区）政府和相关职能部门领导做客市政府门户网站嘉宾访谈室，开展在线访谈17期。围绕政务工作重点、社会热点和用户需求点，优化升级基于移动终端的政府门户APP应用，深化实用查询服务。按照省政府工作部署，顺利搭建“数字郴州·无线城市WAP门户”并上线运行。市政府门户网站官方微博共发布信息1302条，粉丝达14248名。

五 完善机制，强化基础工作措施，运维保障能力全面加强

通过健全管理制度、明确岗位职责、强化运行维护，有力保障了电子政务工作的高效有序开展和应用系统的安全稳定运行。

一是不断完善管理机制。将政府网站建设管理和“市长信箱”办理工作纳入全市绩效评估考核内容，搭建站群运维日常监测平台，进一步健全网站信息保障机制、信息保密审核机制、定期工作通报机制、网站阅评机制、自查自纠机制、安全保障机制和监测应急处置机制，不断加强对政府网站群的宏观管理，优化网站整体结构，保障网站系统安全。对县（市、区）电子政务信息中心（电子政务管理办）制定下发《郴州市电子政务工作考核评比办法》，努力推动全市电子政务建设管理向制度化、规范化发展。

二是着力健全安全体系。严格执行市政府中心机房《安全管理办法》《值班管理制度》，在中心机房部署防火墙、入侵检测、杀病毒软件等设施，深入推进 CA 安全认证体系部署应用。聘请专业网络安全机构进行协助防护，通过对市政府门户网站群和电子政务网络及其承载系统进行现场安全配置检查和安全性技术测试，制定了安全服务实施方案及安全监测、评估、加固方案，切实巩固后台安全管理。定期对各电子政务应用系统的运行状况和基本性能进行全面审核与综合评价，确保市政府各电子政务系统安全、有序、稳定运行。

三是精心做好运维服务。对网上政务服务系统进行日巡检、周报告、月小结，及时发现和处理系统问题。2013 年，市本级行政审批和电子监察系统共受理审批事项 224803 件，累计办结 224573 件，及时办结率为 99. 90%；全市网上行政审批和电子监察系统共受理审批事项件 466981，累计办结件 466352 件，及时办结率为 99. 87%。市本级行政处罚和电子监察系统共受理处罚事项 3722 件，累计办结 3293 件，办结率为 88. 47%，累计罚没金额为 5452. 45 万元，及时发现和纠正自由裁量权行使不当案件 139 次。认真做好全市电子公文传输系统、市政府高清视频会议系统、市政府会议室影音设备的运行管理和值守服务，全年共对 60 次视频会议和 279 次非视频会议进行了值守服务，处理排除系统故障 113 次，保障了各类会议零责任事故。同时还实现了 214 家单位 1621 个文件的网上正常收发。先后举办关于各电子政务应用的系统使用、管理维护等方面的学习培训班 16 个，累计培训人数达 1300 多人次。

2014 年，郴州市电子政务信息中心将坚持以科学发展观为指导，深入贯彻落实十八届三中全会精神，紧密围绕郴州市委、市政府中心工作，不断深化电子政务系统建设与应用，着力加强资源整合与业务协同，努力提升政府门户网站服务功能与水平，切实保障系统运维与网络信息安全，积极助推郴州起飞。

第一，坚持规划引领，科学统筹电子政务建设。按照“数字郴州”规划总体部署和市政府电子政务建设管理工作专题会议精神，加快下发《郴州市电子政务项目建设管理办法》，建立严格规范的项目建设和资金管理机制。完善和提升电子政务网络平台，完成电子政务内网改造提质和外网二期拓展工程，逐步取消撤并原有部门专网，加快形成结构完整、功能齐全、技术先进、互联互通、安全可靠的骨干传输网络，夯实全市电子政务工作基础。深入调研，科学论证，积极开展郴州市电子政务云计算中心和政务信息资源共享平台建设技术方案编制工作，强力推进信息资源整合。建设完成全市统一的网上政府服务和综合电子监察平台，稳步推进平台向县（市、区）拓展延伸，加快实现政务服务工作的网络化流转、协同化办理、无缝化对接、实时化监督和智能化管理。继续优化完善市城区涉税信息共享系统、网上行政审批和电子监察系统、网上行政处罚和电子监察系统、市政府公开电话多媒体网络系统、CA系统等应用功能，认真做好全市跨部门协同电子政务系统的应用技术保障工作。

第二，坚持服务导向，不断优化门户网站建设。围绕建设效能型政府、服务型政府、开放型政府、法治型政府的要求，坚持以公众为中心、以服务为宗旨的功能定位，从信息报送、日常维护、后台管理、日常监测、安全保障等方面全方位地优化和完善网站建设管理工作。参照中央、省考评体系要求，对市政府门户网站进行优化咨询和改版升级。健全政务信息公开发布平台，努力提升政府工作的透明度，确保政府决策的科学化、合理化和民主化。继续深化“数字郴州·无线城市 WAP 门户”建设，进一步完善市政府门户网站移动 APP 功能。认真办好各类互动栏目，依托知名网络平台，建设“微郴州”政务微博发布厅，规范政务微博的日常管理，开辟新型网络问政窗口，广泛汇集民智，正确引导舆论，理顺社会情绪。切实加强英文门户网站的日常运维工作，进一步提升政府网站的国际化影响和郴州对外开放水平。深入推进读网阅评、部门子网站整合与政府门户网站群建设工作，有效发挥“市长信箱”与政府网站建设工作绩效评估考核激励机制的作用，不断提升全市政府门户网站

的建设水平和服务能力。

第三，坚持规范管理，着力夯实安全体系建设。深入推进 CA 安全认证体系部署应用，建设市本级政务电子签章系统，对信息数据进行有效的防篡改识别、真实性检验、合法性认证，着力完善集加密保护、安全防范、身份认证、授权管理和责任认定机制于一体的网络信息保障体系建设，进一步健全信息安全管理和应急响应工作制度。切实加强市政府中心机房的日常管理，完善应急预案，优化机房环境，提升设备性能，保障负载均衡，启动机房服务器虚拟化和异地容灾建设工作。改造市政府门户网站嘉宾访谈室和市政府会议室老化电子设备，不断优化服务环境。

严格规范系统运维值班巡检工作制度，对行政处罚和电子监察系统实施运维服务外包，确保市政府各电子政务系统稳定高效、安全有序运行。认真做好全市电子公文传输系统、市政府高清视频会议系统、市政府会议室影音设备、市政府 OA 系统等的运行维护和值守服务工作。

B.22

2013年娄底市电子政务建设情况及2014年发展展望

娄底市人民政府电子政务管理办公室

2013年，娄底市的电子政务取得了长足的进步和发展，基础设施得到逐步改善，市、县政府门户网站群实现了跨越式发展，市直部门的电子政务应用水平得到明显提高，全市电子政务发展环境进一步优化。娄底市电子政务在改善公共服务、加强社会管理等方面发挥了重要作用，已经成为转变政府职能、提高行政效率和建设服务型政府不可或缺的有效手段。

一 娄底2013年度电子政务建设形势

（一）形成了良好的电子政务工作氛围

2013年，娄底市委、市政府高度重视电子政务工作。6月25日市委副书记、市长易鹏飞主持召开了常务会议专门研究电子政务工作。市委常委、常务副市长何文君多次召开了专题工作会议，加强电子政务资源整合和建设的顶层设计，并出台了《娄底市电子政务资源整合与建设管理办法》《娄底市电子政务发展规划（2013～2015年）》两个文件。这既是娄底市电子政务资源整合和建设的顶层设计，又为全市电子政务建设管理提供了保障，也是娄底市电子政务发展的里程碑标志，对今后娄底市电子政务工作的推进起着重要的支撑作用。

全面加强了县（市、区）电子政务主管机构和队伍建设。通过市、县两级政府领导督促协调和电子政务主管部门的强力推动，各县（市、区）加强了对电子政务工作的领导，高度重视机构和队伍的建设，继涟源市和冷水江市

之后，新化县、双峰县和娄星区相继成立或升格为正科级的电子政务管理办公室。该办公室有 2 个以上的内设机构，人员编制有 7～9 人，为娄底电子政务工作跨越式发展提供了系统组织保障。各县（市、区）大多形成了常务副县（市、区）长亲自抓、电子政务办具体抓的工作格局。多次召开了电子政务综合性工作会议和专题性调度会议，举办各类业务培训班。冷水江市出台了《冷水江市电子政务管理暂行办法》，娄星区制定了《娄星区 2013 年电子政务绩效考核细则》。通过这些举措，全市形成了良好的电子政务工作氛围，为快速推进电子政务工作提供了有力保障。

（二）基础设施明显改善

全市统一的电子政务外网平台（包括网控中心、应用平台和数字认证中心等）基本建成。市政府与中国移动合作，开通了上联省、下联各县（市、区）、横联市直部门的外网骨干网络。电子政务内网平台网络体系日趋完善。纵向骨干传输专网［省—市—县（市、区）］已经开通；市级横向传输专网已联通 180 家单位；除娄星区外，县（市、区）横向传输专网已基本建成。市纪委、组织、宣传、政法、编办等部门的业务专网逐步整合至电子政务内网。内网应用逐步加强，电子公文传输、内网邮件、内网门户、信息报送、党委视频会议等应用系统已安全运行。基于内外网分别构建的内网、外网协同办公系统，能基本满足党政机关办文、办会、办事等工作需要。

（三）政府门户网站的管理水平和服务功能有了显著提高

一是网站管理水平有了提高。2013 年各县（市、区）政府网站主要围绕规范日常管理、加强安全管理、提升服务功能开展工作。针对政府网站中的薄弱环节出台了一系列的工作制度和管理办法，如网站信息发布保密管理规定、网站信息审核发布制度、阅评制度、值班制度、应用系统管理制度、设备及应用系统账户密码管理制度、应急管理办法等，并出台了身份鉴别、访问控制和安全审计等安全技术措施，保证了网站的持续平稳运行。

二是紧贴党委、政府中心工作开辟热点专栏。为宣传党和政府的中心工作，市本级和各县（市、区）政府网站设置了“权力阳光运行”或“任期承诺”“作风与效能建设”“重点岗位监督”“群众工作”“重点项目建设”等栏目，通过及时采编更新信息，为人民群众了解党和政府的工作动态提供了一个便捷的平台。冷水江市还进行了8次网上调查和6次民意征集，发表调研报告61篇。涟源市进行了网络问卷调查和涟源精神投票活动，社会影响力不断提升。市本级和涟源市政府门户网站的政民互动栏目被中国电子政务理事会评为2013年精品栏目。

三是根据民生热点开展了政民互动在线访谈。年初娄底市政府办下发了2013年关于认真做好市政府门户网站在线访谈、网上调查工作的通知。冷水江市、涟源市、双峰县和娄星区等4家县（市、区）政府领导和市直9个政府组成部门的主要领导，在娄底市政府门户网站开展了在线访谈，并进行了视频直播。部分县（市）在本级政府网站开展了在线访谈，如新化县开展8次，双峰县开展4次，涟源市开展3次，对各领域的重要政策和民生问题进行解读，网民反映很好。

四是网上信息公开工作水平有了大幅提高。各县（市、区）都把网上信息公开作为提高政府网站服务水平的重要工作来抓，特别是把群众关心的财政资金、价格审批、三公经费、环境保护、安全生产、食品药品安全、保障性住房、征地拆迁等信息作为重点进行公开，对领导信息、政务动态、规范性文件、招投标、人事信息、统计数据等信息及时更新。据市、县两级门户网站初步统计，市政府门户网站全年共发布各类信息13137条，各县（市、区）全年共发布各类信息40680条。这些信息的发布，极大地丰富了政府网站信息公开的内容。信息公开基本做到了准确、及时、规范、完整，使网站的访问人次不断刷新纪录。

（四）电子政务平台建设和运维有了新扩展

在电子政务平台建设和运行维护方面，市、县两级都将此作为一项重要的基础工作来抓。娄底市本级一是完成了市级电子政务外网平台验收工作，市直行政审批单位全部接入外网平台，这标志着投资1000多万元的市本级电子政务外网平台第一期工程已经完成；二是建设市数据中心机房和搬迁市级电子政务外网机房，现已基本完成了机房选址、方案论证、经费审批、招投标文件制

作等前期工作；三是组织完成了投资 1.4 亿元的市政府“天网工程”技术方案的制定和评审；四是完成了 70 余场市政府电视电话会议系统的技术维护工作。

各县（市、区）都大力开展了电子政务平台建设，加强了平台的运行维护。如冷水江市搬迁升级了外网中心机房，通过精心组织、科学施工，在 12 小时内把机房搬迁至市政府行政中心并投入正常运行；通过多方协调，确定中国电信冷水江分公司为全市政务外网接入承建商，现已有 52 家单位接入政务外网并完成了外网数据对接。新化县新铺设 24 家乡镇的光缆，为今后进一步推广政务外网在乡镇的应用打下了良好基础。娄星区 42 家单位接入政务外网平台，接入率达到 100%，现网络运转正常。涟源市在完成市直单位和乡镇接入电子政务外网平台的基础上，建立了社区和行政村逐步接入网上政务服务系统的规划，目前全市乡镇已有计生系统、卫生系统等单位通过平台办理业务，应用工作稳步推进。

（五）大力推进网上政务服务和电子监察系统的应用

娄底市把网上政务服务和电子监察系统的应用作为落实行政审批“两集中、两到位”改革的重要工作内容，作为“发展环境优化年”的重要工作任务。为督促该项工作的开展，我办与纪检监察部门协作，通过日常监察、结果通报、绩效考核、强化问责等措施进行推动，市、县两级都进一步对本级行政许可、非行政许可和年检年审项目进行梳理和加载上网。通过举办技术培训班、组织技术人员深入各个单位一对一现场技术培训、召开推进大会等方式，全力推动该项工作，行政审批网上办理取得了显著成绩。全市全年收件 200003 件，办结 198505 件。

（六）网上“书记市长信箱”，网络留言办理质量有了新提高

网上信箱、网络留言是人民群众反映诉求的便捷途径，市、县两级都想方设法为网民群众节省诉求费用和时间，为娄底的社会稳定做出了默默无闻的贡献。娄底市本级全年共收到来信 2116 封，转送到 79 家相关部门办理，回复率达 98.2%。

各县（市、区）都高度重视门户网站网上信箱、网络留言的办理工作，全年共受理网上信箱和网络留言2549件，回复2507件，办结率达98.4%。

二　2014年的电子政务建设发展展望

展望2014年，大力推进电子政务是落实科学发展观、深化改革开放、推进政府职能转变的必然要求。我们要深刻理解并充分利用这一难得机遇，突出抓好以下四个方面的工作。

（一）基础建设要突出资源整合

通过这几年的建设，各县（市、区）和市直各部门的电子政务基础建设已具有一定规模，随着电子政务工作的不断拓展，在进行升级扩容的同时，务必要考虑资源的整合与共享。2013年已出台了《娄底市电子政务资源整合与建设管理办法》，要按照文件提出的“根据统一规划、统一网站、统一网络、统一机房和统一管理的原则，对已有电子政务资源进行逐步整合”的要求，逐步将市直各部门原有非涉密专线整合到电子政务外网，将各单位原有的小型、微型机房和商业托管的服务器，逐步整合或托管到统一机房，进行统一管理，以便节约成本。要按程序审批电子政务工程项目，加强项目立项、招标、监理、施工、验收、审计和绩效评估的全过程管理，确保统一规划投资，避免各自为政和重复建设。

（二）政府网站要突出服务功能

关于政府网站的建设，我们的目标是要建成以市、县（市、区）政府门户网站为主站，乡镇和各级部门网站为子站的“四统一”（统一平台、统一互联网出口、统一公共软硬件系统、统一安全防护措施）政府网站群。《娄底市电子政务资源整合与建设管理办法》明确提出：“依托政府门户网站群构建面向社会、具有较强在线服务能力的电子政务服务平台，实现信息公开、网上办事、公众参与、政民互动，提高政府网上政务服务和社会管理水平。”我们要突出和强化服务功能，切实为人民群众提供便捷、全面的政务服务。

（三）网上政务服务要突出全覆盖

按照省、市的统一部署，全面落实《娄底市人民政府办公室关于印发〈娄底市行政审批制度改革工作实施方案〉的通知》精神，网上政务审批要实现“部门全覆盖、事项全覆盖、流程全覆盖”，并认真实施绩效考核。我们要加强对网上政务服务和电子监察系统的技术保障和维护，加强对操作人员的技术培训，确保网上政务服务和电子监察系统全覆盖。

（四）政民互动要突出切实回应网民诉求

网上领导信箱、咨询投诉和网上留言是网民最便利的诉求途径，在线访谈和意见征集是政务机关回应网民关切的重要途径。政民互动是人民群众分享电子政务成果的直接体现。这些工作虽然工作量大，工作难度也大，但它们是扎实开展党的群众路线教育实践活动的具体体现。因此要积极采取措施把它办好，协调各级各部门，切实可行地回应网民诉求。要与政府绩效考核办、党委和政府督查室等部门协作，定期进行通报、催办，督促各承办单位按时进行办理答复，使网民诉求的办理答复率和满意率能得到显著提高。

B.23

2013 年永州市电子政务建设情况及 2014 年发展展望

永州市人民政府电子政务管理办公室

一 2013 年永州市电子政务建设回顾

2013 年，永州市按照“强基础、重应用、抓服务、促发展”的电子政务建设思路，采取有效措施，加大投入，务实推进，全市电子政务基础网络体系不断完善，各项业务系统应用成效显著，政府网站服务能力稳步提升，有效推动了政府职能转变和行政效率提升，促进了效能型、服务型政府建设。

（一）领导高度重视，电子政务发展迎来新契机

2013 年以来，市委、市政府从前所未有的高度来重视和推进电子政务工作。4 月 7 日，市委书记陈文浩、市长严志辉到市电子政务办走访调研，对电子政务及政府网站建设提出要求：政府门户网站是永州对外开放的窗口，是百姓办事的通道和桥梁，要下大力气建好；要加大政府网上服务力度，把市电子政务网络中心建成全市电子政务应用服务的总后台。12 月 17 日，市委书记陈文浩再次到市电子政务办调研电子政务和“数字永州”建设。陈文浩强调：要结合电子政务和“数字永州”发展需要，基于云计算对全市电子政务平台进行顶层设计，电子政务应用要取得突破，努力构建云计算中心、电子政务网络平台、数据中心三大系统；要加强资源整合，建设电子政务、公共服务、社会治理“三位一体”的数字化城市管理系统，实现网格化、精细化和扁平化管理和服务。陈文浩书记的两次调研讲话精神，为全市电子政务建设指明了方向，令全市电子政务工作者精神振奋，全市电子政务建设迎来了新的发展契机。

（二）狠抓网络建设，基础网络建设取得新进展

一是对市级外网进行提质改造。对永州市的电子政务网络进行提质调整，优化网络结构，扩大网络带宽，增加了市到县（区）双电路冗余保障，强化了网络运维保障。完成了潇湘大厦 25 个入驻单位的电子政务网络接入工作。扩大了互联网访问出口带宽（由 1G 扩充到 2G）。为确保电子政务外网稳定运行，面向电信运营商对市电子政务外网平台相关建设和运维服务进行了外包招标，对网络运维提出了更完备、更专业服务要求，实现专业化运维服务。二是抓县（区）外网网络建设。按照 2013 年市政府工作目标要求，积极推进县（区）外网网络建设。截至 2013 年 12 月底，市到 11 个县（区）内、外网全部联网贯通。新田县、蓝山县、双牌县、祁阳县、零陵区、东安县、江华县、江永县、宁远县完成了县级平台建设，外网横向网络建设基本完成。其中新田县、蓝山县、双牌县、宁远县已延伸到乡镇社区。三是加强内网建设和管理。根据国家和省相关文件要求，永州市下发了《关于成立永州市电子政务内网建设和管理协调小组的通知》（永办〔2013〕7 号），成立市电子政务内网建设和管理协调小组，办公室设市电子政务办。四是加强了基于云计算的市电子政务顶层设计。按照电子政务公共平台建设规范，重点对本市云计算中心、云数据中心等基础设施建设进行了设计。

（三）狠抓业务应用，政务服务水平迈上新台阶

应用是电子政务的生命。在不断完善电子政务网络体系的同时，永州市充分利用已建的电子政务网络平台，积极推进各行业的业务系统应用。一是推进全市网上政务服务系统应用。在做好系统的运行保障和管理的同时，不断更新完善系统的相关服务事项，其中市级系统对市公安局等 13 个部门 50 多项服务事项进行了修改；不断地加强对窗口服务人员的应用培训，其中市级组织对市公路局系统等多个部门进行了 8 次培训，并通过督查等方式推进市、县、区各部门服务窗口对系统的应用；完成了国土、工商、市住房公积金管理、交警等内部办事系统与市网上政务服务系统的数据对接工作。据统计，2013 年全市网上政务服务和电子监察系统共受理服务事项 141436 件，办结 141262 件，总

体运行考核列全省第二位。二是推进重点业务应用系统建设。先后完成了市级民生资金、公共资源交易平台等多个重要电子政务业务系统建设，并参与了“基于国产CPU/OS的湖南省政府办公信息系统”核高基应用项目，做好了市数字化大城管系统及市直协同办公系统、并联审批和联动审批系统等多个业务应用系统建设的前期准备工作。

（四）狠抓功能服务，政府网站建设取得新成效

政府网站是政务公开的重要载体、政民互动的桥梁、便民服务的通道。全市政府网站以服务发展、服务企业、服务群众为宗旨，不断丰富服务内容，拓展网站服务功能。一是不断优化网站栏目结构。市政府门户网站对网站栏目结构进行了全面优化，对各个栏目页面做了优化布置，对整个网站的栏目进行了全面梳理，将部门政府信息公开平台、网上政务服务虚拟大厅、“市长信箱”等系统信息与门户网站进行了整合，使多平台之间的信息能够共享，极大地丰富了网站服务内容。宁远、蓝山、祁阳等多个县（区）对本级政府门户网站进行了升级改版，网站栏目结构清晰，服务内容丰富，网站面貌焕然一新。二是不断提升网站服务功能。市政府门户网站全年发布政务信息20661条，其中市政府信息公开平台发布信息8117条，同比增长172%。市级网上政务服务系统全年共收件41579件，办结41434件，办结率99.65%。“市长信箱”共收到有效信件567件，已办理回复532件，办复率93.8%。“监督投诉”“在线咨询”回复率均达98%以上。完成在线访谈9期。2013年永州市政府门户网站在全省的排名从2012年的第11位提升到第7位，宁远、蓝山、祁阳三县的政府门户网站首次进入全省优秀政府网站行列。三是加强对全市政府网站的绩效评估工作。修改和完善了2013年全市政府网站绩效评估体系，对全市47个市直单位、11个县（区）、3个管理区的政府网站进行了绩效评估，发布了《2013年永州市政府网站建设绩效评估报告》，提升了全市政府网站建管水平。

（五）狠抓安全防范，网络保障体系得到新提升

网络安全重于泰山。永州市在加强电子政务系统建设的同时，高度重视电

子政务安全保障建设，牢固树立抓建设与保安全相结合的指导思想。一是推进市级政务内网信息安全系统建设。对全市 200 多个内网联网单位的网络终端进行了信息安全系统和电子公章的注册，安装了杀毒软件，发放了保密 U 盘，确保了基于市电子政务内网运行的电子公文传输等业务系统的网络信息安全。二是强化安全防范措施和管理。市电子政务网络中心以网络体系的安全防范和性能的改造提高为侧重点，不断优化和改进网络结构、网络设备、安全设备配置。通过部署数据存储、备份系统以及重新规划数据服务器组的安全策略和组网结构，提高整个数据中心的抗风险能力，减少信息安全隐患，提高防黑、防病毒的技术处理水平。对于没有技术维护力量的部分市直部门网站，要求通过签订委托书将网站服务器交由市政府门户网站实行统一管理和维护，并明确安全责任分工。

二　2014 年电子政务发展展望

2014 年全市电子政务工作将以邓小平理论、“三个代表”重要思想、科学发展观为指导，认真贯彻落实十八大和十八届三中全会精神，进一步优化电子政务顶层设计，建设基于云计算的电子政务公共平台，推进电子政务集约式发展；以基础数据库及信息交换共享平台建设为基础，全面实施政务信息共享和政务信息化应用；推进数字化城市管理综合应用，建设城市管理、社会治理和公共服务三位一体的“数字大城管”综合应用平台，实现信息化支撑、网格化管理和全程化服务，为建设品质活力永州做出新的贡献。

（一）电子政务基础建设实现大飞跃

一是要建好市电子政务公共平台（云计算中心）。推进电子政务发展，促进政府职能转变和管理创新，打造集中统一的电子政务公共平台（云计算中心），支撑各部门业务应用发展，促进互联互通和信息共享，防止重复建设和投资浪费，增强电子政务安全保障能力，推动电子政务朝集约、高效、安全和服务方向发展。二要建好市电子政务数据中心。按照有关标准和规范，基于云存储架构建设统一、安全的信息存储基础设施，满足电子政务业务发展的各种需求。建立跨部门的政务信息资源交换、共享体系。对部门已有基础数据和业务数据进行梳理、比对、清洗、整合等综合处理，完成永州市人口、法人、空间地理、经济信息、房产房屋、城市部件等政务基础数据库的建设和信息交换共享。

（二）电子政务业务系统应用实现大发展

一是要重点建好市数字化大城管平台。将城市管理信息系统、人口基础信息系统、社会矛盾联动化解系统、社区综合服务系统等多个子系统整合到一起，整体建设一个集城市管理、社会治理、公共服务于一体的数字化城市管理综合应用平台。充分运用公共基础数据库、电子地图、视频图像、移动终端、网格化管理、协同联动办事、电子监察等技术和手段，实现“统一调度，统一监管，部门联动，力量下沉，服务到人、事、物”。二是要建好综合政务服务平台。重点建成并联审批和联动审批系统、政务协同办公系统、行政征收和处罚系统、市场主体信用信息及征信系统、低收入家庭信息比对系统、税收征管辅助系统、公共资源交易系统等多个业务应用系统，满足相关部门的业务需求。三是要启动民生公共服务平台建设。以规范、整合、优化各类社会管理和社会事业的服务着手，构筑以政府服务、公共事业服务、商业服务以及金融服务为主要功能的高效实用的市民服务云平台。基于移动网络，建设社区服务云平台，让市民在社区、小区即可办理相关事项，同时获取相关服务，提升社区管理和服务水平。四是对市政府门户网站进行全面的升级改版。进一步提升网站的民生和公共服务功能，通过移动终端实现市民关注的相关信息自动推送。

（三）电子政务建设和管理模式实现大创新

2014 年我们将遵循“统一规划建设、统一招标验收、统一运维监管、统一资源共享、统一资金管理”的“五统一”原则，集中建设电子政务公共平台（云计算中心）、网络平台、应用平台和数据中心，全市各机关、部门共享使用，实现平台共享、应用共享、数据共享、安全共享。没有特殊需要，部门不再建机房，不再建平台级应用系统，不再新建信息中心，逐步把部门的应用系统后台整合到电子政务公共平台上来。各县（区）电子政务发展要

服从全市的统一规划和部署。凡是全市有统一要求的，均应使用统一的系统，实现两级互联互通。

创新建设和运维模式，引进社会资金参与电子政务和数字城市基础设施项目建设，以政府购买服务模式实现项目的高效建设和可靠运维保障，破解资金、人才等方面难题。面向业务、面向需求、面向公众、面向服务，以实际应用成果实现一流赶超。

B.24

2013 年怀化市电子政务建设情况及 2014 年发展展望

怀化市人民政府电子政务管理办公室

2013 年，怀化市电子政务工作围绕市委、市政府的工作大局，以统一网络平台为支撑，以信息资源开发利用为核心，以深化应用为主线，以信息共享和业务协同为重点，以网络与信息安全为保障，积极推进网上政务服务和电子监察系统的应用和推广，切实提高行政效能和服务水平，充分发挥电子政务在促进政府效能建设、改进为民服务、建设和谐社会中的积极作用，全市电子政务工作取得了阶段性的成果。

一 2013 年工作回顾

（一）全市统一的电子政务内外网络平台基本建成

一是加快全市电子政务外网平台建设。按照国家和全省统一要求，坚持“统一规划、统一标准、统一建设、统一推进、统一管理”的“五统一”原则，推进怀化市电子政务外网二期工程建设。市本级市民服务中心园区内 60 个行政事业单位实现了网络的互联互通，园区外已完成 22 家接入；县（市、区）级外网建设进展顺利，13 个县（市、区）全部完成了与市本级平台网络的对接。横向接入有了很大推进，全市接入政务外网的单位达 850 个，其中市本级单位 82 家，县级单位 768 家。二是加强了各类电子政务应用系统的建设，目前已有怀化市公文传输系统、怀化市公务内部邮件系统、湖南省政府视频会议系统、湖南省网上政务服务和电子监察系统、湖南省应急指挥系统、怀化市政府门户网站群、怀化市“12345”市长热线平台、怀化市网络舆情监控平台、怀化市公共资源交易平台、怀化市气象突发事件预警信息发布系统、怀化市运管处业务考试系统、怀化市卫生局区域医疗卫生平台等各类系统在全市电子政务内、外网平台上投入使用。三是加强市民服务中心园区电子政务的建设、管理和维护，按照统筹规划、统一实施的原则，使市民服务中心成为全市电子政务应用的核心枢纽，制定网络维护岗位责任制，加强值班和值班日志的管理，建立定期日志分析制度，及时发现网络安全隐患。

（二）加强了市政府门户网站维护管理和政府信息网上公开工作

一是切实做好内容保障工作，使市政府门户网站成为宣传怀化形象的重要窗口。认真贯彻落实《政府信息公开条例》《湖南省政府网站管理办法》，严格按照《怀化市政务信息网上公开办法》《怀化市政府门户网站内容保障办法》等文件要求，加强政府网站信息的采集、审核、发布和内容更新工作。通过“湖南省政府信息公开发布平台”及时做好对省政府门户网站的信息报送工作。全年市政府门户网站共向省政府门户网站报送信息 986 条，采用 342 条。与省政府门户网站共同建设和维护好 100 余个共建栏目，包括“市州动态”“市州概括”“市州政务公开”“市州十二类民生服务栏目”“市州政府信息公开”“市州办事服务”“市州长信箱”“工业园区”等，共建栏目完整充实，圆满完成对省政府门户网站的内容保障工作。二是政务公开力度不断加大。继续加强政务公开栏目建设，在原有“政府领导”“组织机构”“政策文件”“公示公告”“怀化动态”“规划计划”“政府采购”“政府会议”“财政公开”“政府工程”“统计信息”“人事信息”“应急管理”等栏目的基础上，新增“社会公益事业”“行政权力公开”“依法行政”等专题栏目。2013 年，通过政务公开栏目共发布各类信息 20477 条、图片 735 张。其中，自采自编信息 1166 条，转载中国政府网、人民网、新华网等网站稿件 3497 篇，各子网站采录或报送信息 15827 条。网站首页图片更新 92 次，发布各类政府文件、人事任免信息 158 条。重点领域信息公开力度加大，涉及“三公”消费、政府采购、招投标、土地出让、生产和食品安全、劳动就业、教育文化、社会保障、医疗卫生、社会救援等领域，全年共发布消息近 3000 余条，极大地提升了政务公开工作的深度。三是加强政民互动，使市政府门户网站成为和谐社会建设的新平台。开设了“市长信箱”“嘉宾访谈”“公众问答”“民意征集”“网上调查”等5个互动栏目。先后协助相关部门开展“全面提升道路运输服务水平”“地质灾害防治”“怀化旅游”“缓解城区交通拥堵”“道路交通安全管理”“保障食品安全的措施”“养老的选择”“市长访谈意见征集”等网上调查和民意征集活动42次。通过“公众问答”解答百姓各类热点咨询和投诉问题300余条。全年“市长信箱”共收到网民来信1974件，回复率99.56%。邀请县（市、区）长和部门领导参加“嘉宾访谈”，针对网民提出的问题及时给予解答，栏目共开展了8期嘉宾访谈，获得了广大网民的积极响应。2014年10月21日，副市长胡长春以“实行‘一包五化’社区警务，创新社会治安管理模式”为主题，在省政府门户网站开展与网民在线交流活动，受到社会各界的广泛好评。四是加快无线城市WAP门户建设。按照省政府和中国移动通信集团签订的战略合作框架协议，怀化市“无线城市WAP门户”建设在省政府和上级部门的统一规划指导下，按照资源收集确认、门户设计开发、门户内测优化、上线宣传推广四个步骤，先后完成了合作协议签订、门户框架搭建、民生服务栏目确认、内容收集整理、上线运行等工作。WAP门户运行以来，公众通过手机登录WAP门户网站查看怀化市政府门户网站的各类信息，并通过与市直部门查询系统的对接实现通过手机了解公积金、财政工资、网上办事、网上咨询、日常生活信息等内容，极大地方便了广大市民的工作和生活。

（三）继续推进全省统一的网上政务服务和电子监察系统的推广应用

自2011年9月1日怀化市网上政务服务和电子监察系统正式上线运行以来，按照全省统一的“三个全覆盖”的基本要求，2013年，怀化市市本级行政事业单位基本实现了行政许可项目、非行政许可项目的审批业务在线受理、审批结果在线反馈。至2013年11月20日，全市通过网上政务服务系统共受理各类事件112847件，办结111892件，办结率99.15%，累计提速65.97%，极大地提高了工作效率。

（四）全面启动政府门户网站改版工作

社会形势的发展和政府职能的转变对政府门户网站的建设和维护提出了更高要求。为了适应便民服务和网站绩效考评的需要，完善政府门户网站的功能和内容，全面提高政府网站网上服务和在线交流的能力，怀化市从 2013 年 6 月份起启动了政府网站改版工作。新版网站主要参照国家和湖南省 2013 年地市级政府网站绩效评估体系，利用现有的政府门户网站软硬件平台，在原系统基础上进行改造升级，增加全文搜索和高级搜索功能，搭建形式多样的公众参与和互动平台，最大范围地整合怀化市政府资源目录体系，重点提升怀化市政府门户网站的服务功能和互动交流功能。按照计划，新版政府网站于 2013 年底正式上线运行。

（五）加强电子政务资源整合和电子政务项目建设的前置审查工作

认真履行电子政务建设项目的前置审查职责，最大限度地节约财政资金，有效地推进了公共信息资源的共享，避免了大量的重复建设。通过对市检察院办公大楼信息化建设项目及公共资源交易信息平台、“12345”市长热线、应急管理等系统的前置审查，共节约建设资金 300 多万元。

（六）加强电子政务网络安全管理工作，启动了 RA 应用工作

建立健全电子政务网络安全的相关管理制度，落实网络安全的管理手段和措施，确保各类电子政务应用系统安全可靠运行。依托全市电子政务外网平台，推动 CA 认证工作，全年共受理工商网上年检及计生系统业务 154 家。加强网上信息公开的保密审查工作，健全保密制度，落实工作责任，在国家保密局开展的专项保密检查中获得了好评。

（七）编辑出版《点击怀化》

为了全面推进政府信息公开，进一步宣传怀化、推介怀化，市政府要求编辑出版《点击怀化》，并将此书内容作为市政府门户网站的一个专题栏目“点击怀化”，同步推介并随时更新。“点击怀化”栏目收集了全市各部门和各县

（市、区）的相关照片300余张、各种规划图45幅，按照主题编排为“神奇怀化”“便捷怀化”“美丽怀化”“发展怀化”“开放怀化”“平安怀化”“展望怀化”七章，“神奇的土地、历史、风俗、风景、文化”“便捷的交通、服务、物流”“美丽的生态建设、环境整治、五城同创”“发展的经济总量、区域经济、社会事业、城市面貌、人民生活”“开放的政策、园区、项目”“平安的综合治理、智能安保、应急联动”“展望怀化的综合实力、社会事业、城市扩容提质、基础设施完善、智慧城市起步”等27节。栏目以图片为主，以文字为辅，回顾过去，展示未来，较之纯文字叙述更鲜活、更直观、更生动。

（八）加强了对门户网站理事会的管理

加强了门户网站理事会工作，认真履行理事会章程，积极为理事会会员单位开展优质服务，及时解决理事单位的网络技术问题，积极组织开展交流活动，使理事会成为电子政务横向联系的纽带和桥梁。加强会员交流，组织了部分会员单位赴山东青岛实地考察学习信息化和电子政务工作的先进经验，达到了预期目的；积极发展新会员，按照松散式管理、滚动式发展的原则，2013年共发展新会员单位5家。

二　2014年发展展望

2014年，全市电子政务工作围绕提升政府服务效能和服务质量、全面整合电子政务资源、有效推进资源共享，在移动协同办公和网上政务服务领域进行重点推进，重点抓好以下七个方面的工作。

（一）建设全市统一的移动协同办公应用系统

移动协同办公系统是有效实现政府内部通信、信息发布、公文流转与电子文件管理自动化的一个综合性应用系统。通过平台应用，能有效地减少纸质文件的流转，显著提高行政机关工作效率；通过协同办公平台打破职能部门之间的信息壁垒，实现信息共享；将政府行政审批事项归集于移动终端，从而满足移动办公的需要。移动协同办公平台的建设主要包括电子政务大厅、协同电子

政务系统及公文交换系统三个方面的建设。电子政务大厅建设主要包括组织用户电子政务大厅和个人用户电子政务大厅；协同电子政务系统建设主要包括行政事业单位内部日常各项办公事务处理的工作，如文件的处理和传递、业务单据的审批和流转、重要信息的上报和下达、会议的通知和召集等内容；公文交换系统建设主要包括在平行机构、上下级机关之间进行无缝、保密、可靠和高效的公文上传下达，从而将整个电子政务平台联系在一起，实现完整的协同办公。具体建设内容包括政务信息门户、协作管理中心、公文管理中心、流程审批管理中心、文化知识管理中心、资源管理中心及扩展应用中心等建设。目前，系统建设已进入财政评审阶段，2014 年将全面推进。

（二）进一步加大推进网上政务服务和电子监察系统应用的工作力度

根据全省要求，配合市监察局 100% 实现行政许可项目，非行政许可项目，服务类事项的审批依据、审批流程、审批时限、收费标准等在线公示，审批表格在线下载、在线受理、办理及反馈，从技术上规范政府行政行为，加强对行政许可、非行政许可和办事服务事项的集中管理、实时督导、全程监督，构建与经济社会发展相适应的政府服务机制，全面提升行政效率和服务水平。

（三）全面做好新版市政府门户网站的上线运行工作

进一步强化服务意识，提升门户网站的建设水平，新版网站准备筹建“怀化公众论坛”，搭建以保障公众知情权、参与全、监督权为目的的政民互动信息服务体系。采取商业化运转模式，外包给具有较强策划能力的媒体企业，通过品牌包装，将其打造成在全省乃至全国都具有一定影响力的精品论坛栏目。另外，根据省政府的要求，积极筹备建设市政府英文门户网站，以适应怀化参与国际交流的需要，为树立怀化形象、吸引外商投资搭建一条快捷、通畅、低成本的网上通道。

（四）加强电子政务的统筹规划和资源整合工作

认真履行怀化市电子政务办对全市电子政务建设的规划、协调、监督和项目评估、审查职责，强化对固定资产投资的信息化领域的投资前置审查工作，有效避免重复建设，加快信息资源共享的步伐。

（五）做好电子政务的培训工作，努力营造良好的电子政务工作氛围

主要在门户网站群资源交互体系、网上政务服务电子监察系统、核高基应用等三个方面组织有关人员的操作、业务培训，充分发挥各重点应用系统的作用。

（六）加强网络安全和网络舆情监测及舆情的引导工作

建立健全电子政务外网网络安全的相关管理制度，落实网络安全的管理手段和措施，特别是针对业务应用系统的建设，要落实过硬的网络安全措施。加大对社会热点问题的调查研究和网络跟踪访谈力度。有针对性地选择2~3个热点问题和重大事件、焦点人物，做网上跟踪访谈报道，提高网络媒体的影响力，正确引导网络舆情。加强网上舆情监控，对于网上重大的舆论事件和重大事故，要按规定及时向市政府报告。网上舆情的分析要不断走向经常化和制度化，要充分发挥“市长信箱”和“公众论坛”两大栏目的舆情收集和正面引导的作用。

（七）积极拓展电子政务身份认证工作

在继续推进网上年检及计生延期系统业务的基础上，进一步拓展如公共资源交易、公积金及网上政务服务等应用领域的电子政务身份认证工作。

B.25

2013年张家界市电子政务建设情况及2014年发展展望

张家界市人民政府经济信息中心（电子政务办公室）

2013年，张家界市电子政务工作紧紧围绕市委、市政府中心工作，着力解决全省“发展环境优化年”工作重点，在为张家界市经济发展提供良好的政务环境方面做出了一定成效。

一 2013年工作开展情况

根据国家、省相关要求，张家界市于2009年与移动公司合作，开始建设市本级电子政务外网平台，并于2010年11月底竣工验收。目前电子政务外网已覆盖4个区县、100多家市直单位。现在运行在电子政务外网上的业务有全省网上政务服务和电子监察系统，全省工程建设领域项目信息和信用信息公开共享系统，省应急办的全省应急指挥视频系统，质监、安监、煤监、审计、机场、卫生、计生委等单位的业务系统，12345市长热线，市政协提案管理系统等。以市公安局牵头，以人口基本信息资源库为支撑的全市实名制信息快速查询协作执法与归集共享系统正在试运行。

（一）拓展电子政务外网应用范围，服务经济发展

第一，为推动各级电子政务的开展，进一步加快张家界市电子政务外网建设，经市人民政府同意，由政府办发布《关于进一步加强全市电子政务外网建设和应用工作的通知》（张政办函〔2013〕52号），促进了各单位尤其是区县的网络建设与完善，拓展了张家界电子政务外网的覆盖范围。

第二，做好12345热线的网络承载工作。经与热线办协商，将12345市长

热线放在电子政务外网上运行，一方面扩大了电子政务外网的应用范围，另一方面为热线的建设节约了巨大的网络建设费用。日常工作中积极配合热线办及时开通所需线路和做好线路维护工作，保障了热线能够到达所需的单位和区县。

第三，做好网上政务服务和电子监察系统的技术支撑工作。网上政务服务和电子监察系统的应用情况是2013年“优化经济发展环境”考核的重要内容。为确保全市各级各部门行政审批办件100%上网运行，我们在已进行两轮集中培训的情况下，针对有需求的单位又进行了10余次上门培训。同时积极做好相关单位的数据重新配置，配合市监察局进行督察、通报，保障技术环节不出问题。

（二）扩大政府门户网站影响，发挥网络宣传优势

根据《湖南省政府网站管理办法》“一级政府建设一个门户网站，一个部门建设一个子站”的原则及市政府授权，张家界政府公众信息网（www. zjj. gov. cn）是市本级唯一合法的代表市政府的门户网站。10多年来，网站坚持围绕市委、市政府中心工作，以正面宣传为主的原则，充分发挥网站信息发布新、快、准的优势，全面、系统地宣传和推介张家界。为适应境外旅游市场的需求，我们还相继开通了门户网站的繁体、英文、韩文、法文版。自2003年以来，已连续多年被国家权威机构评为中国优秀政府门户网站。2012年，在中国优秀政府网站评选中，被评为2012年度地方特色政府网站；在全省评选活动中，荣获2012年“政府网站特色栏目”奖。

中央政府网和湖南省政府门户网多年来对各级地方政府门户网站就宣传方面都提出了明确的工作任务：政府网站是政府主办的官方网站，是政府的“喉舌”和“脸面”，及时发布党和政府的政令，传达党和政府的声音是第一责任。2010年韩永文副省长在全省政府网站工作会议上强调，政府网站是各级各部门在互联网上发布政务信息的主平台、加强政民互动的新渠道、实行网上办事的主窗口和开展网络宣传的主阵地。根据中央门户网站和省政府门户网站内容保障的要求，每天向省政府门户网站上传新闻和政务信息，2012年共完成2538条的新闻信息和1523条政务信息保障任务，其中被采纳并在湖南省政府门户网站首页上发布的有211条新闻信息、1487条政务信息。作为张家界的一大网络媒体，每天至少更新各类信息50条。目前已发布各类信息10多

万条，累计在各大网站发稿、转载各类稿件达 5 万多条（篇）、图片 1 万多幅。信息来源主要是根据主管部门通知的要求自行采编，转载《张家界日报》、张家界电视台以及其他网站的热点新闻信息，区县、市直单位通讯员的来稿。按照全省的统一要求，于 2007 年开通“嘉宾访谈”栏目，并与省政府门户网站、湖南在线、红网、大公网等多次联合开展嘉宾访谈，通过视频、文字的直播（录播）形式，就市民关注关心的热点难点等问题进行在线交流、解答。结合市委、市政府中心工作，先后开辟了“深入开展创先争优”“学习实践科学发展观”“平安满意在张家界”“张家界廉政建设”“张家界精神”“张家界市国民经济和社会发展十二五规划”“社会治安整治”等 20 多个专题专栏。

门户网站已将 103 家部门网站纳入了政府网站群管理系统平台，以市政府门户网站为主站，部门网站为子站的网站群体系已初步建立。政府网站群的建立极大地节省了财政在网站建设上的支出。仅以部门网站的线路租赁、设备更新和用电费用计算，每年节省的费用就在 1000 万元以上。

2013 年 10 月 24 日，“第三届中国政府门户网站发展论坛”发布了《中国政府网站互联网影响力评估报告（2013）》。报告显示，2013 年中国互联网影响力总指数仅为 50.90 分，地市级政府网站为 45.36 分。报告将政府网站互联网影响力水平划分为 8 个等级，分别是：极弱（0 ~ 20 分）、很弱（20 ~ 40 分）、较弱（40 ~ 50 分）、中等偏弱（50 ~ 60 分）、中等偏强（60 ~ 70 分）、有效转强（70 ~ 80 分）、强度升级（80 ~ 90 分）、强有力（90 ~ 100 分）。全国 556 家被评估网站仅有 14 个政府网站互联网影响力水平达到“有效转强”阶段，张家界政府公众信息网名列其中。

第一，及时更新网站内容，完成省政府门户网站内容保障任务。保证每天至少更新 10 ~ 20 条新闻，并及时转载其他网站热点新闻，及时发布张家界市的旅游、交通、招商、天气、政务等信息。相关文章被国内的新浪网、中国网、人民网、网易、搜狐、湖南省政府门户网站等各大网站转载。2013 年上半年对省政府门户网站共完成了 528 条信息报送任务。

第二，根据省里的相关要求，张家界市政府网站群建设稳步推进，按照计划，到目前为止已有 98 家市直部门网站进入了门户网站的网站群系统。2013

年制作了张家界市农办、张家界烟草公司、张家界市宗教局等单位的网站，同时充实了张家界市党政门户网站内容保障联络员队伍，将各部门政务公开的资料在网上及时更新。

第三，完成“数字湖南·无线城市张家界 WAP 门户”建设的数据采集和数据库衔接等各项工作。

（三）畅通政民互动渠道，加强舆情监督

张家界公众论坛最初由政府门户网站的留言板发展而来，是门户网站的重要组成部分，适应门户网站互动栏目建设的需要而建设的。由于其宣传和监督作用日渐突出，遂于2005年将留言板升级为门户网站的一个频道，并单独命名为“张家界公众论坛”。目前论坛注册人数是115786，开设了41个版块，共有52名版主、11名论坛巡视员、2名管理员，每天独立IP访问量超过两万，每天在线浏览人数10万以上，每天的发帖量均在5000帖以上，发帖内容涉及城市生活的方方面面，小到垃圾站的设置，大到城市战略的突围。作为媒体的宣传和监督平台，作为政府联系民众、听取意见和建议的平台，许多人民群众呼声高、社会关注的热点问题在这里均得到相关部门的重视并得以解决，其作用已得到充分的发挥。根据权威人气排行，张家界公众论坛在全球9700多个华文论坛综合排名为第300名。

2009年，市委办、市政府办以张办〔2009〕96号文件下发了《关于进一步加强和完善张家界政府门户网站“市长信箱”管理和张家界公众论坛“市民留言”在线办理回复有关事项的通知》，充分肯定了论坛的作用，并对论坛的组织领导、工作机制和管理工作提出了明确要求。在市委宣传部的指导下，张家界公众论坛和市委宣传部建立了完善的管理沟通机制。论坛及时向宣传部外宣办汇报热点舆情，形成全面监测、快速响应、积极应对、及时上报、发布回应、后续跟踪等舆情处置机制。建立健全了《张家界公众论坛发帖制度》《张家界公众论坛版主管理条例》《张家界公众论坛注册用户注意事项》《请大家文明发帖和回帖》等各项管理制度，每个版块也都建立了符合国家法律法规、符合自身版块特色的版规。八年来，公众论坛平稳运行，没有出现过重大的舆情导向失误，得到省政府信息中心、市委、市政府、市委宣传部等部门和广大网民的肯定，并曾

在全省政府门户网站工作会议上做典型发言，介绍其工作经验。

目前，信息传播与意见交互空前迅捷，网络舆论的表达诉求也日益多元。如果引导不善，负面的网络舆情将对社会公共安全形成较大威胁。为了及时掌握张家界市网上舆情动态、监测张家界舆情信息，我们和市委宣传部联合，于 2010 年建立了张家界市网络舆情监控系统。通过对设定的关键字自动采集相关信息，具有舆情监测、舆情智能分析、舆情报告生成、舆情短信提醒等功能。发现问题及时处理，能够将事态影响控制在初始状态，消除不良影响。市委宣传部负责内容的处置和舆情简报的编辑，我们负责系统的安全、后台的维护。现在正在对系统进行升级，进一步扩大网站的检测范围，对舆情的处置力度会进一步加大。

我们要求所有管理人员必须具有高度的政治意识、大局意识和责任意识，每时每刻保持警觉和清醒。要始终把弘扬正气，报道国家成就、民族进步，作为工作的中心和方向。对于偏激的情绪和错误观点要通过摆事实、讲道理的方式，加以纾解和引导，决不能给有害信息和恶意伤害他人的言论提供舞台。把最新的政策法规及时传达给所有管理人员，使论坛管理人员能及时把握国家的政策走向，积极宣传党和政府的决策，正面引导各类话题，讲究网络引导艺术，在论坛里形成健康向上的主流舆论。对于一些重大而又必须向社会告知的问题，通过政府新闻办在论坛进行公开发布，保障人民群众的知情权。

经过多年的发展，目前张家界网民已形成有诉求首先在张家界公众论坛发帖的习惯。这一做法虽然增加了论坛管理的工作量，但给张家界的舆情处置带来了极大的方便。

二　2014 年发展展望

2014 年的总体思路是继续扩大政府门户网站的优势，进一步优化、提升电子政务网络，理顺电子政务管理体制。

（一）规范电子政务管理工作

第一，建立健全电子政务外网各项管理和工作制度。摸清全市电子政务外

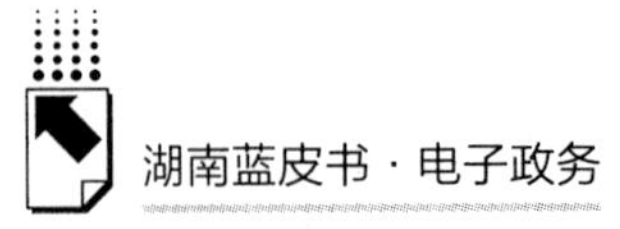

网的建设情况，建立完善网络技术档案。

第二，强化电子政务网络应用管理，实行对基于电子政务网络的应用系统的登记备案制度，逐步实现统一的网络管理、终端准入、应用监控平台的建设，逐步实现对网络和应用的可控可管。

第三，建立完善信息安全监控系统，实现动态网络资源管理、监控，优化资源配置，提高对网络攻击、病毒入侵、网络失泄密的防范和管理能力。加强政务网站安全保障工作和电子政务平台运行安全检查，完善政府网站安全基础设施，建立健全安全管理制度，不断提高张家界市电子政务信息安全保障水平。

第四，做好张家界市网上政务服务和电子监察系统的技术支撑和线路维护工作，保证系统的正常运行，同时配合监察部门深化网上政务服务和电子监察系统的应用。按照单位全覆盖、事项全覆盖、监察全方位的目标，提高系统应用水平和办件质量，加强在线实时办理、有效杜绝二次录入和体外循环，为规范权力运行、提高政府效能发挥作用。

第五，加强电子政务队伍的建设。开展面向党政机关和事业单位的电子政务应用和信息安全宣传教育培训，提升机关工作人员的信息化意识和信息技术应用技能。建设一支责任心强、知识结构合理的电子政务工作队伍，为今后张家界市的电子政务建设提供人才支撑。

（二）加强政府网站建设

第一，按照绩效评估指标，参照先进市（州），做好网站改版。主要是：调整栏目结构以适应评估要求，突出新闻、专题、专栏以提高网站地位，丰富网站内容以确保网站权威，提高办事能力以满足群众需求。

第二，建立健全管理机制。出台《张家界市政府网站管理办法》《网站信息审核发布制度》《网站链接审批制度》《网站运行维护管理制度》等保障性措施。

第三，落实网站阅评制度。推进网站阅评规范化、经常化，扩大阅评范围，强化阅评成果运用。

第四，做好内容保障工作。做好政府信息公开日常工作，拓宽公开范围，重点公开八大类信息以及与人民群众生活相关的便民信息。

B.26

2013年湘西自治州电子政务建设情况及2014年发展展望

湘西自治州电子政务办公室

近年来，随着信息技术的飞速发展，政府服务模式的不断转变，在“数字湖南”建设的大环境下，在中共湘西州委、州政府以及州政府办的正确领导下，湘西州电子政务工作飞速发展，成效显著。2013年，湘西市电子政务办狠抓电子政务网络平台建设、政府网站群服务平台建设、政府数据中心应用平台建设，致力于全州电子政务整体水平的提高，取得显著成效。

一 2013年电子政务发展情况

（一）电子政务基础设施建设大有成效

一是电子政务内网平稳运行，公文传输系统正常运转。2013年，湘西市电子政务办加强了对内网设备和线路的运行维护，优化了电子公文和业务资源服务器的配置，建立了内网设备的参数及配置档案，确保了全州电子政务内网的平稳运行和州、县两级政府及部门电子公文的上传下达。

二是电子政务外网建设有新突破，形成了较为全面的网络覆盖。湘西州电子政务外网实行统一规划、统一建设，纵向上联省电子政务外网，下联县（市）、乡（镇、街道办事处），横向接入州直各个部门、县（市）直各个部门，形成了纵向到218个乡镇、横向到694个州直和县（市）直单位的网络覆盖，组建了比较完整的网络数据中心。按照设计，湘西州电子政务外网层级设置州级网络数据中心和8县（市）网络数据中心，完成了州级和8县市网络和数据中心机房改造、硬件设备安装，州级中心和8县（市）电子政务办

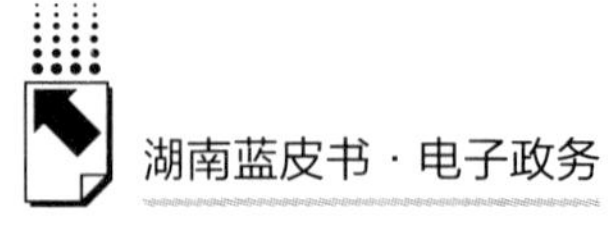

中心机房软硬件环境面貌焕然一新。

三是率先启动州政府数据中心建设。未来的电子政务发展将会以应用推广为主，而应用推广又会以信息的集中统筹和分散共享为主。所以，2013 年初，湘西市电子政务办就提出了建设州政府数据中心的设想。在州政府和州政府办的大力支持下，出台了《湘西自治州人民政府办公室关于认真做好州政府数据中心建设工作的通知》（州政办函〔2013〕83 号），正式启动州政府数据中心建设。现已建成了各部门免费共享的机房环境，完善了连接各单位的电子政务外网连接，搭建了数据存储和交换平台，编制了政务信息数据交换目录体系，录入了第一批涉税信息和应急管理信息数据，州政府数据中心有了实质性的构架和内容。

（二）电子政务应用务实推进

一是合力推动网上政务服务和电子监察系统。湖南省网上政务服务和电子监察系统是运行于全省电子政务外网上的大型电子政务应用。该系统开通以来，湘西市电子政务办积极与州监察局、州政务服务中心分工协作，形成工作合力，共同推动应用发展。积极搭建网络平台。在电子政务外网建设中优先接通各级政务大厅，优先接入各个具有网上办事和公共服务职能的单位，确保了建设重点突出、应用推广不落后。主动做好技术服务。2012 年以来，州、县（市）先后召开了 8 次技术培训会议，派技术员到政务中心和相关单位进行技术服务 30 多次，为系统运行做好技术支撑。2013 年，湘西州网上政务服务和电子监察系统收件量和办结量大幅跃升，红、黄牌率居全省最低水平，办件质量在全省 14 个市（州）中名列前茅。2013 年 7 月，全省网上政务服务和电子监察系统现场会在凤凰召开，湘西市电子政务办应用推广工作受到省里高度表扬。

二是科学部署涉税信息共享系统。在州委、州政府的高度重视和大力支持下，2013 年湘西州启动涉税信息共享系统建设。在系统建设初期，湘西市电子政务办提出了“基于州政府数据中心、基于电子政务外网”的建设思路，得到州政府领导的大力支持。从 2013 年 8 月份启动建设到目前为止，完成了州、县（市）200 多家涉税信息单位的网络接入，部署了 34 个州直单位的前

置机，发放了 200 多张湖南 CA 数字证书，基于州政府数据中心建成了数据存储和交换平台，完成了第一批存量数据采集。该系统 2014 年 1 月份正式上线运行。从目前情况来看，湘西州涉税信息共享系统建设虽晚于郴州、长沙起步，但其上线运行呈现了四大亮点——系统覆盖广、建设速度快、安全性能高、共享性能好。

（三）政府网站建设管理上新台阶

一是州政府门户网站“第一服务平台”作用凸显。网站栏目进一步完善，信息公开功能不断强大。2013 年，湘西州政府门户网站为进一步完善栏目设置，强化网站主体功能，新开办“城乡同建同治工作”专栏，增设“惠民政策”“依法行政”和“湘西州重点项目及招投标信息”等信息公开栏目，新增“视频中心”等特色宣传栏目，实时变换栏目图标和背景，网站栏目设置更加规范合理。州政府门户网站全年共发布政务信息 49850 条。同时，为加强州政府门户网站信息宣传工作，出台了《湘西自治州人民政府办公室关于做好州政府门户网站宣传工作的通知》（州政办函〔2013〕109 号），为政府网站信息宣传提供政策保障。进行了政府门户网站首页改版。在 2011 版本的基础上，重点对网站首页的栏目框架、页面颜色和屏幅调整等方面进行了升级和完善。改版后的网站首页颜色选用上更显清爽、庄重，栏目设计上则采用多选项卡页面技术，对“信息公开、网上办事、政民互动”三大主体功能板块的栏目进行高度整合，页面屏幅大幅缩减，首页整体效果更显简洁、大方，界面更显友好。政务互动功能进一步凸显，公众参与活跃度高。2013 年湘西市电子政务办积极邀请古丈县、永顺县、保靖县副县长和州水利局、州商务局等负责人做客湘西州政府网，成功录制“嘉宾访谈”17 期，并组织技术人员深入夯沙乡录制外景访谈栏目一期。同时，对网站互动交流栏目进行升级调整，增设了“公众热线”和“建言献策”互动栏目，重新设计“州长信箱”“投诉咨询”“民意征集”等互动栏目的登录系统，优化了界面访问程序，更加方便公众建言献策、参政议政和实时反映情况。2013 年来，“州长信箱”收件 658 件，回复 228 封。政民互动栏目活跃，为政府了解民情、集纳民智、为民排忧做出了积极贡献。信息报送规范及时，栏目共建工作取得重大进展。认真做好面向省政府门户网站的信息保障工作，积极做好州政府门户网站与省政府信息门户网站的栏目共建。2013年来，共向省政府门户网站报送信息1201条，采用427条。督促做好八县（市）政府门户网站与州政府门户网站的栏目共建工作，对可予公开的县（市）政务信息实时在州政府门户网站上予以发布，加强州、县两级政府门户网站的栏目共建，强化县（市）信息的公开和宣传力度。

二是政府网站群建设全面铺开，子站规范性建设质量明显提升。自2012年启动州本级政府网站群建设工作以来，湘西市电子政务办按照“统一域名、统一网站标识、统一基本栏目设置、统一后台管理、统一数据平台”的原则，全面推动州本级政府网站群建设，成效显著，目前已经建成并成功上线的有53个部门子站，覆盖率达到90%以上。同时，积极推动县（市）门户网站群系统建设工作。目前，古丈、泸溪、永顺、龙山、花垣、凤凰六县已建成站群系统子网站。

三是网站日常运维管理有序，网络安全保障有力。为规范政府网站建设和管理，提高政府网站安全性能，确保政府信息安全，维护政府网站良好形象，我们进一步加强了网站硬件安全防护措施，进一步加强了防攻击、防篡改、防病毒等软硬件安全防护措施。对数据库服务器进行定期的数据备份，将web应用服务器独立分开，保证数据安全。安装防篡改软件，把数据同步发到web服务器，生成静态文件，保证了网页数据不会被挂马、篡改，大大加强了网站的安全性能。全面推进州直部门子站建设。依托州政府主网站网络资源，进行资源整合，节省资金，信息共享，提高网站的安全度。截至目前，未发生过一起服务器被恶意攻击及网站被挂马情况。积极制订相应的应急处置预案，进一步健全州政府门户网站信息发布审核和保密审查机制，加强对突发事件的快速反应能力，进一步提升网络和信息安全。

（四）电子政务管理逐步理顺

过去，湘西州电子政务工作各自为政、部门信息相互隔离，不但重复建设浪费大量财政资金，而且互不共享形成了信息“孤岛”。电子政务的统筹发展成为迫在眉睫的现实需求。2013年，为了进一步统筹和规范全州电子政务发展，州委常委、常务副州长邝邹飞多次强调要加强电子政务资源整合、

资源共享。湘西市电子政务办认真抓好落实，从 5 月份开始调研起草，并多方征求相关部门意见，于 10 月份出台了《湘西自治州电子政务工程建设管理办法》（州政办发〔2013〕26 号）。该办法的出台对整合全州电子政务资源，节约财政资金，推进电子政务资源信息共享，统筹安排全州政府信息化工作，推进全州电子政务建设稳健、有序、高效发展具有十分重要的意义。同时，为进一步贯彻落实《湘西自治州电子政务工程建设管理办法》，2013 年 1 月份，湘西市电子政务办与州财政局联合下发了《湘西自治州电子政务工程建设管理办法实施细则》，使电子政务工程建设项目的报批审核更加具有操作性，为理顺电子政务管理体制奠定了坚实基础。

二　机遇与挑战

当今时代，随着信息技术的飞速发展和迅猛普及，无论是社会进步、经济发展，还是政府职能转变，都绕不开信息化。党的十八届三中全会也对“加强和创新社会管理”提出了明确要求，利用信息技术提高政府社会管理和公共服务效率的电子政务工作，也被赋予了新的历史使命。

近年来，湘西州电子政务工作在省政府经济研究信息中心的关心和支持下、在州委、州政府的正确领导下，每年都有新的进步。作为电子政务工作者，电子政务工作的每一点进步、每一个崭新局面的拓展，都让我们倍感自豪和欣喜。

进步来之不易，州电子政务办人员为 6（在编）+5（聘用），年经费 20 万元，向上对口湖南省政府经济研究信息中心、省政府办公厅技术中心两个单位，自身承担全州电子政务内网（纵向骨干）、电子政务外网、政府门户网站及 53 个子站、政府视频会议系统的运行维护，对政府办提供技术服务、保障等多项具体工作；向下承担管理、指导县（市）电子政务工作职能。以科室之力举部门之事，往往捉襟见肘、力不从心。同时，我们还清醒地认识到，湘西州电子政务工作较全省其他地市发展水平还有较大差距，离州委、州政府对电子政务工作的要求还有较大差距，距满足公众对便捷政务服务的需求还有较大差距。这些差距的存在，既有电子政务机构不顺、管理不畅的体制原因，也有人员不足、经费不够的现实困扰；既有人才缺乏、基础落后的原因，也有认识不够、推动不力的因素。落后地区的电子政务发展，任重而道远。

三　2014 年电子政务建设发展展望

（一）进一步提高政府网站建设管理水平

继续推进全州政府网站标准化建设，扩大部门网站，建成门户网站子站群，努力实现网站硬件、软件和信息资源共享。进一步强化政府网站信息公开、政民互动和网上办事功能，加强政府网站网络和信息安全。启动州政府门户网站改版工作，全面提升州政府门户网站公共服务能力，着力打造便民、利民的网上政府。

（二）大力开发和推广电子政务应用

继续加强湖南省网上政务服务和电子监察系统的应用推广，并不断提升系统效用。在使用中不断提升全州涉税信息共享平台效用。进一步加强政府数据中心建设，开发协同办公系统、应急指挥系统、公共资源交易系统等应用，带动数据中心发展，实现“大数据”政府，推动信息共享。加强已有的应用系统整合，把有条件的部门纵向业务应用逐步迁移到电子政务外网和电子政务内网。

（三）进一步加强全州电子政务工程项目管理

《湘西自治州电子政务工程建设管理办法》已正式印发，加强电子政务项目管理，有利于电子政务按统一规划发展、防止重复建设、节约财政资金，州直各单位和八县（市）、经开区要认真执行该办法，加强对电子政务工程建设的管理。

（四）进一步维护网络和网站安全

要实现技防、人防和制防相结合，网络安全和信息安全并重，确保电子政

务内网、电子政务外网、政府视频会议系统、政府网站和各类应用系统的安全。

（五）进一步做好新区行政中心弱电设计和中心机房建设工作

继续做好新区行政中心弱电系统施工和集成，确保大楼的现代化和智能化。做好州政府新办公楼中心机房的规划设计和装修安装，确保整个新办公楼内网、外网及相关信息网络的畅通。

县（市、区）篇

County Reports

B.27

2013年宁乡县电子政务建设情况及2014年发展展望

宁乡县电子政务管理办公室

根据省、市电子政务工作总体要求，结合宁乡县电子政务建设工作实际情况，通过采取一系列有力措施，加快硬件建设，强化管理服务，健全管理制度，宁乡县电子政务工作取得了一定的成绩。宁乡县人民政府网站荣获“2013年度中国政务网站优秀奖”，这也是宁乡县连续第六年获此殊荣。宁乡县将再接再厉，乘势而上，加快电子政务建设步伐，创建服务型和阳光型政府。2013年全县电子政务建设情况和2014年工作计划如下。

一 2013年工作情况

（一）创新网站建设，提高服务质量

第一，打造政务公开窗口。一是依据省市考核文件，更新信息公开专栏。

结合最新的考核文件，对政府网站栏目进行了全面、细致的调整和修改。2013 年以来，县政府对外公开政务信息 2135 条，乡镇、县直各单位对外公开政务信息 3010 条，在市政府网站上公开政务信息 2247 条。同时，重点加强了“重点领域”栏目建设，目前已发布保障性住房、食品安全、环境保护等信息 1504 条。二是优化整合县域资源，建立政府网站集群。依据“统一规范，统一建设，分级管理，统一监管”要求，2013 年以来，已经建成金洲镇、花明楼镇、双江口镇等乡镇，及粮食局、公路局、黄材水库灌区管理局等大部分县直部门单位的二级子站。三是建立绩效考核机制，确保信息公开时效。为进一步加强网上政务信息公开工作，确保政务信息的权威性、时效性，2013 年宁乡县下发了《关于进一步做好网上政务公开工作的通知》，将网上政务公开纳入宁乡县绩效考核的核心指标中，县政府、各乡镇、县直各单位的政务信息公开数量和质量得到了明显的提升。

第二，构建公共服务平台。一是建立网上办事大厅，提供一站式政务服务。出于各种原因，宁乡县非行政许可项目在线审批未能及时启动。但是，面对落后，我们奋起直追，积极作为，目前已全面启动非行政许可项目在线审批系统。截至目前，网上办事大厅 2013 年收件 4041 件，办结 4034 件。二是完善民生领域指南，构建多样化浏览渠道。我们将公共服务涉及的民生领域中的 154 个小项，精确分配给卫生、教育、人社等 27 个部门进行更新。按照 2013 年各单位的业务变更情况，向公众提供各类服务信息 1658 条。三是开放信息发布接口，实现多方位供需对接。政府网站不仅要发布政务信息，也要尽可能地为网民提供合理、合法的供需信息对接平台。县政府网站特别开通供求信息发布通道，供网友发布房屋出租出售、用人招聘、项目转让等信息。目前，通过管理员审核发布的供求信息共 3230 条。

第三，架设政民互动桥梁。一是做实“县长信箱”，畅通网上信访渠道。宁乡县“县长信箱”管理工作真抓实干，不断优化和创新工作模式，取得了很好的工作实绩。2013 年总共收到来信 1760 条，已处理 1721 条，正在办理 39 条，信件办结率为 97.78%。“县长信箱”的信件处理采取工作日实时查看、一周一催办（通过电话、短信、QQ 等方式催办）、一月一督办（以县电子政务管理办公室的名义发督办函到单位）、年底计入统计考核等方式。二是加强在线访谈，解读重点民生工程。2013 年我们先后邀请宁乡县金融证券工作办公室主任郑小华、宁乡县住房保障局局长陈杰文做了“了解金融、运用金融，为发展提供资金保障”和“宁乡县保障性安居工程政策解读”访谈。三是开展网上调研，收集民众现实需求信息。联合宁乡县纪委开展了“宁乡县纪委对操办婚丧喜庆事宜情况的问卷调查”，为宁乡县出台干部操办婚丧喜庆事宜监管办法提供了有力的数据支持。

（二）加强网络管理，保障安全稳定

首先，实现了电子政务内网全覆盖。电子政务内网是政府的内部办公业务信息网，处理政府部门间涉密信息，完成了对各项业务工作的分析、处理，公文办理，流转审批和运行本单位业务等工作。自启动宁乡县电子政务网络建设工作以来，电子政务内网不断扩展、完善，取得了较好的成效。2013 年又将地税局、国税局、烟草局、人民银行、电力局、邮政局等 16 家垂直部门、驻宁单位，纳入宁乡县电子政务内网，建立了横向覆盖所有单位，纵向覆盖到乡镇的内网网络。为宁乡县全部政府部门的政务信息交换和资源共享提供高效服务，实现不同政务部门之间涉密信息的交换与共享。

其次，规范了电子政务外网全监管。一是抓源头，采用实名准入机制。2013 年 5 月份，宁乡县采购了网络准入控制系统，对每一台联入宁乡县电子政务网络平台的设备包括电脑终端、移动终端、交换机等均进行入网前安全规范检查，并对个人用户进行实名认证，做到“违规不入网、入网必合规”，构建高效、智能的网络准入防护体系。二是控过程，实行上网行为管理。先是防止带宽资源滥用。通过基于应用类型、网站类别、文件类型、用户/用户组、时间段等的细致带宽分配策略限制 P2P、在线视频、大文件下载等不良应用所占用的带宽，保障核心办公应用获得足够的带宽支持，提升上网速度和网络办公应用的使用效率。再是防止无关网络行为影响工作效率。根据纪委的要求，可基于用户类型、应用类型、网站类别、时间段等条件的上网授权策略精细管控所有与工作无关的网络行为。另外，记录上网轨迹，满足法规要求。可以帮助组织详尽记录用户的上网轨迹，做到网络行为有据可查，满足组织对网络行为记录的相关要求，规避可能的法规风险。

最后，优化了电子政务网络大环境。电子政务机房是实现全县各乡(镇)、县直各单位光纤互联的核心枢纽，是承载全县重点行业应用系统的主要载体。为了保障机房设备安全、稳定运行，宁乡县对机房的整体运行环境进行了全面优化。一是性能提高了。对不能满足目前使用需求的 UPS、网络安全等设备进行了更新置换。将电政办工作人员搬迁到机房监控室办公，并增加两台监控设备，对机房进行“贴身”监管。二是管理专业了。对机房所有安全、网络、服务器设备管理进行了整体外包。目前我们已经按照“调结构、腾空间、清线路”的要求，对机房的电、网络等各种线路进行了规整。借助专业力量，实现机房专业管理。

（三）服务中心工作，推动项目应用

第一，建成全市首个“县 - 乡”两级电子公文传输系统，公文传输进入数字化时代。宁乡县电子公文传输系统是全市首个实现省、市、县、乡四级联通的电子公文传输系统。该系统的开通启动标志着宁乡县的公文传输、运转、管理真正迈进低成本、零时差、数字化的新里程。该系统是基于宁乡县电子政务内网，在全县范围内构建的一个功能完善、安全可靠的电子公文传输平台。通过该平台将宁乡县人民政府及宁乡县人民政府办公室印发的文件以电子公文的形式传输至各单位。同时，各单位也可以通过该平台对提交到宁乡县人民政府及宁乡县人民政府办公室进行审批的文件的流转状态、签收情况、批示意见等进行实时查询。该系统运行后，即时的公文发送能够提高公文运行效率，详细的流转记录能够方便公文的跟踪办理，科学的分类归档能够加强公文的存储管理。这些都对加速建设高效节约型政府机关具有很强的现实意义。

第二，开发全省首个“宁乡县城乡环境综合整治网上平台”，有效推动“三城同创”进程。按照宁乡县周辉县长“通过网上平台来持续推动宁乡县城乡环境综合整治工作”的要求，在宁乡县人民政府门户网站制作了“宁乡县城乡环境综合整治五项行动”专题，协同各单位共同推进宁乡县城乡环境综合整治工作。专题开设“整治要闻”“政策文件”“工作交办”“工作督办”“工作评比”“五项整治在行动”“电子整治规划图”“一起监督‘脏乱差’”等栏目。特色之一：“整治规划电子地图”。采用动态可缩放的电子地图，在规划整治点对应的地理位置上，政府主动标注存在问题、责任单位、责任人及联系方式、整治要求及标准、整治前后对比情况等要素，让全县的整治点一目了然。特色之二："一起监督'脏乱差'"。为民众提供一个反映环境问题的曝光渠道，网友可以把自己看到的"脏乱差"现象，在地图上找到相应的位置，直接对问题进行详细标注。相关责任单位在接到曝光信息后，及时对曝光问题进行处理，并在网上发布处理详情。

第三，建设宁乡县教育城域网，打造区域教育信息化示范样本。按照"统一规划，分层推进，规范管理"的要求，以主干网络－校园网络－用户终端－应用平台为主线，整体推进教育城域网建设，打造"高速、稳定、安全、高效"的教育城域网。强力推进宁乡县教育城域网平台建设，形成一个互联互通、资源共享的教育教学网络系统，有效地推进了教育信息化发展，为全县教育均衡、协调、快速发展提供强大的动力和支持，并以此为契机构建、拓展宁乡县行业信息化项目构建模式。目前已投入 3000 万元，完成了主干1000MB、共 496 个站点的光纤传输，范围覆盖到全县各县直高中、乡镇中心学校、民办学校、已办证幼儿园及社区学校。

第四，升级宁乡县综合治税平台，确保税收征管提质增效。在 2013 年，由宁乡县国、地、财专业人员共同参与，按照数据电子化、流程标准化、预警科学化、信息公开化、管理一体化要求，对宁乡县综合治税平台进行了升级改造。在原有系统的基础上，重新整合为信息共享、数据报表、预警分析、结果应用四大系统。目前，收录、整合了 2011～2013 年工商、质监、国税、地税、财政、电力、水务、国土等 22 个部门 3 个类别 505 万条涉税信息，所有涉税信息能覆盖到 2 个园区、33 个乡镇、9846 个企业、8879 个个体工商户。通过该系统的运行，实现了涉税信息整合共享、纳税对象动态管理、税收统计综合查询、纳税异常实施预警及结果反馈等功能。

二　2014 年工作部署

宁乡县 2014 年电子政务工作的指导思想是：以"整合、互联、共享、提升"为原则，以电子政务网络为基础，以信息共享和互联互通为重点，以各

部门信息化应用为支撑，加快建立和健全全县统一的基础设施体系、统一的信息资源体系、统一的项目管理体系、统一的电子政务公共服务体系，全面整合并提升政府公共服务能力，实现政府管理方式转变和工作体制机制创新。

（一）突出政府门户网站运营

一是创新政府网站建设理念，积极探讨面向服务的政府网站建构思想，适时对宁乡县政府门户网站进行规划和设计。

二是优化政府网站管理模式，努力探索建立政务信息评估机制，通过网民对政务信息的有效性评价促进信息提供单位主动、准确地发布信息。

三是开发政府网站实用功能：建立政务信息搜索引擎，将全县所有政府网站内容纳入搜索范围，为网民提供政务信息搜索总入口；建立政务应用统一索引，将全县政府网站网址和面向企业、个人的网上业务系统按类别、层次进行科学布局，为网民提供一站式索引；建立领导活动报道集，将领导的重要活动、会议、讲话、报告等进行分类聚合，使网民集中了解领导的相关情况。

四是探索建立“县长信箱”信件回复质量评价机制，提高信件回复满意度；结合信件特征形成民情民意趋势分析报告，为领导决策提供信息支撑；提炼“县长信箱”管理运行模式，打造政民互动特色。

五是制定政府网站绩效考评体系，建立专题网站实时监控各单位门户网站运营情况以及各单位对县政府门户网站内容的保障情况，并定期通报考评结果。

（二）提质电子政务网络服务

一方面，优化电子政务网络环境。一是理顺电子政务网络管理机制，明确电子政务网络运维责任。二是完善电子政务网络运营商服务质量考评机制，为宁乡县机关事业单位提供更加高速的网络通道和优质的网络服务。三是建立电子政务网络运营商例会制度，定期交流网络建设和运维情况，并就工作中遇到的问题进行探讨，共同寻求解决方案。四是全面梳理、整理宁乡县电子政务网络使用现状，科学规划、合理使用电子政务网络资源。

另一方面，推进无线城市建设试点。一是在旅游景点如密印寺、灰汤温泉等游客集聚最多的地方，实现免费无线 WIFI 网络开放，让游客和市民边游玩边利用休闲时间上网查询，发送信息，吸引更多的游客来宁乡旅游。二是在市民比较集中的商场、公园等地方，提供免费无线 WIFI 网络，让市民可以随时利用网络资源，便利生活。三是在医院设置无线 WIFI 网络开放点，让候诊、陪护的市民通过网络打发时间、放松心情。

（三）深化电子政务项目建设

一方面，完善电子政务项目管理。根据《关于明确电子政务项目管理职责的通知》（长政办发〔2013〕37 号）、《长沙市人民政府办公厅关于印发〈长沙市电子政务工程建设项目管理办法〉的通知》（长政办发〔2013〕47 号），出台《宁乡县电子政务工程建设项目管理办法》，做好宁乡县电子政务项目的归口管理，明确工作流程，推进电子政务项目规范化、集约化建设。

另一方面，推动电子政务项目应用。一是建设肉类流通溯源平台。采集养殖、屠宰加工和销售流通的全部信息，录入官方的检疫检验证书，实现从养殖到餐桌全供应链溯源管理。二是建设领导日程管理平台。将原来的领导日程纸质编辑和日程安排冲突人工检测模式转变为电子化、智能化、一体化处理模式，对领导日程的排班与管理等工作做进一步的精细化控制，提高办公效率。三是开发宁乡工业信息化系统，对 586 家规模企业实施信息化服务，以最便捷有效的方式为企业排忧解难。四是为电子公文传输系统以及其他电子政务应用系统的设计、开发、运行提供技术支持。

（四）加大电子政务宣传力度

一是开展“中国·宁乡”政府门户网站标志有奖征集活动，进一步扩大政府门户网站的知名度和影响力，充分发挥政府门户网站的“窗口”和“桥梁”作用，展示政府的良好形象。

二是开展“数字宁乡”有奖征文活动，鼓励社会各界人士积极为“数字宁乡”建言献策，为宁乡县电子政务管理工作提供实践经验和创新思路。

三是开展宁乡县党政机关电子政务技能比赛，促进党政机关干部更注重电

子政务技能在实际工作中的应用，更好地推动宁乡县电子政务项目的顺利实施，推进学习型、服务型、创新型机关建设。

四是开展宁乡县机关事业单位优秀网站评比活动，进一步规范、加强各乡镇、县直各部门网站建设和管理，全面提升政府网站服务水平，推动网上政务公开工作。

五是开展宁乡县首届 IT 商务节，组织进行高峰论坛、招商对接、产品展销和高新产品功能体验等活动。

B.28

2013年茶陵县电子政务发展报告

茶陵县电子政务中心

2013年，根据年度工作计划，茶陵县电子政务中心在茶陵县委、县政府领导下，按照“优环境、提效能、促升级”专项活动的要求，在政府门户网站建设和管理、信息公开、推行网上政务服务和电子监察系统应用等各项工作上取得了显著成效。现将具体工作经验总结如下。

一 加强政府门户网站建设，突出重点领域信息公开工作

（一）提升网站服务功能，加强信息公开载体建设

政府门户网站是政务信息公开的重要平台，也是推进电子政务建设的着力点，茶陵县电子政务中心高度重视政府门户网站的建设，致力于搭建政务信息公开平台，使其成为政务公开的重要载体。

加强日常管理和维护。自2011年8月起，茶陵县政府门户网站由茶陵县电子政务中心承办，网站日常管理和维护专职人员达到3人，网站管理与维护工作日趋完善。该中心于茶陵县新闻中心合署办公，整合全县信息资源，借力网络技术等优势，加快了信息更新的速度，增强了网站的可读性，提升了门户网站的影响力。

完善网站服务功能。加强政府网站的咨询、投诉、政务论坛栏目的建设和管理，搭建互通平台和服务热线。针对网民网上投诉，联合、督促相关职能部门予以回复，受到网民的一致认可，2013年共收到网民的咨询投诉200余条，网站回复190余条，回复率达到90%以上。

加强向市政府信息报送的工作。除按时、保质、保量完成市政府规定的上报信息以外，还不定期向市政府上报茶陵县经济、旅游、文化、教育、招商引资等各类信息的最新动态，全年共向市政府上报信息 2000 余条，其中被采纳发布 500 余条。

茶陵政府门户网站真正成为群众信息咨询的窗口、交流的平台和沟通的桥梁。2012 年，茶陵县政府门户网站建设工作被评为全市先进，在全省门户网站考核排名中，茶陵县政府门户网站排名与上年相比上升了 31 位。

（二）规范信息发布流程，健全信息公开考核制度

一是规范信息发布。严格落实了《茶陵县政府信息公开处理流程》《茶陵县政府信息公开工作制度》《茶陵县关于印发保密工作制度的通知》等相关规章制度，针对严格政府门户网站信息公开保密审查的需求，制定了《茶陵县政府门户网信息发布保密审查制度》，对在政府门户网站公开的信息资料，实行分管领导签字审核、主管领导审批的制度，形成了层层把关、齐抓共管、有章可循的良好工作格局。

二是注重考核考评。年初制定政府信息公开年度工作计划，将政府信息公开工作列入对各机关单位、乡镇办事处年度绩效考核范围。在充分调研的基础上，对政府信息公开任务进行了细化分解，明确了各单位必须公开的信息范围、内容，以及考评的内容和标准。以此为依据，加强对各单位网上信息公开的考核检查，有力地推进了政府信息网上公开的及时性、有效性和规范性。

三是加强联动协调。多次联合相关部门举办全县政府信息公开工作暨培训会，对信息员进行业务培训。2013 年，县电子政务中心分批组织召开各单位信息员座谈会，就如何做好信息报送和信息公开工作与信息员们进行面对面交流。依据《茶陵县人民政府信息公开工作考核办法》《茶陵县人民政府信息公开工作责任追究办法》等制度，建立健全了信息的报送、反馈机制，做到上下联动、部门联合，确保信息公开及时、规范、准确。

（三）调整网站相关栏目，突出重点领域的信息公开

茶陵县通过狠抓建章立制、宣传培训、完善平台、调研督查等基础工作，

扎实推进政府信息公开工作，努力保障公民、法人和其他组织依法获取政府信息的权利，提高政府工作透明度，充分发挥政府信息对全县人民群众生产、生活和经济社会活动的服务作用，推动相关条例在茶陵县全面、正确、有效地贯彻实施。2013 年为突出重点领域信息公开，政府门户网站“政务公开”栏目下增设二级栏目“重点领域”，其下设置三级栏目“重点工程”“征地拆迁”“财政资金”“价格收费”“食品安全”“环境保护”“安全生产”“住房保障”“工程建设招投标”等九个版块，公布群众普遍关注和与其切身利益密切相关的各类信息，并及时更新信息，受到广大群众的一致好评。为保障重点领域各类信息能够及时、准确地公布，茶陵县定期召开各单位重点领域信息员工作会议，要求各相关单位将重点领域信息作为 2013 年信息报送的重点工作内容，每个月对各单位的信息报送情况进行通报。部分重点领域信息必须综合统计多部门、多机构的多项数据，政务信息公开办牵头召开协调会议，对该项信息公开工作定时间、定责任人，保证重点领域信息公开工作得以顺利进行。截至目前，门户网上已公开信息达 5500 余条，其中重点领域公开信息 300 余条、政府工作动态 1600 余条、政府文件 160 余条、法规文件 180 余条、人事信息 30 余条、招投标公告 300 余条。

二　优化电子政务外网环境，突出网上审批系统应用工作

2012 年，茶陵县在全市范围内率先完成了电子政务外网的建设工作，建立了独立的外网核心机房，并在此基础上加快开展各委办局的网络接入工作，截至 2013 年 5 月，全县 48 家具有行政审批职能的单位以及 4 家县直监管部门全部接入了电子政务外网。

2013 年，根据省、市政府等上级部门提出的电子政务工作目标及要求，茶陵县着力改善电子政务外网环境，更新升级外网机房网络核心设备，大力开展对网上行政审批系统操作人员的培训，强力推进网上行政审批系统应用，努力营造便捷高效的政务环境。自 2012 年 9 月开展网上政务服务系统应用工作以来，截至 2013 年底，茶陵县网上行政审批收件 10142 条，办结 10140 条，办结率近 100%。

（一）加大投入，完善网络环境

2013 年，县政府拨付 60 余万元，用于升级和改善县电子政务外网机房网络核心设备，将原有的交换机、路由器、防火墙等相关网络设备进行全面升级替换，并根据茶陵县实际情况，新增了一套带宽管理设备，用于合理管理和分配各委办局的网络资源。通过升级机房设备，全面解决了茶陵县外网原来的设备卡死、网络瘫痪等问题，使外网运行更稳定，有效地改善了茶陵县电子政务外网的环境。

（二）建立和完善系统基础资料

县电子政务中心组织 4 名专业人员，将全县 48 个具有行政审批职能单位的人员、登录账号、审批事项等相关信息进行了集中录入和配置。2013 年，茶陵县又重新梳理行政审批事项，调整和补充审批事项资料，做好了网上政务服务的基础性工作。

（三）强化系统操作培训

为实现市政府对行政审批网上在线办理率 100% 的目标要求，2013 年 8 月，茶陵县印发《全县网上政务服务和电子监察系统操作培训工作方案》。根据方案，县电子政务中心组织相关技术人员，对全县 44 家具有行政审批职能的单位以及 4 家网上行政审批系统应用监管部门的近 300 人，开展了为期 2 个月的系统操作上门培训工作。一是培训内容丰富。培训包含了系统构成及原理、审批环节（受理、初审、复审、决定、办结告知等）介绍及操作方法、基础资料（部门及人员）的建立与维护、投诉、监察、注意事项等相关内容。二是培训形式多样。根据各单位网上行政审批相关人员的工作分工和系统操作的区别，对行政审批各环节有针对性地进行分类讲解。采用先讲解再演示最后手把手教的方式，先对网上行政审批系统的原理、操作方法和步骤以及注意事项等进行详细介绍，然后利用搭建好的模拟环境进行操作演示，最后手把手地教会各参训人员与各种审批业务办理有关的操作方法。三是资料收集发放齐全。培训共计发放纸质资料 1500 余份，其中包含《网上行政审批系统概述》《网上行政审批系统操作步骤及方法》《网上行政审批系统部门管理员手册》《茶陵县新闻中心简介》《网上行政审批系统操作培训意见反馈表》等，人手各一份。另外还制作了系统操作讲解视频电子档资料，并上传至 QQ 群供培训人员随时下载观看。四是回访及时，成效显著。培训结束后，根据收集到的《网上行政审批系统操作培训意见反馈表》提出的意见，及时整理并制订回访计划，回访过程中有针对性地对相关意见或问题进行说明。此项培训工作首先让网上政务服务的意识深入人心；其次让操作从号召变成现实，让系统真正得到应用。此次培训工作历时 2 个月，受到各单位的一致欢迎和好评。

（四）加强监测和提示

为防止相关单位因各种原因未能及时处理相关审批办件，导致系统出现“预警”现象，县监察局、县电子政务中心安排专人每天对各单位的网上审批办件进度进行督查，并电话提醒办理人员进行处理，有效避免了系统产生红、黄牌。通过对《茶陵县人民政府办公室关于印发〈茶陵县网上政务服务和电子监察系统应用工作实施方案〉的通知》（茶政办发〔2012〕118 号）等文件的有效落实，以及各项工作的开展，有力地推进了茶陵县网上政务服务和电子监察系统应用的工作。

三　党委、政府重视，大力保障电子政务工作的开展

（一）成立机构，专门负责电子政务工作

2008 年茶陵县委、政府正式研究决定，成立茶陵县电子政务中心，为副科级全额拨款事业单位，负责茶陵县政府门户网站的管理、维护和茶陵县电子政务建设、应用、管理、维护等工作，明确规定其事业编制为 5 名。

（二）投入经费，有力保障电子政务工作的开展

将电子政务工作经费列入年财政预算，每年县财政拨付专项工作经费 27

万元。在项目包装以及设备更新升级中给予资金支持，并每年拨付设备维护更新费用接近 20 万元。

（三）领导重视，大力推进电子政务工作发展

2013 年，成立了茶陵县行政审批规范化和电子化建设工作领导小组，由县委常委、常务副县长担任组长，县政府办主任担任副组长，县监察局局长、县政务中心主任、县电子政务中心主任为小组成员；将政府门户网站信息报送和网上行政审批工作纳入绩效考核和党风廉政建设责任制考核内容；每年不定期组织各委办局一把手或分管副职及相关工作人员，召开电子政务工作部署或总结会议，及时总结电子政务工作成效，大力保证电子政务工作稳步、有序推进。

一年来，茶陵县电子政务中心牢牢把握“建设一流的政府门户网站”“有序推进行政审批电子化”两个中心工作，加强网站管理和安全维护，强化网上政务服务系统操作培训，以技术超前、服务优质的理念构建门户网站和电子政务外网两个高效便捷的平台，为优化发展环境、打造茶陵经济社会发展升级版提供了正能量。

B BLUE BOOK.29

2013年岳塘区电子政务建设情况及2014年发展展望

岳塘区信息和政务中心

岳塘区是湘潭市的两个城区之一，是湘潭市乃至湖南省的重要工业区，是湘潭的政治中心、长株潭城市群“两型”社会建设的重点区以及湘潭市“两型”社会建设的先行区。该区位于长沙、株洲、湘潭三市交界的“金三角”中心地带，面积206平方公里，人口45.8万。区委、区政府领导高度重视信息化建设，把信息化建设作为区里重点项目来抓，成立了以区委书记为组长的建设领导小组，每季度召开由区委书记主持，区委、区政府主要领导参加的信息化调度会。在区级领导的大力支持下，岳塘区的信息化建设正稳步前进。

一 岳塘区2013年电子政务发展概况

1. 电子政务外网延伸

2013年岳塘区在全市率先将电子政务外网延伸到社区，实现了区、街道、社区三级电子政务外网构架。在9月底完成了电子政务外网延伸到社区的招投标工作。到2013年年底，电子政务外网到社区已铺设完成，实现了区、乡、社区互联网出口统一，实现了网络线路资源的整合，将网络优化、安全管理提升到一个新的高度。

2. 网格化社会管理系统的建设

按照区委、区政府的安排，岳塘区从2013年开始进行网格化社会管理推进应用工作，从更新社会服务管理理念、改革社会服务管理体制入手，网格化系统将网格内的人、地、物、情、事、组织各种管理对象纳入统一管理，实现网格区域范围内楼栋、房屋、人口、单位、物件、部件、社情民意、舆情、事

务的全覆盖。在管理模式上，整合现有的社会管理资源，网格员履行信息采集、问题排查、综合治理、劳动保障、民政服务、计划生育、城市管理等多种职责。搭建区、乡（街）、村（社）、网格四级联动的事件处置和居民服务平台，形成大调解、大联动格局。在这次网格系统建设中，由区信息和政务中心负责网格化社会管理信息系统及平台支撑网络建设。结合岳塘区实际情况，先以五里堆、滴水埠、中洲路和建设路街道为试点单位，进行网格化系统应用，在取得了试点成功经验后，再在全区推广运行。到 8 月底完成了网格化系统软件、硬件设计方案，9 月底完了网格化社会管理系统的招投标工作。网格化社会管理系统运行的管理工作由区群众工作部负责，运用网格化管理理念和信息化技术手段，利用现代信息技术和各网格单元间的协调机制，在网格单元之间实现有效的信息交流、业务联动，最终达到管理单元网格化、日常监管动态化、专业处置高效化、民生服务常态化、考核评价科学化等六个环节闭环式反馈机制。在统一标准、安全体系的框架下，建设规范、集约的一体化信息平台，杜绝各行其是、自成系统、条块分割、资源独占、重复建设的弊端，促进互联互通，系统整合，信息资源开发、利用、共享，实现跨组织、跨区域、跨系统的协同政务，提高工作效率、服务水平、监管能力和决策能力。通过网格化系统运行，将在后期工程中逐步开发辅助决策支持系统。通过平台的应用，形成大量社会管理的相关要素数据，建立数据分析、挖掘模型，利用基础数据生成各类汇总报表、图形分析，并对专题数据进行预测分析，从而为领导决策提供支持。

试点运行情况。截止到 2013 年 12 月 31 日，滴水埠、建设路、中洲路和五里堆四个试点街道已经依次完成了系统的应用培训、数据处理和初步推广使用工作。当前系统中四个试点街道采集到的有效数据共有 139183 条。其中网格 99 个、采集楼栋信息 2039 栋、房屋数据 44293 套、人口数据 67487 个、家庭 23691 户、法人单位 128 家、商店门铺 1067 家、重点人员 363 个、重点场所 16 个。

事件处置和居民服务这块，系统中四个试点街道共上报了 1004 条事件信息，分流了 967 条，签收了 783 条，处理了 984 条，确认了 754 条，结案事件数为 728 个，事件结案率为 72.51%。

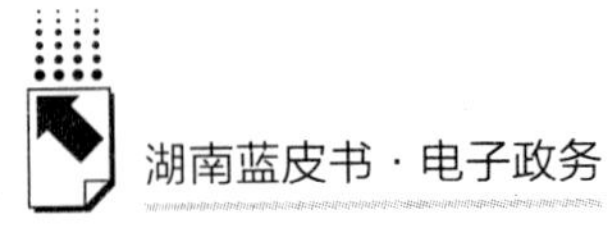

3. 区政府门户网站建设

根据省、市对于政府门户网站建设的要求和政府信息公开的需要，岳塘区的网站建设主要做了以下几个方面的工作。一是新增了村（居）务公开，将政务信息公开的范围推广到最基层，同时将参与政府网站建设的群体扩展至村和居委会，推动广大的村（社）群体工作人员利用政府网络平台宣传国家的各项政策。二是新增了行政审批梳理专栏。在国家行政审批改革政策的指导下，重新梳理了岳塘区各单位的行政审批事项，通过专栏的形式，将各类行政审批公布在网上，同时将国家6次行政审批的情况，取消、合并的行政审批目录梳理后公布在网上，方便民众查询。三是公开服务栏目，对信息进一步进行了完善。四是根据上级安排，进行了医务、校务公开试点，并将相关信息进行梳理发布。截至2013年12月31日，网站共发布各类信息5700条、政务动态2055条，主动公开信息2000条，处理区长来信351条，市长信箱交办件156件，征集民意2条，发布网上调查1条。建立了信息年报制度，各单位每年必须提交年度信息报告，并在门户网站上予以公布。网上政务服务平台方面，区网上政务虚拟服务大厅覆盖了全区的113项行政审批和服务事项，具有行政审批和服务事项的单位已全部实现了网上在线办理。截至2013年12月31日，“行政办件”新增“岳塘区党风廉政建设”“岳塘区群众工作专栏”“岳塘区拆迁工作专栏”“重点工作责任落实专栏”“岳塘区行政事项梳理专栏”“政务微博发布厅”“全省信用单位和建设项目”“福星商务金融中心”“市（区）长信箱办理专栏”“荷塘物流园”等14个专栏。收件数量已达7644件，已办结的为7644件，办结率达到100%。

4. 中心机房改造

岳塘区中心机房位于办公大楼六楼，面积约60平方米。经过2007年、2009年、2011年、2013年等多次建设，区电子政务外网、电子政务内网和专网、金财、金纪、金水、金审、社保、医保等累计投入已超过3000万元。到2013年，机房面积显得十分拥挤，为此对区中心机房进行了一次改造，拆除了玻璃隔断，将原来分割的四个区整合成一个工作区，对所有机柜进行了整体布局和调整。通过改造，机房的可使用面积由原来的70平方米扩大到90平方米。

5. 信息安全建设

电子政务外网已达到所有政府部门全区全覆盖，整个网络系统只有一个出口，数据统一存储在区中心机房，区中心机房部署了防火墙、网络行为管理器、网络杀毒软件、安全网关等。为了确保数据安全，严格控制账号的建立、修改、删除，对新建账号建立审批制度，由信息中心负责审批，由区保密局每半年组织一次对全区所有行政部门信息化的安全检查工作。根据区委、区政府的安排，在系统建设方面采用第三方 CA 认证平台。

二　岳塘区 2014 年电子政务发展展望

1. 全区推行网格化社会管理

在 2014 年度，岳塘区网格化社会管理系统应用将全面铺开，区委、区政府成立了由区委书记任组长的区网格化建设领导小组，负责全区网格化社会管理系统建设管理和调度，区政府将网格化社会管理系统的运行经费纳入区财政预算进行保障，经费主要用于网格化社会事务的推动工作。根据区委、区政府工作安排，2014 年在 3 月底完成试点街道网格化运行初步验收，在 4 月份召开全区由所有行政部门参加的网格化社会管理系统应用动员大会，6 月份在全区全面启动网格化社会管理系统应用工作。

2. 网格化社会管理指挥中心的筹建

在 2014 年，根据区委、区政府的安排，由区信息中心负责组建区网格化社会事务指挥监督中心。区网格化社会管理指挥中心是在区委、区政府的领导下，统筹全区网格化社会管理体制建设和软件开发机构，具体负责网格化系统运行和管理，网格化系统数据维护，网格事件分流、协调、督办和网格化社会管理考核评价工作。网格化指挥中心人员从其他部门抽调而来，有网格指挥中心主任、网格指挥中心工程师、网格指挥中心监督考核员、网格指挥事务分流派单员等。

3. 建立异地的灾备中心

区委、区政府将信息安全建设放到首要位置。为了确保系统数据安全，在 2014 年里，将从行政中心办公楼的其他楼层，选用一间办公室作为机房异地灾备中心，实现异地备份保护。即使区网格化系统数据、区门户网站数据、区岳塘新闻网数据和财政系统重要数据因病毒、误删除、软硬件故障而全部不可用或丢失，也可通过灾备中心的数据备份存储柜实现异地恢复。这进一步提高了区信息化建设抵抗数据丢失风险的能力和重要业务数据的安全性。

4. 网络结构的优化

为了优化网络结构，岳塘区计划在2014年度新增一台负载均衡设备，实现互联网出口的合理充分使用；新增一台流量控制设备，实现对用户访问互联网的控制（根据网络带宽的使用情况和用户访问互联网业务的重要性，给用户的访问分配带宽）；新增一套网络管理软件，实现整个网络的实时、智能监控（发生故障时能够进行提示和报警）；新增一套机房动环监控系统，实现对机房的强电、空调、温度、湿度的24小时实时监测。

5. 网格化社务管理系统的安全等级申报

信息安全等级保护是对信息和信息载体按照重要性分级别进行保护的一种工作，一般指信息系统安全等级保护，是指对国家安全、法人和其他组织及公民的专有信息以及公开信息和存储、传输、处理这些信息的信息系统分等级实行安全保护，对信息系统中使用的信息安全产品实行按等级管理，对信息系统中发生的信息安全事件分等级响应、处置的综合性工作。

区网格化社会管理系统的数据涉及全区45万人口的基本信息，数据的安全保护对系统的成功实施，具有至关重要的作用，决定项目的成败。系统将参照高标准进行建设，以第三级为建设目标。

区网格化社会管理系统将选用相应的安全技术。在安全管理上选用与第三级相适应的安全控制来实现，建立健全安全管理体制。

B.30

2013年武陵区电子政务建设情况及2014年发展展望

武陵区人民政府电子政务管理办公室

一 2013年工作回顾

2013年，武陵区电子政务工作在区委、区政府的正确领导下，在市电子政务办的悉心指导下，以“电子政务平台建设”为中心，紧密围绕区委、区政府的工作重心，加强信息资源整合，不断推进电子政务发展，积极开展工作，认真贯彻落实上级精神，牢牢把握电子政务发展机遇，努力打造便民利民的网上政府，并取得了一些成绩，连续三年被评为全市电子政务工作先进单位。2013年10月份，区政府网站“武陵视频”栏目被全国电子政务理事会评为“2013年政府网站信息公开精品”栏目。

（一）立足网站管理，强化政务公开

1. 加强政府网站平台建设

2013年以来，我办继续从专栏建设、网站建设入手推进政府网站平台建设。在专栏建设上，围绕区委、区政府重点工作部署，开辟了“2013武陵区春晚录播专题”“2013区委书记罗少挟履行基层党建工作责任述职展播”“2013道德模范专题”“2013安全知识竞赛”“2013武陵区百团大赛”“2013年‘幸福武陵’社区广场舞大赛”专题，以及2013“武陵区道德领域突出问题专项教育治理专栏”“武陵区‘三改四化’工程宣传专栏”“2013绿色出行”专题、2013“武陵区庆重阳‘双星’表彰大会”、武陵手机报等11个专题栏目。在网站建设上，完成了由区农机局、区农村工作部、区人武部、区委办、区政府办、区供销社、区人民检察院内外网、区人大、区政法委网站、武

陵手机报等单位参与的网站制作，并有多家单位的网站修改以及更新等工作。同时对区政协网站进行整体改版及网站程序升级，实现了多套模板即时更换的功能。同时加强对子网站的管理，指导区直、区属单位建设网站近 70 家，为政务公开工作的开展奠定了坚实基础，并督促各单位建好、管好本单位的网站，保持定期更新维护。在舆情监控方面，按照区委、区政府的安排和部署，积极开展网络舆情监控和网上舆论引导的工作。

2. 加强政府信息网上公开

区政府网站是武陵区对外宣传的窗口，是政务公开的重要平台，是民众与政府沟通的桥梁。我们把信息发布作为重中之重来抓，通过积极扩展信息来源渠道、加大信息搜集力度、规范信息搜集程序、明确工作职责等多项措施，把网站的信息发布水平提升到一个新的高度，平均每天发布各类信息 20 条以上。2013 年以来我办对政务公开版面进行了全面改版升级，按照我区政务公开目录和政务公开要点的要求，重新对版面进行了设计，对栏目进行了梳理。整改后的政务公开版面内容简洁，色彩搭配合理，操作界面友好，信息分类规范。目前网站共有公开栏目 10 大类，全年内共发布各类政务信息 5000 余条，各大栏目均保持一定的更新速度，没有信息更新盲区。信息发布数量有保证，这与各单位积极上报信息密不可分。一年来向市级媒体持续投送稿件，全年投送并被采用 78 篇。

3. 加强区政府网站信息保障和监管

对区政府工作部门和乡镇、街道政府信息公开情况进行日常监管，通过将信息报送及信息采用率纳入年终满意政府建设、政务公开与电子政务各项年底考核，有力地促进了该项工作的落实。目前，我区已形成近 90 家区直部门、12 个乡镇（街道）与 115 个村（居）构成的两级信息报送网络，使各种政务信息公开更加及时、全面，为打造网上政府提供了有力保障。

4. 加强网站日常监管

一是在硬件上加大投入与加强技术保障，为保障网站安全。2013 年我办新添置了 WEB 防护、负载均衡、上网行为管理与流控等安全设备，在网站服务器上安装架构了淘宝网、腾讯网等大型主流网站的 freebsd + apache + php + mysql 软件系统。采用非 windows 系统平台，并采用自主研发的网站后台管理

程序，极大地提高了系统安全和可靠性。二是在软件上强化制度，提高管理水平，完善了上网信息发布审批制度，建立信息发布台账，建立了应对网站突发事件的应急处理机制。凡是上网发布的信息内容，坚持编辑、审核、签发三步走的审批模式，有效地保障了上网信息安全。对服务器管理员账号和密码实施严格的安全与保密管理，并定期更换。对网络攻击行为及时进行监控和处理。搞好各类防范措施，防止数据变更、泄露、丢失及被破坏，确保网络和设备安全。

5. 加强网络安全体系建设

配备专业技术人员进行机房管理，定时巡查机房环境设备，严禁无关人员进入，机房进行定期除尘并配备加湿器以保持服务器所需环境的温湿度；定期进行网络安全培训，2013 年先后有 2 名同志参加培训并通过了网络安全资格认证考试；主干网络上采用电信与移动双线接入，避免因网络故障造成使用中断，12 月份，电信提速到 600M 出口带宽，有效保障了日常网络应用的通畅；在关键设备上（如防火墙、流控等）采用了双机备份的方式以保障整个系统的安全可靠；定期实施异地容灾备份，定时进行系统补丁修复，对软件及网站系统漏洞做到及时发现、及时修补，网站、防火墙、web 防护日志至少保存三个月。2013 年 11 月份，我站扩建了机房面积 60 平方米，目前总面积近 100 平方米，并新购置安装了机房综合监控系统，具有视频、红外、温湿度、电源、灯光等综合智能监控功能，并可实现远程电脑和手机终端的监控与管理，为机房安全提供了可靠的保障。

（二）立足互动平台，强化舆情引导

1. 加强网上政民互动交流

以打造网上政府、拓宽民意渠道为宗旨，依托政府网站书记信箱、区长信箱，并通过政府论坛、官方微博、组织领导参与嘉宾访谈等形式与民众进行互动交流。政府门户网站上开通的书记、区长信箱由专人将信件进行收集整理后转交相关部门办理。保证市民诉求及时得到处理、回复。2013 年来收到“书记信箱”信件 76 件、“区长信箱”信件 50 件，回复率 100%。2013 年上半年与区广播电视新闻中心加强了合作，将常德市电视台武陵频道内《武陵新闻》和《武陵观察》两档电视节目制作成数字视频并发布到我区政府网站供广大

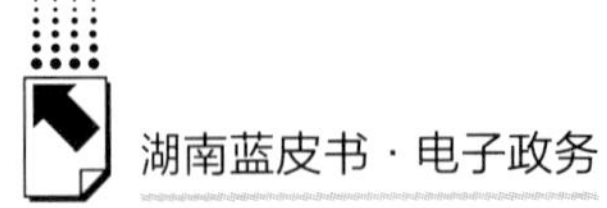

网民点播，一年来共发布《武陵新闻》260 期、《武陵观察》52 期、官方微博信息 150 条，及时地向民众传达了最新的政务动态信息。

2. 加强在线服务栏目建设

为充分发挥网站的资源优势，突出服务型政府的特色，我们以方便服务对象为核心，按照政务公开、公共服务、民生服务的办事需求组织服务信息，不断充实网站的网上办事及便民服务版块内容。由我们自主开发的城区公交线路查询系统到目前为止累计为民众提供查询 5 万多次。增设了十二大类民生服务类信息栏目并不断更新服务内容。网站在技术上实现了与湖南省网上政务服务与电子监察系统的数据对接，并可在主页版面上登录调用和同步显示，方便了群众的浏览查询。

（三）立足基础建设，促进电子政务发展

1. 电子政务内外网平台已全面建成

电子政务内外网建设是电子政务发展的基础，是政府信息网络的“高速公路”。我区政府对平台建设高度重视，一次性投资 200 万元，高标准地建立了全区的数据中心机房，目前机房总面积 100 平方米。外网与内网建设同步推进，总计 70 对光纤连接 35 个院落、90 家单位、近 2000 个终端接入点。主干网络采用千兆光纤连接，并实现百兆连接至桌面终端。在全市率先实现统一互联网出口和内外网部门全覆盖。

2. 电子政务网络应用逐步推开

运行在外网平台上的湖南省网上政务服务与电子监察系统已涵盖全区所有具有行政审批和许可功能的区直部门。2013 年初又对全区的行政审批与许可项目进行了全面梳理，基本实现了“部门全覆盖、事项全覆盖和流程全覆盖”。截至 2013 年底，全年网上政务服务共受理并办结事项近 2 万件。运行在内网的协同办公系统在 2013 年 4 月 1 日已正式上线启用，并以“两办”名义联合发文要求在全区推广使用协同办公系统。目前，该系统已在全区各区直单位、乡镇、街道推广，实现了公文、会议通知和资料下发、公文上报的电子化流转，节约了管理成本，方便了机关办公。

（四）电子政务工程管理成效显著

2013 年 10 月，我区为完成年底全市“平安常德”建设的考核任务，由区财政出资、区综治办牵头，负责全区远郊监控平台系统建设，项目投资预算 110 万元，项目交由我办进行前置审批。在接手该项目后我办组织技术人员先后来到项目负责单位进行了详细了解与现场踏勘，并向市电子政务办技术评审科了解情况。后来得知全市“三改四化”中的数字化项目已覆盖该项目的所有建设内容，因此该项目属于重复投资项目。及时地为我区避免了重复建设，节省了财政资金，最终受到区领导的高度肯定。

二　2014 年工作展望

2014 年，武陵区电子政务工作将以电子政务内外网平台建设为基础，推动“智慧武陵”建设，紧紧围绕政府门户网站建设、政府网站群建设、信息化工程审核和全区电子政务云计算中心建设来推进各项工作，全面提升全区电子政务水平，更好地服务地方经济社会发展。

（一）全力整合网络资源

完善电子政务内外网建设，建设全区电子政务云计算中心，逐步把各单位的行业专网整合到电子政务内外网平台上，统一管理、统一维护、统一运行。并以此为推手，科学分配网络资源，规范单位上网行为，提高网络服务质量，节约大量财政资金。目前现有的部门专有网络出于历史原因，各自建设，独自运行，自成体系，网络利用率低下。2014 年将针对一至两个业务承载量大、急需升级改造的专有业务网络进行网络整合改造工作试点。同时以规范性文件形式规定今后区内不再出资新建其他网络系统，已存在的部门业务网络也必须逐步撤并整合到电子政务内外网中来，并入“信息高速公路”的快车道，以实现网络共用、资源共享，最大限度节省财政资金。

（二）提高电子政务应用水平

充分利用现代信息化技术手段，对内提高政府部门工作效率，对外提高为群众服务的水平。2014 上半年在全区各部门深入推广使用协同办公系统，转变现有纸质文档的传统办公模式，逐步实现无纸化、网络化的现代办公模式。试点一至两个关系民生、服务群众的重点部门，自主开发软件系统，利用信息技术提高工作效率和服务能力。

（三）全力打造政府网站群

2014 年将深入推进各单位信息化专干培训工作，组织集中培训、横向交流和纵向指导的一系列活动，采取多种形式，努力提升全区子网站建设水平，真正把电子政务专干这支队伍管好用好，要办出一批有特色、有水平的子网站，推介先进经验，带动网站群均衡发展。

（四）全面加强电子政务工程监管

信息化工程审核将围绕如何实现流程规范化开展，积极争取政府领导的支持，学习市电子政务办在推进信息化工程审核方面取得的好经验、好做法，出台规范性文件，力争在三年内实现管理区财政用于信息化建设资金的工作目标，实现全区所有信息化建设项目的全面审核，牢牢掌握工程审核主动权，发挥职能，节约区财政建设资金，杜绝重复建设。

电子政务是一项崭新的事业，尽管我们取得了一些成效，但还存在着种种不足；因此，我们也将认真学习其他区、县、市的先进经验，让党和政府的网上服务通过网络惠及千家万户，为不断提升政府公共服务，深化政府与群众的沟通联系搭建新的平台。

B.31

2013 年临澧县电子政务建设情况及 2014 年发展展望

临澧县人民政府电子政务管理办公室

一 2013 年工作回顾

2013 年，临澧县电子政务工作在县委、县政府的高度重视和市电子政务办的指导和大力支持下，得到长足发展，取得了一些成绩。临澧县政府网站连续多年被评为湖南省优秀政府网站，县电子政务办连续多年被评为市红旗单位。覆盖全县的电子政务网络已初见雏形，政府网站功能进一步发挥，电子政务工程项目管理日趋规范，电子政务建设和应用工作势头较好，主要体现在以下几个方面。

（一）夯实基础，工作水平再上台阶

临澧县电子政务工作得到县委、县政府领导的高度重视，从组织领导、经费投入、责任落实等基础工作入手和下力，为电子政务工作发展提供了有力保障和良好环境。一是强化组织领导。成立了由县长任组长，县委副书记和常务副县长任副组长的县电子政务工作领导小组，具体负责电子政务和网站建设的组织调度、督促考核。各乡镇（区）、各相关单位也都明确了责任领导和专门人员，形成了县乡联动的工作格局。县政府常务会坚持每年专题研究电子政务和网站建设工作，集中决策电子政务和网站建设工作中的重大事项，及时解决电子政务和网站建设中的突出问题，确保了各项工作正常有序开展。二是强化责任落实。制定下发《临澧县电子政务工作责任目标考核细则》《临澧县政府门户网站子网站考核指标体系》，将乡镇区、部门网站建设纳入单位年度目标管理考核范畴，由各单位“一把手”向县政府递交《网站维护与管理安全责

任书》，切实强化了各单位特别是“一把手”的工作责任。三是加大经费投入。在保证县财政人均支出的前提下，对电子政务建设经费优先考虑、优先拨付。比如2012年，县财政投入专项经费300多万元，有力地保障了政务网络和中心机房建设的资金需求。2013年，县财政投入500多万元用于全县电子政务工程建设。四是强化队伍配备。在机构编制上，我办是全市各区县中唯一的正科级机构，目前有主任、书记、副主任三位班子成员。政府网站设置为下属二级机构，目前共有13名全额拨款在编人员。五是强化阵地建设。实行财政投入，全办整体搬入新修的行政中心大楼，并建设了高标准的全县中心机房和嘉宾访谈室，办公条件和硬件设施得到明显改善。

（二）程序规范，电子政务工程监管日趋到位

进一步修订《临澧县电子政务工程管理办法》，明确县电子政务办是全县电子政务工程建设管理和运行的主管部门，负责全县电子政务工程的统筹规划、技术方案评审、招投标备案、工程监理和竣工验收。我们从三个方面对电子政务工程项目进行把关。一是严把项目申报和审批关。每年9月底前，各建设单位向我办申报下年度电子政务建设项目计划。我办根据电子政务建设总体规划，按照节约、共享、有效的原则对申报项目进行可行性审查。县政府审批同意的项目，由建设方编制技术方案报我办进行评审。二是严把项目采购和招标关。电子政务工程承建、监理严格执行《招投标法》，设备、软件、材料采购严格执行《采购法》。施工单位须具有信息、保密、公安、国安等主管部门认可的资质。进入政府采购的项目招标文件须经我办进行承建单位资质要求、设备技术指标一致性、合同付款验收条款等审查。三是严把项目监理和验收关。凡本县投资额5万元以上的电子政务工程建设项目，一律由具有相关资质的监理单位实行项目监理，没有确立监理单位的工程不得开工建设；项目竣工后由我办组织验收，重大项目还要由专业测评认证机构进行检测；项目验收合格后，方可办理项目建设资金支付手续；通过验收的电子政务工程方可投入正式运行。通过这种规范化管理，2013以来，我们相继对县人大办、县房管局、县政法委等10多家单位的电子政务工程项目进行评审，项目报审资金500多万元，共审减资金80多万元，审减率达15%以上，起到了预防腐败、减少财政资金浪费的作用。

（三）开拓创新，电子政务工作稳步推进

电子政务建设是一项系统工程，只有立足当前，合理规划，才能稳步推进。一是抓规划，通过组织相关技术人员广泛调研，高起点谋划，结合临澧县实际，制定出了较为科学的电子政务工作发展规划，并在此基础上，制定各阶段工作目标，积极向县委、县政府领导汇报，争取重视与支持，稳步推进全县政务网络建设工作，效果明显。二是抓建设，建强电子政务外网。2013 年，我们在县财政投入 300 多万元建设的政务网络和中心机房投入运行的基础上，紧紧围绕整合部门业务系统并逐步集中相关数据服务器，以最终实现部门之间的信息共享、统一电子认证服务体系和统一互联网出入口这一工作目标来抓建设，55 家县直单位与电子政务网控中心连接。三是抓应用。升级改造全县电子政务办公系统，强化系统功能，整个网上办公系统的使用面得到了不断拓展。2013 年，在电子政务办公系统上处理的各类文函达 20000 余份，为全县节约行政成本 200 多万元。全面运行湖南省网上政务服务系统。全县 55 家具有行政审批职能的单位均开通系统，并通过系统实现“一站式”审批，行政审批提速 50%。完善工程建设领域诚信体系。依托电子政务外网，自主开发“临澧县工程建设领域从业单位和从业人员信息库系统”，进一步提升工程建设领域项目建设透明度。目前共有从业单位信息 60 条、从业人员信息 150 条。提升全县房地产税费一体化管理系统。进一步规范关于房地产开发、土地出让、二手房交易、商品房销售和房屋租赁等环节的各项税费收缴流程，提高房地产业税费征管规范化、精细化。系统运行五年以来，共为财政减少税费损失近 800 多万元。同时，投入 300 多万元的全县房地产信息管理系统也已经完成设备安装调试，目前正进行管理软件安装，该系统即将投入使用。此外，按照省数字认证中心的要求，临澧县 2013 年启动数字认证工作，已对临澧县部分企业工商年检及计生部门等进行了数字认证。

（四）提升服务，政府网站功能日益增强

继续保持全省领先位置不动摇，加强政府网站的三大功能建设。一是继续深化政务公开。2013 年，我们着力对政务信息公开平台进行全面升级，完善功能，并在网站醒目位置显示。除增设重点领域信息公开、社会公益事业、行

政权力运行等栏目外，我们还制定部门乡镇整体联动机制，将栏目维护与全县电子政务办公系统有机结合，由各单位、乡镇通过办公系统上传信息至政府网站后台待审核，经网站管理员审定后方可发布。该做法得到县政务公开办及各部门的充分肯定和大力支持，它既简化了工作程序，使政府网站能更快捷地了解相关信息，又保证了信息的安全。目前，在政务公开平台上已公开200多个项目，总条数达5万余条。

二是不断增强在线服务功能。2013年，我们对政府行政事项进行统一梳理，进一步规范工作流程和内容，形成了以政府网站为门户、以网上办事系统和子网站系统为支撑的综合公共服务体系。对照省政府下发的区县政府网站绩效评估综合测评指标体系，着重建立了涉及教育、医疗、社保、就业、住房、交通、证件办理、企业开办资质等公共服务领域的公共服务平台。对与社会公众密切相关的婚姻登记、社会保障、住房等项目，在县政府门户网站上推出统一的场景式服务；对涉及农民、妇女、儿童、残疾人的项目，在县政府门户网站上开辟了绿色通道；对涉及市民、企业、投资者、旅游的项目，在县政府门户网站建立统一的特色服务导航。在此基础上，我们以省政务服务网上办事系统为依托，开通了办件查询服务，市民只需输入办件编号或办理事项即可在政府网站上对办结情况、办理时间、办理结果进行查询。

三是积极推进政民互动交流。通过嘉宾访谈栏目，积极组织相关单位与群众面对面地交流，向老百姓宣传政策，为老百姓答疑解惑。目前，已组织各类网谈活动80多期，取得了良好的社会效应。2013年5月份，副县长李钦做客访谈室，直面网民提问，就大家比较关心的文化、烟草事业发展等热点问题进行交流沟通，该视频点击率已达1万余次。2012年，该栏目获得了全国电子政务理事会颁发的“政府网站政务互动精品栏目”奖。另外，通过开通市民诉求快速处理通道，及时处理群众在“县长信箱”“临澧论坛”“部门答复”中提出的群众诉求及建议，并明确一般性诉求当天受理、当天回复，诉求反映事项较为复杂的，限3个工作日进行回复，并动态告知处理进度，确保群众诉求及建议得到及时回应，提高群众的满意率。2013年以来，通过市民诉求快速处理通道回复的群众诉求及意见建议达2000多条，网上诉求受理率达100%，回复率达98%以上。

二 2014 年工作展望

（一）加强政府网站建设

政府网站建设要继续保持全省领先的位置不动摇。切实搞好网站安全管理，确保政府网站不发布可能造成负面影响的各类信息。继续办好嘉宾访谈活动，充分发挥部门答复栏目的优势，畅通网上诉求渠道，提高诉求办理效率。办好办活临澧新闻网，改革运营模式，创新发展思路，采取市场化的运作模式，实行企业化管理，用好用活这一平台。

（二）加快推进政务网络建设

电子政务建设是一项系统工程，要立足当前，合理规划，稳步推进，高起点谋划，稳步推进全县政务网络建设工作。一是建强电子政务外网。2014 年，要加大电子政务外网建设力度，确保符合市里对临澧县的考核要求，实现资源整合，避免重复租用光纤。二是积极推进资源整合和系统应用。按照省、市要求，今后各部门所有业务系统要逐步并入全县政务网络，新的业务应用系统必须依托全县电子政务网络中心机房进行建设。目前，人社局、房管局等部门系统已纳入县政务网络。今后，全县所有系统数据服务器都要集中到中心机房集中管理，各单位只设应用终端，并逐步实现统一的互联网出口，真正做到全县“一张网”。要升级改造全县电子政务办公系统，强化系统功能。完善网上政务服务和电子监察系统，全面实现行政审批提速 50%。

（三）规范电子政务工程评审

要进一步修订《临澧县电子政务项目建设管理办法》，并制定管理细则和工作流程，加强电子政务项目建设的项目申报、技术评审、招投标备案、工程监理、竣工验收的全程监管，避免资金浪费和资源配置不合理。

B.32

2013 年君山区电子政务建设情况及 2014 年发展展望

君山区政务中心

为加快推进我区电子政务网络建设，切实完成国家、省、市要求的建设任务，提高政务服务水平，推进政府职能转变，现就我区电子政务建设现状及 2014 年工作规划介绍如下。

一　当前我区电子政务网络现状

（一）电子政务内网

我区电子政务内网建设已实现了与省、市内网的对接，但与区“四大家”的网络节点，向下至乡镇、横向至区直各部门的连接尚未实现。

（二）电子政务外网

根据市、区电子政务外网平台建设的规定和要求，要实现纵向到市、下连至乡镇（包括村级），横向到区“四大家”和各部办委局的外网建设目标，达到网络全覆盖，消除信息孤岛。我区纵向连接市级政务外网平台已开通，下连至各乡镇、横向覆盖区直各部门的网络建设还未启动。

根据上级要求，现阶段建设的是电子政务外网平台，建议我区在建好电子政务外网平台的基础上，一并完善电子政务内网系统。整个电子政务网络系统建成后，我区的电子政务网络系统将充分发挥作用，可综合利用共享信息，有效整合网络资源，高效承载各部门网上办公系统的运行，同时避免了部门之间再次重复建设，减小了财政压力。

二　我区电子政务外网平台建设的基本设想

（一）指导思想

为深入贯彻党的十七大全会精神，全面落实科学发展观，按照“整合、应用、共享、安全”八字方针要求，全面提升和建设我区电子政务体系，逐步构建适应信息化建设要求的“电子政府”，提高全区政府机关办事效率、管理水平和公共服务能力。

（二）基本原则

1. 统筹发展

按照“统一规划、统一标准、统一建设、统一管理”的要求，科学制定全区电子政务发展规划，实现电子政务建设标准化，推进全区电子政务统筹协调发展。

2. 整合资源

充分利用现有的政府网络中心的人力、设备、网络、信息等电子政务资源，建设和完善跨部门应用与共享机制，加快推进电子政务资源整合利用，使有限的电子信息资源发挥最大的社会效益和经济效益。

3. 突出应用

围绕“四区”建设目标，促进我区经济发展，突出电子政务的党政机关办公、网上行政审批和公共服务事项等重点，有计划有步骤地推进电子政务系统建设。

4. 保障安全

坚持管理与技术并重，做到信息安全系统和电子政务系统工程同步规划、同步建设、同步实施，确保网络信息安全。

（三）目标和任务

根据君山区的实际情况，按照“统一规划、分步实施、稳步推进”的基本要求，利用3年左右时间，逐步建成覆盖全区的统一规范、先进可靠的电子政务网络平台，构建网上办公、网上政务公开和网上政务服务的电子政务总体框架。

第一，2014年11月30日前，建立全区电子政务中心机库。完成区政务中心、国土分局、规划分局、环保分局、房产分局电子政务系统建设，启动电子政务行政审批和公共服务应用平台，进一步推动君山区建设项目联合审批、联合验收工作。

第二，2015年10月1日前，完成区法院、区检察院、区人社局、区民政局、区水利局、区林业局、区农业局、区计生局、区卫生局、区交通局、区商粮局、区供销联社、区教育局、区工商分局、区国税分局、区地税分局、区消防大队、区公安分局、区供电分局、区电信分局、区邮政分局等23家部门的电子政务平台建设。

第三，2016年6月30日前，完成“四大家”、党群机关、未完成接入的区直及市驻区单位和镇（办）场、村（社区）电子政务平台建设。

三　建设方案

（一）方案一

将区政府网络中心设备移至区财政局机房，与区财政局设备合并使用，预计需要经费15万元左右。此方案只启动了区政府办和区政务中心电子政务应用，属于过渡方案。2014年待确定建设方案后，再按高标准建设中心机房，预计需要设备及建设资金400万元左右，电信光缆网络租金80万元左右。

方案二：按照全面启动的要求，机房功能一次性到位，预计需要投入设备和建设资金400万元左右，电信光缆网络租金80万元左右。

（二）重新调整区政务中心入驻窗口单位

在某些因素的制约下，“两集中、两到位”行政审批改革难以推行，目前入驻政务中心的10家单位，不能够办理行政审批事项，只能够做一些简单的

服务事项。在选派窗口工作人员上也不遵从要求和规定，随意派驻、更换、抽调，甚至派驻老弱病残、临聘人员。基于以上原因，区政务中心并没有实质运转，导致全省的电子监察系统君山区无法启动。省纪委监察部门多次批评，督促岳阳市整改。根据实际情况，为了完善网上政务服务和电子监察系统功能，更好地服务群众、企业，需要重新调整入驻区政务中心窗口单位，建议由区发改局、区住建局、区财政局、区农业局、区林业局、区交通局、工商分局等 7 家单位入驻区政务中心，确保人进事进权进。

B.33

2013 年岳阳县电子政务建设情况及 2014 年发展展望

岳阳县电子政务管理办公室

为加快推进岳阳县电子政务和城市管理信息化建设，进一步规范岳阳县电子政务和城市管理信息化建设方面的规划、审批、筹建等环节，切实完成国家、省、市要求的建设任务，现就岳阳县电子政务和城市管理信息化建设现状、后续工作及与之密切关联的事项介绍如下。

一 前期工作回顾

（一）电子政务外网平台建设工作取得阶段性成果

1. 政务外网平台硬件建设取得较大进展

2011 年政府第 37 次常务会议听取、审议了《关于启动岳阳县电子政务建设的情况汇报》，同意由财政预拨资金 300 万元用于电子政务外网平台前期建设。会后，我们组织编写了《岳阳县电子政务外网平台建设技术方案》，并报送省、市专家评审通过。2012 年 2 月 28 日进行公开招投标，最终东华软件股份公司以 1989000 元价格承担岳阳县电子政务外网平台第一期建设任务。在第一期的建设中，我们完成了电子政务平台核心层和汇聚层及中心数据机房、数据中心等的基础建设工作，总计采购网络、安全等设备 33 台，万兆和千兆光模块 50 个，数据机房增加了 UPS 电源主机 2 台，电池 96 组，标准机柜 8 个，配电系统 1 套，空调、灭火器、防雷装置、防火地板、光缆、双绞线等若干，其机房建设要求完全符合省级 B 类电子政务机房建设标准。电子政务外网第一期自 2013 年 8 月份正式开通运行以来，我们率先接入包括县委、县人大、

县政府、县政协、县纪委、县法院、县检察院、县政府服务中心等在内的 8 家单位，统一了互联网出口，统一了政务外网出口，达到了一台机子、一根网线、一张网卡上国际互联网和网上办公两不误的要求。

2. 政务外网链路租赁突破思维局限

电子政务外网平台线路和出口带宽租赁费用具有按年给付、长期稳定、费用较高等特征。本着实事求是的原则，我们进行了充分的市场调研。电信、移动、联通是岳阳县当时唯一具有网络提供服务商资质的 3 家企业，在岳阳县的县直部门和乡镇都有一定的市场份额，且在网络支撑、服务保障、技术响应方面都有一定的优劣势。通过征求县政府采购办、县纪委等部门意见，我们决定谈判招标运营商。2012 年 4 月 12 日，通过专家评审团的一致评定，县移动以第一期 500M 出口费用 12.5 万元、第二期 500M 出口费用 20.5 万元、第三期 1000M 出口费用 45 万元的价格中标。其中标价格低于县电信的投标价格一半以上。县移动以低廉的价格、优质的服务，尽最大努力给我们整个网络的使用提供可靠保障。截至 2013 年 5 月底，网络没有出过大的故障，网络基本处于稳定状态。

（二）政府网站建设和管理水平稳步提升

1. 高标准选购门户网站管理系统

门户网站作为岳阳县政府通过互联网进行政府信息公开、网上办事服务、政民互动等的官方平台，其重要性不言而喻。2011 年政府第 37 次常务会议决定，将县政府门户网划归政府办管理。之后，我们进行市场调研，参照省、市考核指标，走访考察华容、湘阴、平江等其他兄弟县（市）改版升级情况，通过询价谈判，最终以 16 万元的价格确定采购广东佛山动易政府网站管理系统。网站管理系统的拓展性强、内容管理功能强大，为岳阳县后续网站群体系的搭建提供了平台支撑。在 2012 年的全市门户网站评测中，岳阳县政府门户网站被评为全市优秀政府门户网站。

2. 明任务要求部门强化信息公开

新版网站除了共设置一级栏目 10 个、二级栏目 78 个、三级栏目 113 个、四级栏目 145 个，与单位共建共维专题专栏 11 个外，还包括政府微博、在线访谈、留言、论坛等互动功能版块。栏目范围涉及八大重点公开和其他民生服务等各个领域需要公开的信息。为保证各个栏目和专题所需信息得到及时保障，我们下发了《岳阳县人民政府办公室关于进一步加强县政府门户网站信息保障工作的通知》（岳县政办函〔2012〕37号）文件，文件中对各个栏目的负责部门、报送要求、更新时限、报送流程等进行了详细规范。截至2013年5月底，网站共发布政务公开类信息1788条、公共服务类信息1774条；“县长信箱”受理196条，已有效回复办结182条，办结率达93%；公众问答受理35条，回复35条，回复率100%；门户网站累计访问量22000人次，其中国外用户访问达到10人次。除了抓信息保障之外，同时，我们还组织召开了信息保障员技能培训会，由网站建设公司现场讲课，大大提升了岳阳县网站信息保障员的计算机操作水平。

3. 强审核保证上网信息零错误

在岳县政办函〔2012〕37号文件中，我们下发了门户网站信息发布审核登记表，要求每个报送信息到门户网站的部门针对每条信息进行登记，在表中对公开的信息在内容、格式、数据完整性、保密等方面做说明，同时要求上网的信息必须由单位分管领导进行审核、签字、盖章后才可报送至门户网站后台。“谁发布谁负责”责任的明确，从根源上降低了出错的可能性。由发布者初审，提交单位分管领导核审，最后由我们终审。“三审核”全部通过后，信息方可在网上公布。

（三）网上审批和“12345”公众服务热线应用普遍开展

1. 网上政务服务和电子监察系统规范办证流程、提升办证效率作用明显

岳阳县电子政务外网平台的开通，网上政务服务系统的启用，为实现行政部门政务服务项目“一站式服务、一窗式受理、一次性告知、一条龙审批、一单式收费”提供了软硬件平台的支撑环境。电子监察系统的运行，实现了对政务服务项目的实时监察、预警纠错、信息服务、绩效考核等功能，实行定期、过期发牌警告机制，从根源上杜绝了受理不办理、办理不办结的情况。截至2013年5月底，累计收件9078件，累计办结9043件，有效办结率达99.61%。

2. “12345”公众服务热线办理成效显著

“12345，服务找政府”，这是全县民众熟知的快捷地与政府打交道的方式之一。截至目前，岳阳县“12345”热线已受理 5317 个来电，已正常结案 5151 个，有效办结率为 97%。

（四）《岳阳县电子政务和城市管理信息化建设规划（2013～2015）》编制工作顺利完成

岳阳县电子政务和城市管理信息化建设就县域整体、部门个体来说都存在滞后、无序、浪费等严重问题。这不仅影响岳阳县电子政务的健康发展，也拖了岳阳县县域经济社会又好又快发展的后腿。根据岳阳市人民政府办公室《关于编制〈岳阳市电子政务和城市管理信息化建设规划（2013～2015）〉有关问题的通知》（岳政办函〔2012〕156 号）的要求，我们组织包括县国土资源局、县公安局、县规划局、县住建局、县应急办等在内的 20 多个部门分管负责人召开了规划建设任务分解工作会议，会议要求相关部门报送本单位目前电子政务建设现状、未来 3 年电子政务建设思路。根据部门报送的材料，我们进行了认真总结，根据国家、省市县电子政务大的发展趋势，我们进行了合理谋划。我们组织人员编制完成了岳阳县规划草稿。为使县规划与部门发展相适应，我们再次组织召开了规划草稿定稿征求意见会，与会的 20 多家单位代表都发言了。2013 年 3 月 22 日，我们邀请了市信息化管理局等专家对岳阳县电子政务和城市管理信息化规划进行评审，在规划技术、应用效应、文本等层面对岳阳县规划都进行了认真审阅。规划得到了评审专家一致肯定并获得通过。

整个规划共分为 5 章 37 页。规划开篇对编制背景及目的、内容、依据进行了介绍。接下来指出了岳阳县电子政务和城市管理信息化建设现状及存在的一些问题，这从根本上道出了规划编制及施行的必要性。随着国家、省、市一系列关于电子政务建设政策措施的出台，电子政务和城市管理信息化建设的速度、政府重视的程度，已经成为各地电子政务发展好坏快慢的关键性因素。结合国家、省、市建设要求，该规划对 2013～2015 年岳阳县电子政务和城市管理信息化建设应遵循的指导思想、应把握的基本原则、应完成的总体任务简明扼要地进行了说明，同时对一些建设任务重、投资力度大、使用效应好的项目进行了介绍。其中包括属于信息基础设施建设项目的电子政务外网平台、内网平台、城市空间地理信息系统、信息通信管道规划与建设管理工程和包括平安城市、数字城管、政府门户网站群体系等在内的众多应用系统。该规划的严格贯彻落实，将大大加快岳阳县电子政务和城市管理信息化建设的步伐，提升岳阳县城市发展的水平。

二 2014 年后期工作任务

（一）启动电子政务外网第二、三期合并建设

目前，岳阳县电子政务外网平台已完成一期建设，并已试用 8 个多月。这 8 个多月以来的试用，足以证明平台的可靠性、稳定性。为尽快实现“横向到边、纵向到底”的目标，缩短建设周期，我们决定将二、三期建设合并，一次性完成。届时，岳阳县所有乡镇、便民服务中心、有行政审批职能的机关和企事业单位都将接入平台，完成网上审批和电子监察工作任务，为以后的业务系统提供运行载体，为电子政务和城市管理信息化应用提供平台保障。

（二）全力推进政府网站群建设

政府网站不仅是政府展现形象的窗口，更是政务公开、政务服务的重要平台。严格遵循《湖南省政府网站管理办法》的要求，建成“以政府门户网站为主站、部门网站为子站”的体系。到 2014 年底，基本实现乡镇 100%、部门 80% 有子站的要求。

（三）全面推动网上行政审批和电子监察系统使用

虽然政务服务中心窗口单位使用网上政务服务系统办件有了一定的成绩，但成效还不太明显。到目前为止，大部分窗口单位都有自己独立的业务办件系统，登录网上政务服务系统进行办件也只是二次录入。部分单位接入了系统，

但是“接而不用”，还存在行政审批事项“体外循环”等问题。随着电子政务外网平台延伸至单位，这种现象必须得到根本性的改变。

（四）大力推动 12345 公众服务热线办件的网络化、数字化

岳阳县 12345 服务热线目前借助市级前台受理，电子政务网络派单到县里处理。但县里派单到部门和乡镇办理，仍然是通过电话、即时通信等工具进行沟通。对办理流程、办理时限以及办理质量很难做到有效督促，也很难形成统一有效数据以备考核。还有一点就是处理的结果需要手工录入市里的 12345 热线办理系统，增加额外工作量，降低了效率。因此，岳阳县亟须建立 12345 热线办理系统，为提高事件办理率、及时回复群众做出新的贡献。

B.34

2013年武冈市电子政务建设情况及2014年发展展望

武冈市人民政府信息化管理办公室

一

武冈地处湘桂黔交界之地，素有“三省通衢、黔巫要地”之称，历来为湘西南政治、经济、文化中心。全市辖17个乡镇、4个街道办事处，面积1549平方公里，人口83.25万人。近年来，武冈市电子政务工作以服务武冈经济社会发展为宗旨，以科学发展观为统领，以市政府门户网站为平台，统筹推进电子政务建设，取得了可喜成绩。2013年，武冈市政府门户网站在全国绩效评估中排在县（市、区）类第60位，为全国县（市、区）百强政府网站；在全省绩效评估中居第13位，被评为“全省优秀政府网站和电子政务工作红旗单位”。

1. 抓制度、明思路，电子政务基础工作全面加强

按照《武冈市“十二五”信息化和电子政务发展规划》要求，明确了“数字武冈”的发展思路，制定出台了全市政府网站建设管理的第一个纲领性文件《武冈市政府网站管理办法》，并建立完善了《武冈市政府信息网上公开制度》《武冈市政府网站“市长信箱”办理工作制度》《武冈市网上政务服务和电子监察系统管理制度》等一系列规章制度。在网络安全方面，我们进一步完善了信息安全各项规章制度，切实加强上传信息的审核和发布工作，全年未发生网络信息安全涉密事件。同时，积极推进电子政务应用硬件平台建设，加强电子政务工程项目管理，抓好政府机关局域网的运行维护，确保了以政府网站为主线的电子政务平台安全稳定运行。

2. 抓管理、拓渠道，门户网站内容保障坚实有力

我们坚持科学发展、服务公众原则，紧扣政府网站“信息公开、网上服务、政民互动和对外宣传”四大基本功能，不断创新工作方式，全力推进武冈市政府网站建设进程。围绕全市中心工作和社会关注的热点，制作了“市委经济工作会议”“2013 年‘两会’”“‘垃圾不落地’城市洁净行动”“世界 500 强企业百威英博啤酒生产基地建设”项目和“邵阳武冈机场建设”项目等专题专栏网页。加大政务信息采集与发布力度，做到了网站每天更新信息不少于 4 条，对重大新闻事件，做到了提前策划、跟踪报道、深度解读。同时，与武冈电视台、《武冈报》、武冈手机报、红网武冈分站等媒体建立起资源共享机制，与市直各部门单位、乡镇（街道办事处）建立了电子政务信息员制度，拓展了信息来源渠道。2013 年，网站共采集发布本地动态信息 4621 条、其他各类信息 2100 余条。

3. 抓重点、促公开，政府透明度切实提升

积极推进门户网站政务公开和政府信息公开直报系统应用，规范主动公开的内容，重点公开了资金使用、人事安排、项目建设和民生服务等方面信息，公开信息的数量和质量明显提升。2013 年，各部门单位、乡镇（街道办事处）通过直报系统主动公开政府信息 12651 条，“重点领域信息公开”专栏公开资金使用等政务信息 2163 条；各单位子网站公开各类信息 8000 余条。

4. 抓建设、强应用，网上办事服务稳步推进

全力推进电子政务内、外网平台应用和网络安全体系部署，建立了“四个中心”（市政府网控中心、政务服务视频监控中心、平安武冈视频监控中心和政务数据库中心）。深化网上政务服务和电子监察系统应用程度，积极开展电子政务业务培训，选送优秀专业技术人员赴北京参加了全国政务外网 CIO 高级研修班培训。全面完成了全市 48 部门 353 项行政许可、审批事项的梳理、需求确认和入库工作，加紧落实服务类事项的梳理工作。2013 年，网上行政审批事项共收件 7033 件，办结 6835 件，办结率 97.18%。

5. 抓落实、严监控，政民互动交流便捷有效

及时监控、报告和反馈网上舆情动态，切实加强对市长信箱、民情热线、网上信访和咨询投诉来信的办理，确保群众意见和建议事事有回音、件件有着落。2013 年，共收到网上群众来信 3819 件，处理 3756 件，处理率达 98.35%。利用“政民零距离”互动平台，开辟了“‘两会’建言献策”专栏。同时，充分发挥网站的“桥梁”作用，利用“天南地北武冈人”等栏目，收集武冈在外人士的信息，为武冈招商引资牵线搭桥。

二

武冈电子政务工作虽然取得一定的成绩，但也存在应用普及困难、体制管理不顺、技术力量薄弱等诸多困难和问题，有待我们进一步解决。2014 年，是武冈市深入推进全市电子政务建设、网络与信息安全工作的关键一年。全市电子政务工作的总体思路是：紧紧围绕市委、市政府中心工作和社会关注的热点，以推进数字城市平台建设、电子政务应用、政府网站建设、政府信息公开等四个方面为重点，以整合资源为主线，加强统筹规划、协调管理，升级完善电子政务信息网络基础设施，加快重大电子政务应用项目建设，推进全市电子政务发展，全面提高武冈市电子政务应用服务水平，更好地发挥电子政务的支撑和保障作用，逐步建成网络环境下的“一体化政府”“一站式服务”。具体做好以下四个方面的工作。

第一，进一步提升服务型政府网站功能。一是继续站在全国区县级百强政府网站和湖南省优秀政府网站行列。升级市政府网站后台管理程序，增强政府网站软件功能，完善政府网站在线办事功能，整合公共服务栏目；进一步优化政府网站各网页，科学打造政民交流平台，切实扩充交流渠道，合理展现政府网站四大功能区域划分；切实加强制度建设，建立健全政府网站内容保障长效机制，提升政府网站内容保障数量和质量，充分发挥政府网站作为政府信息公开第一平台的功能；深入推进政府信息公开工作，切实加强政府公报系统建设。二是启动公共资源交易系统建设。积极配合监察部门和公共资源交易中心，依托全市政务信息网，按照统一交易流程、统一交易软件、集中进场交易、共享评标专家、全程电子监察的方式，全面规范工程招标等交易流程，提高工作效能、强化监督检查，构筑更加公开、公平、公正、规范、有序、开放、高效的公共资源市场。

第二，进一步抓好政府信息公开工作。落实主动公开，深化公开内容。督促各乡镇（街道办事处）及市直部门单位加大力度，把未主动公开的政府信息进行认真梳理并补报。按照“以公开为原则，以不公开为例外”的总体要求，加强政府信息分类界定，做好重要政府信息的主动公开；按照《行政许可法》的要求，做好现行有效的行政许可事项的全面公开。做好公开答复，规范处理流程。2014 年我们将推广使用统一的申请处理格式文本，规范和优化申请处理的各环节。完善第三方意见征询制度。要求各乡镇（街道办事处）及市直部门单位电子政务信息员在工作日内及时查看“政民互动栏目”和“政府信息公开专栏”内的依申请公开方面的信息。如有要回复的依申请公开信息，应按照申请人的要求在《中华人民共和国政府信息公开条例》规定的 15 个工作日内及时处理并给予答复，力争做到零投诉。抓好载体建设，拓展公开形式。通过电视台、网络、报纸、户外广告、宣传单、广场活动等方式，加大政府信息公开宣传力度。抓好武冈市电子档案馆、电子图书馆及公用电子显示屏等政府信息公开载体的建设。主要包括：加强政府网站政府信息公开专栏建设，建立相关事项的服务专栏；加强政府信息咨询服务；建设并发挥政府“12345”热线的政府信息公开功能；进一步发挥政府公报、政府新闻发布会的政府信息公开作用；对信息公开直报系统进行栏目调整，做到内容全面、功能强大、查询方便；联合市委、市政府督查室、监察局及政务中心等部门开展定期和不定期的政府信息公开检查，并于每个季度予以通报。

第三，进一步拓展电子政务统一平台应用。在推动政府网站建设、网上在线办理、政府信息公开等的同时，加快政务信息化步伐，推动全市党政机关实行办公自动化，推进跨部门的业务协同办理。探索规划建设视频会议系统，利用现有的电子政务统一平台的骨干传输网，建设桌面型视频会议和视频电话系统，提高政府工作效率，从而充分发挥电子政务统一平台的作用，加快推行政府工作部门的无纸化办公、无纸化办会等。

第四，进一步做好网络平台的维护和运行。抓好电子政务技术方案和电子政务统一平台技术方案的制定与实施；落实全市电子政务统一平台的运行维护；加速电子政务内外网络的建设，对相关数据库进行备份；指导市委、市人

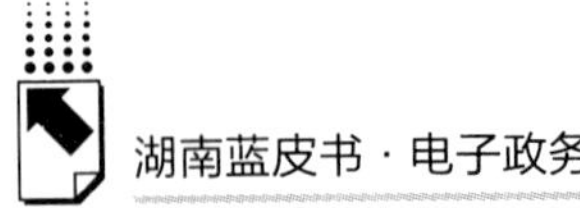

大、市政府、市政协网络和市级领导电脑终端的运行维护、升级改造，维护网络与政务信息安全；做好网络通信及网络端口以上的服务器、交换机、路由器、防火墙及网管平台的运行监控和维护；协调、推进各乡镇（街道办事处）、市直部门单位网络的互联互通；抓好计算机应用平台和数据库及相关部门计算机技术建设；审核互联网连接出口；为上网用户提供技术培训、技术支持；搞好政府机关网络及终端的运行维护。

B.35

2013 年苏仙区电子政务建设情况及 2014 年发展展望

苏仙区电子政务管理办公室

在省、市各级业务主管部门的关心支持下，苏仙区电子政务建设坚持“总体规划、分步实施、经济适用、适当超前”的原则，经过近十年的努力，共投入资金 400 多万元建设区党政网络中心机房，构建了电子政务内外网体系，支撑以党政门户网站，公文传输系统，中央、省、市视频会议，网上政务服务和电子监察系统，各部门业务系统为主的电子政务平台应用。2013 年，通过完成终端安全准入系统建设和异地容灾存储备份等基础设施建设，健全网络安全体系和应用平台管理机制，全面落实网上政务公开、政务短信发布、民众意见反馈、后台安全保障等基础工作，确保了平台高效运行。苏仙区门户网站连续六年在中国优秀政府网站推荐及综合影响力评估中获“中国政府网站优秀奖”，连续五年被评为“湖南省优秀政府门户网站”。

一 2013 年电子政务基本建设情况

1. 结合区域发展，拓展电子政务网络基础

依托网上行政审批和电子监察系统建设，苏仙区电子政务外网已拉通 52 条专线，形成纵向与省、市政府，区属院外科局、区属 15 个乡镇（街道），横向与区委、人大、政协、法院、检察院相连的省、市、区、乡镇（街道）四级网络。2013 年又结合城乡统筹、城东新区建设步伐，将 166 个行政村（社区）网络纳入建设规划，全面启动统一全区电子政务内外网络和互联网出入口工作。

2. 结合数字苏仙规划编制，促进电子政务资源整合

为推进信息技术和通信技术应用，2013 年苏仙区成立了“数字苏仙”建设领导小组，启动了数字苏仙规划编制工作，对有效开发、整合和利用信息资源，大幅提升电子政务支撑政府行政办公、城市和社会管理、民生保障、公共服务等能力进行科学规划。计划在未来 5～10 年分步实施，指导“数字苏仙”建设项目。当前已完成前期调研工作。

3. 结合新行政中心建设，打造电子政务数据中心

2013 年苏仙区通过专用的安全设备对网络接入、上网行为进行规范，骨干设备采用双冗余配置，基本做到没有单点故障，采用千兆核心网络设备，确保各应用系统运行畅通。完善同城异地容灾备份机房建设，采取数字存储、采购安全服务、自主研发机房管理系统等措施提升信息安全运维服务水平，保障平台数据安全。同时结合新行政中心办公楼建设，积极规划筹建城东新区数据中心机房。通过公开招标，由湖南省邮电计院完成机房设计。为实现对全区所有电子政务系统提供各种资源的快速交付，逐步整合政府数据交换中心和公众数据交换中心，打造云中大数据打下了基础。

二 2013 年电子政务系统应用情况

（一）区门户网站建设运行平稳

1. 加强统一建设，优化网站功能

2013 年苏仙区以加强网上政务公开、政务服务建设为重点，投入 10 多万元对区门户网站进行升级改版。从规范乡镇子网站建设入手，加大门户网站群的整合力度。对乡镇（街道）子网站统一重建，同步建立起村级和社区网站模板。相继完成了区档案局、区残联的部门子网站建设。全区共整合部门子网站 26 个，开辟了子网站群栏目，形成以政府门户网站为主站、部门网站为子站、主站与若干子站集成的区党政群体系。强化网上政务公开功能，新增行政权力运行和社会公益事业子栏目，落实八个重点领域公开。注重用户体验，完善网上办事事项的表格下载功能，添加网站信息分享和纠错功

能。优化政民互动栏目，建立区长信箱回复评价系统，形成了高效畅通的政民互动交流平台。

2. 加强网站管理，建立良好运行秩序

一是建立政府信息公开“一把手”负责制。全区各单位行政“一把手”与区政府签订政府信息公开目标管理责任书，承诺以苏仙区门户网站作为政府信息公开的主要发布平台，主动承担公开职责，积极推行行政决策公开、行政权力公开。二是健全网站内容保障考核机制。将各部门开展网上政务公开政务服务工作情况纳入区政府绩效考核内容，定期进行情况通报，形成日常测评和年终考评相结合的考核机制。三是完善内部管理机制。规范业务工作，就各单位申请建设子网站、开设专题、开展网上意见征集、在线调查等业务制定了操作流程，促进平台资源共享；实行网站信息报送、信息审核发布和读网监测机制，按照政府信息公开保密要求，认真开展网站自查自纠专题活动，保障信息及时、准确；坚持开展政府网站读网阅评，不断提升网站建设水平和服务能力，提高网站综合利用率。

3. 加强网络安全应急管理，筑牢安全防护墙

一是加强网站应急管理体系建设。采用双运营商链路备份，提高网站运行应用设备的性能，定期进行相关安全和病毒检测，利用异地备份、异地存储机制等手段，建立了备用上网应急方案、网络硬件故障应急方案和数据安全应急方案的应急管理体系。二是在安全保障方面部署了网站应用级入侵防御系统（WAF），实时阻断来自 Web 应用程序客户端的非法请求，加强了对各类网站站点的有效防护，每年投入 10 万元购买了第三方安全运行中心（SOC）的安全运营服务，对网络进行集中化、全方位的监控、分析与响应，实现体系化的网络运行维护，定期对配置情况、数据备份、系统补丁、日志记录等方面进行巡检并加固，构建起了一道道安全防线。

2013 年，区门户网站发布政务信息 5000 多条，“区长信箱”回复率达 100%，区政府领导参与在线访谈。这些措施有效提高了政府的透明度，畅通了政民沟通渠道，成为构建和谐社会的有力抓手。

（二）网上政务服务和电子监察系统建设应用落实到位

苏仙区网上政务服务系统已建成网上审批和网上处罚系统，其中 40 多个部门255项政务服务事项全部纳入网上办理，26家单位1955项行政处罚事项纳入了网上处罚。通过拓展电子监察视频监控系统实现了对区级、乡镇“政务小超市”各办事窗口工作人员的工作状态现场监控。2013年我们一是对网络视频监控设备、网络通信设备进行统一标识管理，完善故障报维机制，保障应用畅通；二是加强应用培训，定期生成《网上政务服务和电子监察系统应用情况季报》，将各部门网上办事资料提供情况、网上业务受理情况、政府信息公开和部门工作动态信息公开工作情况予以通报，并直接与区政府年底绩效评估挂钩，有效促进了网上政务服务、电子监察系统应用和政务公开工作。全年共受理网上办件4855项，办结率100%。

（三）协同办公系统应用不断完善

2013年，苏仙区出台了《苏仙区党政机关协同办公系统推进方案》，正式启用集“办文、办会、办事”于一体的苏仙区党政机关协同办公系统。同步上线手机OA运用，实现移动办公，并通过对接短信平台，做到有工作任务实时短信提醒，呈现24小时值班状态，工作不延误。系统覆盖全区130多个单位，区委办、区政府办已全面启用了值班信息的平台发布、部门电子版简报的平台共享，有效推进了无纸化办公进程，促进了节约型、效能型机关建设。

（四）防汛、城管、人民武装等业务平台得到有效应用

区山洪灾害防治工程措施项目建立了与气象、水文等部门的信息共享通道，构建了乡镇预警平台。2013年通过山洪灾害监测预警系统，提前转移群众5193人，有效减少经济损失500余万元。区城市管理综合调度中心通过建立数字化城管指挥大厅、机房，应用数字化城管协同工作系统及视频系统实现信息技术与城市管理应用的有机结合。2013年“数字城管”共受理各类案件24874件，平均每天受理案件70余件，结案率高达99.6%。工商综合业务管理系统将个体户、企业执照办理，日常监管录入，年检录入，案件立案申请等工商日常主要业务都囊括在其中，实现不同部门间审批均通过系统流转程序完成，大大节省了办理证照时间。区人社局利用人脸识别系统进行社保养老身份认证，对9761名职工进行了机关事业及企业离退休人员身份认证。2013年区

人武部还完成了数字作战指挥系统建设工程，其系统整合并共享了公安公共安全监控视频系统、数字城管系统、森林防火、防汛抗旱等应急综合指挥系统功能。

三 2014 年电子政务建设发展展望

（一）整合资源，实现电子政务服务平台升级

1. 加强网站建设管理，促进网站资源整合

继续实行部门和乡镇网站建设审批制，将其统一纳入区门户网站群建设。继续实行政府信息公开、网站内容保障、区长信箱回复情况通报制，突出年度政务公开重点，深化政务信息公开。完善网站资源目录体系，加强数据库建设，深度整合公共信息资源和经济领域数据，方便公众查询。逐步进行门户网站移动终端 APP、WAP 版、微博、微信的开发。

2. 推进公共服务平台建设，促进服务资源整合

按照省、市要求做好全区网上政务服务与电子监察系统扩容升级，及时调整和更新网上服务事项，完善短信提醒功能，加快与各业务应用系统的对接。加大技术培训、技术保障与督促检查力度，促进系统应用。

3. 强化办公系统应用，促进办公资源整合

继续对协同办公系统实施应用跟进，不断完善系统功能，逐步实现公文的网上办理，简报、材料等信息的网络传输，提高行政效能，降低行政成本。

（二）规范管理，确保“数字苏仙”建设有序推进

1. 强化电子政务建设项目审核管理

按照《湖南省政府服务规定》，实施电子政务建设项目审查制度。对需要公共财政投资建设的电子政务基础设施建设项目，包括网络建设项目、政务信息资源目录体系及交换体系开发建设项目、技术性安全基础设施建设项目进行审查，确保项目符合统一的电子政务规划、网络建设要求和应用规范，改变建设的盲目性，有效实现资源共享。

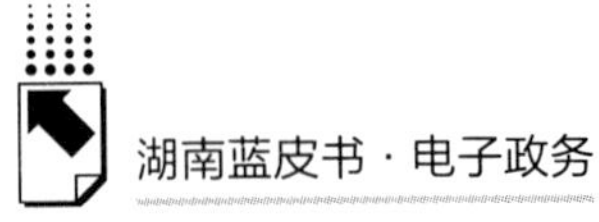

2. 合理规划电子政务基础建设

科学编制好“数字苏仙”规划、完善数字化建设的顶层设计，整合全区互联网、电子政务内网、电子政务外网出入口和各类电子政务应用平台资源，以新行政中心建设为契机，建设“数字苏仙”中心机房和数据共享中心，促进政府各部门发展方式、管理方式和工作方式的转变。

3. 全面贯彻执行中央网络安全和信息化领导小组关于网络安全工作的要求，夯实电子政务网络安全体系建设

以中央成立国家网络安全和信息化领导小组为契机，全面认真贯彻执行国家各项网络安全法律法规，高标准严要求加强安全综合治理，坚持政治安全、系统安全、数据安全、物理安全四齐抓，技术、人员、制度防范三结合，进一步夯实安全体系建设。继续完善机房智能管理系统，购买安全运维服务，建立健全网站、网络安全通报机制，应急处置机制和监督查办机制；加快 CA 认证安全管理体系建设，保障应用系统安全。

B.36

2013年嘉禾县电子政务建设情况及2014年发展展望

嘉禾县电子政务信息中心

2013年在省政府经济研究信息中心、市电子政务信息中心的精心指导和县委、县政府的正确领导及高度重视下，县电子政务信息中心全面贯彻省、市信息化工作相关重要精神，全力打造“服务型、高效型、法治型、廉洁型”政府，紧紧围绕各项中心工作，进一步解放思想，创新发展电子政务工作，着力推进政府信息化，服务机关效能建设，服务优化发展环境，强化社会管理和公共服务，推进了嘉禾县电子政务工作再上新台阶。现将2013年主要工作情况及2014年发展展望介绍如下。

一 2013年工作情况

（一）电子政务基础设施不断完善

建成嘉禾县电子政务外网。全县170余个部门、单位和13个乡镇接入了外网，形成了省、市、县、乡四级互联互通的电子政务和电子监察系统。

电子政务内网运行顺利，省、市纵向骨干内网连接畅通，郴州市党政电子公文传输系统收文及时正常。

建成全县电子政务数据中心，配备了高性能核心服务器、路由器、存储备份、防火墙、安全审计等设备，为全县电子政务的应用提供了坚实的保障。

（二）基础数据库共享和开发不断深入

建成综合数据统计分析数据库、干部人事管理数据库、项目管理数据库和信访维稳数据库。

第一，综合数据统计分析数据库主要是对县经济的发展指明方向、为经济发展提供科学依据的管理系统。该库通过对全县 164 家单位数据的采集和分析，形成十二类指标，对全县经济、农业、社会事业、环境资源、公共安全、城市建设管理、基础设施等各行各业进行报表统计分析，为县领导决策提供科学数据。

第二，干部人事管理数据库主要是对嘉禾县各企事业单位干部人事的基本信息、人员列表及工作计划信息进行采集、管理，形成嘉禾县干部人事基础数据平台，并在此平台之上提供自由的组合条件统计分析功能，方便领导实时掌握各级干部基本情况，为干部人事任命提供了科学依据。已录入 10256 人。

第三，项目管理数据库主要是针对全县项目的六大阶段进行全周期动态统计和分析，帮助领导实时全面了解全县各个项目的进展情况和存在的问题，从宏观上可以对项目起到监管的功能，为保证项目更好更快地建设提供了支撑。已经录入 2013 年 124 个重点项目信息。

第四，信访维稳数据库主要实现信访信息统计分析，要求实现案件类型分析，可分析案件类型占设定时间（当月、半年、全年或指定时间段）发生的信访总量比例。案件属地（包括县直单位和乡镇，以乡镇为主）分析，可按指定时间段进行统计，也可按上访地点、上访层级（县级、市级、省级、国家）进行统计。人员类型分析，如化解类或稳控类或转化类或处置类或终结类信访件占信访总量的比例。超时未办结信访件统计，可统计出超时未办结信访件的件数及所占比例，并进行超时提醒和红灯状态警示，以及发送短信进行督促提醒。已经录入信访信息 693 条。

（三）政府门户网站建设水平不断提高

加大县政府门户网站管理力度。认真贯彻落实国务院、省政府进一步加强政府网站管理工作的精神，推进政务公开，创新管理方式，增强服务能力，建设服务型政府，提高政府工作透明度和行政效能，提升在线办事能力，构建网上虚拟办事大厅，与县电子监察和网上审批系统实现对接，实现了“政府门户网站受理、电子政务外网办理、政府门户网站反馈”，为企业和公众提供了

更加便捷的服务，全面提升了网站内容的时效性、准确性和实用性。截至 2013 年 12 月底，共发布各类信息 19295 条，充分发挥了政府网站在政务公开中的主渠道作用，进一步增强了政府信息公开、公共服务和公众参与功能。积极做好市政府门户网站的内容保障工作，确保保障内容到位，信息报送及时，信息和服务质量提高。截至 2013 年 12 月底，共向郴州市门户网站报送信息 2466 条，其中 1845 条被郴州市采用，采用率为 75%。加强“市长、县长信箱”信件办理工作。力求把网站建设成为沟通联系群众、倾听群众呼声、了解群众诉求的桥梁和纽带。截至 2013 年 12 月底，嘉禾县共承办“市长信箱”来信 60 件，其中已回复 60 件，回复率为 100%，回复满意率为 80%。已接收县长来信 28 封，已回复 28 封，回复率 100%。及时处理“市长信箱”“县长信箱”信件反映的一批群众关心的热点难点问题，收到了良好的社会效果。

（四）应用系统建设成效显著

1. 网上政务服务和电子监察系统

学习贯彻《关于印发〈湖南省行政审批电子监察工作规则（试行）〉的通知》（湘监办发〔2012〕4 号）、《郴州市加速推进网上政务服务和电子监察平台建设与应用工作方案》（郴政办函〔2013〕77 号）文件的精神，加速推进全县网上政务服务和电子监察平台的建设与应用，按照统一规划、统一标准、科学建设、成果共享的原则加速推进系统建设。配合省、市对行政审批和电子监察系统进行了升级，对行政审批事项进行了再清理，清理规范后的 404 项审批事项全部进入系统运行，全县 13 个乡镇接入了系统专网。形成市、县、乡三级互联互通的电子政务和电子监察系统。截至 2013 年 12 月底，全县 13 个乡镇和 52 个单位全年共受理网上审批事项 4027 件，办结 4015 件；发出黄牌 9 张，红牌 10 张。

行政处罚电子监察系统稳步运行。47 个执法单位全部纳入入网单位范围，实现了所有入网单位所有处罚事项都能上网运行；系统中已录入县城管局等 22 家单位的案件办理记录，累计受理办件 33 件。下一步重点考虑实现行政处罚电子监察系统与财政非税系统对接。

2. 协同办公系统建设

为提高行政机关工作效率和政府公共服务水平，推动行政管理创新，建设“服务型、高效型、法制型、廉洁型”政府，嘉禾县率先启动了覆盖全县共180余个党政机关的协同办公系统建设。县财政总共投入580余万元，内容涵盖公文管理、会议管理、督查督办、信息管理、综合事务、值班管理、信访舆情、档案管理、移动办公等事务，现已进入全面启用阶段。全力打造无纸化办公环境。印发了《中共嘉禾县委办公室嘉禾县人民政府办公室关于全面启用嘉禾县党政机关协同办公系统的通知》（嘉办字〔2012〕53号文件）、《关于进一步强化政府执行力提高办公效率的通知》、《嘉禾县党政机关协同办公系统管理办法（试行）》，组织撰写了《关于党政机关协同办公系统运行情况的调研报告》，明确规定从2012年7月15日起，在全县范围全面启用全县党政机关协同办公系统，所有非涉密一般文件除印制极少量纸质文件存档或对外使用外，均以电子文件形式运行，不再下发、接收纸质文件，公文办理全部通过协同办公系统受理、传阅、审批，全面实行网上办公。涉密和不便通过系统流转的公文，仍以纸质文件流转。同时，完成了电子公章系统、即时通系统、邮件系统、移动办公系统的部署，开发了短信接口，及时发送短信通知，增强了系统功能。实现了与档案管理系统的实时对接。协同办公系统的应用，切实提高了办公效率，减少了行政成本，达到了互联互通、协同办公和资源共享。该系统建设经验在湖南省委办公厅《当代秘书论坛》、省政府办公厅《湖南电子政务》和市委《“四型”机关创建情况交流》中得到推介。系统运行以来，已录入用户3600余人，发送和接收公文2500余份，改变了过去乡镇部门之间公文、信息、材料传送“跑断腿”的状况，共节约行政成本3000万元以上。

3. 综合治税信息共享系统建设

2013年，为进一步加强税收综合治理，整顿和规范税收秩序，加强税收征管，增加财政收入，嘉禾县着力建设综合治税信息共享平台，整合县金属制品税费征管系统、房地产税费征管系统，实行以电控税、以民爆物品控税，以进一步提高税收征管质量和效率，着力解决税务部门涉税信息渠道不畅，部门协调配合乏力等问题，真正实现部门涉税信息共享新格局。成立了县综合治税

工作领导小组和办公室。组织召开了综合治税行政决策听证会议，印发了《嘉禾县综合治税工作实施方案》和一系列相关管理制度，召开 46 个涉税单位信息员业务培训会，明确了信息报送要求。将涉及发改、财政、房产、税务等的 48 个部门纳入综合治税信息共享系统。2013 年 10 ~ 12 月试运行期间，共收集涉税信息 50 多万条，补办税务登记 13 户、清理漏征漏管 85 户，入库税费 688 万元。对铸造、锻造、冶炼、制砖四大行业实行“以电控税”，新增增值税 870 万元。

4. 煤炭税费征收远程监控综合管理系统

嘉禾县煤炭税费征收监控系统是集计算机称重管理、计算机网络通信技术、非接触式刷卡系统、摄像监控系统等于一体的一体化综合管理系统，具备了源头控税、全面监管、科学管理、科技治超、信息共享等功能，实现了对煤炭生产、经营企业和承运车辆的全天候、全自动、全方位监控，大大地增加了对煤炭税费的收缴。该系统于 2010 年 10 月 27 日正式启动运行以来，效果非常明显。对单个煤矿在正常生产情况下比未安装系统前多征收 20 余万元，折合原煤 2000 吨，增幅达 50% 以上，有的煤矿达 100% 以上。煤炭税费逐年增加，2009 年 6990 万元；2010 年 8483 万元；2011 年在嘉禾县煤矿 4 个月全面停产技改、煤矿数量从 36 个减少到 23 个等不利情况下，煤炭税费仍比 2010 年增加约 500 万元，达 8950 万元；而 2012 年更是取得了历史性突破，达 1. 37 亿元；2013 年 1. 6065 亿元，折合原煤 153 万吨。

5. 档案管理系统

积极推进“数字档案馆”建设，于 2013 年元月启动馆室一体化综合平台建设，2013 年 5 月正式建成并全面应用。馆室一体综合平台系统可供各部门、各单位实时录入和查询，并实时向县档案局（馆）登记备份（移交），实现了档案信息资源共建共享、互联互通。同时，出台《嘉禾县县直机关企事业单位数字档案室建设标准》，对管理体制、设备设施、数据管理、档案数字化、开发利用以及数字档案登记备份做出了全面的具体规定，从而使数字档案室建设走上科学规范之路，有章可循。

6. 高标准建设视频会议系统

认真贯彻落实《湖南省人民政府办公厅关于做好省政府视频会议系统

升级改造工作的通知》(湘政办电〔2012〕17 号)文件精神，结合县政府无纸化常务会议室及协同办公系统演示厅建设，投入 220 余万元，建设集县政府常务会议室、党委视频会议室、政府系统视频会议室于一体的嘉禾县政府多功能会议室。2013 年已承办了 170 余次会议(包括省市领导来嘉禾视察调研汇报会、县委常委扩大会、县政府常务会、县长办公会等)。

(五)积极探索智慧城市试点建设

为加速推行新型城镇化，有效提升城市管理水平，县电子政务信息中心牵头会同县住建局积极组织申报，于 2013 年 8 月 2 日成功申报为住房和城乡建设部国家智慧城市第二批试点城市之一。通过广泛征求相关单位意见和建议，经县长办公会议、县政府常务会议和县五大家领导会议研究确定了 15 个重点项目上报住建部并签订了创建任务书，创建时间为 2013 ~ 2016 年。开展了《“智慧嘉禾”发展规划纲要(2013 ~ 2020 年)》顶层设计，包括编制智慧城市水务建设顶层设计以及开展投融资规划。拟定了 2014 年工作计划，积极同发改、财政、重点办衔接，将 2014 年度年度建设重点项目列入政府财政预算，明确实施部门，明确考核机制。顺利迎接了省住建厅组织的 2013 年度现场检查。

(六)电子政务信息安全保障不断加强

针对门户网站经常被黑客攻击、入侵等情况，嘉禾县通过部署防火墙和入侵检测等安全设备，加强了边界的安全防护。积极推动数字证书的应用，全县共采购 3000 余张 CA 证书，政务外网采用了统一的电子 CA 认证数字证书，对维护电子政务安全起到了极大的维护作用。为保证网络安全，嘉禾县建立了一定的安全防护体系，部署了网管系统、上网行为管理系统及网络版杀毒软件，并免费为各单位、各乡镇局域网内用户安装，极大地保证了网络的安全。2013 年以来未发生由网内用户中毒、疯狂下载等原因造成的网络安全事件。为了杜绝门户网站被黑客攻击所造成的不良影响，嘉禾县与中国信息安全测评中心华中测评中心签署了长期合作协议，委托其为嘉禾县门户网站及其应用系统提供

安全监测服务。通过定期的安全检测和修复，网站的安全性大大提高。2013年，门户网站未发生被非法侵入事件。

二 2014 年电子政务建设发展展望

（一）编制《“智慧嘉禾”规划》，打造“智慧嘉禾”

根据《数字湖南规划（2011～2015 年）》《数字郴州规划（2012～2015 年）》，统筹规划“智慧嘉禾”，充分利用信息技术，高效开发信息资源，推动信息化和新型工业化、农业现代化、新型城镇化深度融合、共同发展、科学发展。牵头并会同有关部门编制《智慧嘉禾规划纲要（2013～2020 年）》，起草《中共嘉禾县委、嘉禾县人民政府关于加快推进“智慧嘉禾”建设的意见》，并按程序提请县政府常务会议审议通过后正式发布实施。

（二）启动数字城管、治安防控和应急指挥三网一体系统建设

应用现代技术手段建立统一的数字城管、治安防控和应急指挥系统信息平台，充分利用信息资源，实现精确、高效、协同管理的新型城市管理模式，提升嘉禾县城市管理现代化水平。

（三）继续抓好网上审批和电子监察系统工作，推进行政处罚和行政收费电子监察系统建设

建设好网上审批和电子监察系统安全体系，解决系统运行中身份认证和数字签名问题，确保全县网上审批和电子监察系统的安全运行。建立完善的安全运行管理制度，加强安全管理，落实安全责任。推进行政处罚和行政收费电子监察系统建设。建成覆盖全县各主要行政处罚机关和所有行政收费项目的电子监察系统，实现对具有行政执法和收费权的政府各职能部门的实时监督、对自由裁量权行使重点监控，确保行政权力依法规范运行，充分保障人民群众利益。

（四）建设“12345”县长热线

逐步整合嘉禾县现有的政府部门公共服务热线和“县长信箱”等网上市民咨询、投诉和建议渠道，建设“12345”县长热线，实行24小时人工接听，集中解答、转办、督办，为市民提供全方位、全天候、高效率的服务，做到市民只记一个电话号码，只打一次电话，便能得到政府答复和服务，形成“12345，有事找政府”的良好格局，创新政府服务模式，提升政务服务水平，构建便民利民的市民诉求平台，架设政府与市民交流互动的桥梁，更好地促进机关工作作风转变和公共服务型政府建设。

（五）加强县政府门户网站群建设

贯彻落实《湖南省政府网站管理办法》，参照政府网站绩效评估指标体系，组织专题调研，合理制定整合网站资源的实施方案，强力推进网站资源整合。整合全县现有单位和部门网站，在县政府门户网站现有技术基础之上，建设县政府门户网站群，进一步提升网站的服务性、易用性和安全性，改进公众访问政府门户网站的用户体验，以政府门户网站为主站、以部门网站为子站，形成主站与若干子站集成的网站群体系，使县政府门户网站成为统一发布政府信息、提供在线服务、与公众互动交流的“一站式”服务平台，提高行政效率，降低行政成本，方便人民群众，提高民主决策水平，提升政府整体形象，解决原有部门网站普遍存在的更新不及时、管理不规范的现象，避免信息孤岛、各自为政、重复建设的局面，实现资源共享。

（六）改进协同办公系统，推广移动办公

为推进嘉禾县政务信息化建设，满足全县各单位工作人员移动办公和内部沟通的需要，解决现有协同办公系统上线后普遍反映的各部门使用较多而领导使用较少、没有及时提醒的功能、无法第一时间将文件审签的信息发送到领导手机上、会签不及时等影响办公效率和安全性能的问题，对现有系统进行升级改造，开发移动办公系统，以更符合办公实际应用需求、与原有协同办公系统实现无缝对接，使用高效即时消息、会议审批功能、实时视频会

议，支持通讯录群发短信通知，使领导通过手机能完成文件签批，或能及时收到提醒事宜，以便更好地为提升政府办公效率服务，提高政府的整体信息化水平。

三　启动智慧嘉禾建设

（一）创建依据

住房和城乡建设部于 2013 年 8 月 2 日下发《住房和城乡建设部办公厅关于公布 2013 年度国家智慧城市试点名单的通知》（建办科〔2013〕22 号）文件。

（二）创建目标

以加快转变经济发展和经济增长方式为主线，以发展嘉禾县特色产业（铸锻造业）为创新手段，以促进城市产业体系更加完善、社会治理更加高效、公共服务更加均等、生态环境更加优美、城镇发展更可持续化为目的，大力推动物联网、云计算等新一轮信息技术在社会、经济、文化等领域的应用，建设集约、智能、绿色、低碳的新型城镇。

具体目标包括：建立完备的信息化基础设施；构建一套完整的智慧应用框架体系；新一代信息技术取得突破性进展；城市环境得到明显改善。

努力将嘉禾县建设成为社会管理智慧、现代产业发达、环境优美和谐、人们生活幸福的智慧城市，成为自主创新特征明显的县级智慧城市的建设典范。

（三）创建周期

2013 ~2016 年。

（四）创建任务

结合嘉禾县发展现状及产业特色，以建设国家智慧城市试点工程为目标，高起点编制《“智慧嘉禾”发展规划纲要》《“智慧嘉禾”实施方案》《“智慧嘉禾”顶层设计》及相应的标准规范，建立健全政策法规，落实建设资金，确定投融资体系和运管保障体系。通过建设嘉禾县城市公共基础数据库及城市公共信息平台，完善信息资源共享机制，并以此为基础，分阶段逐步开展“智慧嘉禾”专项应用建设。首先，依托嘉禾特色产业——铸锻造业，建设“江南铸都”智慧产业园群，促进传统铸锻造业升级改型，实现一区三园产业要素聚集与产业改造，提高园区企业的信息化管理、应用水平，增强园区企业的可持续发展能力，提升核心竞争力。其次，全面推进以数字城管、数字建设、智慧水务为核心的智慧建设与宜居应用体系建设，推进以智慧政务、智慧社保、智慧交通、智慧矿山、智慧医疗、智慧教育、智慧国土、智慧安全为核心的智慧管理与服务应用体系建设。最后，整合“城乡一体化”和“智慧嘉禾”建设。以“城乡一体化”建设为基础，“智慧嘉禾”建设为途径，坚持以信息技术带动经济社会发展，打通各行各业数据孤岛和瓶颈，实现各类应用的互联互通，以推动嘉禾县经济、社会、文化、科技等领域多方位、多角度、多层面发展，以此建立一个横向覆盖全县，纵向贯穿政府、社会、公众、企业的全面、高效、智慧的新型城镇，最终将嘉禾县打造成全国县级智慧城市典范。创建特色是依托坦塘工业园和湖南郴州（嘉禾）机械装备制造物流园，充分发挥嘉禾县铸锻造传统产业优势，利用新一代信息化技术，全力打造江南铸都智慧产业园群。

（五）创建项目

1. 基础设施建设

搭建标准统一、系统稳定、安全可靠、纵横互通、无线与有线相结合的“智慧嘉禾”基础通信网络，并在此基础上，建设县级云计算中心，为各部门信息资源共享、数据交换和业务协同提供良好支撑环境，避免重复建设，降低成本、简化运维、提高效率。

2. 城市公共信息平台

建设完善的城市公共信息平台（包括城市公共信息平台和3D GIS地理信息平台），充分地整合与共享各类城市信息资源，有效提高城市管理水平和公共服务能力。

3. 城市公共基础数据库建设

建设包括干部人事库、人口库、法人库、综合库、地理信息库、宏观经济库、建筑物库在内的七大基础数据库，通过城市公共信息平台，进行数据的交换、整合、组织和利用，科学合理地避免数据资源的分散重复，发挥各部门和行业数据的整体优势。

4. 数字城管

集合移动通信技术、信息技术、地理编码及网格 GIS 技术，建设数字城管系统，创建“网格化城市管理”新模式，实现城市管理空间细化和管理对象的精确定位、城市管理流程化，确立城市管理监督中心和指挥中心两个轴心的管理体制，从而实现精确、敏感、高效、全时段、全方位覆盖的城市管理。

5. 数字建设

进行包括城市建设热线系统、数字城建档案馆、施工图审查管理系统、建筑业行政管理信息系统、工程项目报建系统、建筑工程质量与竣工备案管理信息系统、项目建设管理信息系统、智慧建筑与建筑节能试点工程在内的数字建设，全面提升城建各职能部门的服务质量，加强政府及民众对城市建设的监督与管理。

6. 智慧政务

依托智慧政务重点工程，以信息化手段进一步提高政府工作效率，提高政府部门的公共服务能力，创建平安和谐的社会环境。

7. 智慧社保

以建设“市民一卡通”和一套完整信息系统为核心，做好“劳动者、用工单位、老年人、残疾人”四个服务，科学打造“服务精细、管理精确、决策科学”三个平台，构建起“工作决策、监管预警、公共服务”三大信息化系统，充分发挥信息化体系在服务民生及管理工作中的牵引推动作用，实现嘉禾县人力资源和社会保障事业又好又快发展。

8. 智慧水务

通过数据采集传感器、无线网络、水质水压表等在线监测设备实时感知供排水系统的运行状态，并采用可视化的方式有机整合水务管理部门与供排水设施，形成“水务物联网”，并对数据进行及时分析与处理，提出相应的辅助决策建议，以更加精细和动态的方式管理水务系统的整个生产、管理和服务流程，从而达到“智慧”的状态。

9. 智能交通

利用现代通信技术、网络传感技术等实现人、车、路全面的感知和深度、灵活的信息共享，对交通运输实施动态监管和网络化智能控制，为交通主管部门提供智能化交通管理，为公众提供即时交通信息和交通建议服务，为客、货运企业提供科学调度等服务，为嘉禾县建立和谐、平安、高效的节能环境，推进嘉禾县资源节约型、环境友好型的交通行业建设提供支撑，提升嘉禾县交通运输服务水平和安全保障能力。

10. 智慧矿山

通过建设“智慧矿山”重点工程，实现矿山的综合自动化，综合考虑矿山生产、经营、管理、环境、资源、安全和效益等各种因素，构建一体化的数字化平台，使嘉禾县矿山企业实现整体优化。在保障可持续发展的前提下，达到提高整体效益、市场竞争力和适应能力的目的。

11. 智慧医疗

建立以区域居民电子健康档案为核心的区域卫生医疗信息化平台，实现对医务工作者、医疗机构的统一管理。它能简化就医流程、降低医疗费用；更能提高诊治水平，构建和谐医患关系。

12. 智慧教育

以计算机网络为核心，以信息和知识资源的共享为手段，构建网络化、数字化、智能化有机结合的新型教育、学习和研究的教育环境，以符合时代和教育发展的需要。

13. 智慧国土

通过“智慧国土”建设，实现嘉禾县国土资源行政管理的电子化、网络化，提高政府管理水平和办事效率，促进政务公开和廉政建设，带动国土资源管理方式的根本转变，为嘉禾县宏观决策和重大战略部署提供重要的国土资源基础信息支持。

14. 智慧安全

利用信息化的技术手段，建设食品、药品、化妆品、医疗器械安全监管和

社会治安智能视频监控系统，为嘉禾县经济发展和社会稳定提供基本保障。

15. 江南铸都智慧产业园群

以“一区三园”为重点，通过建设以园区一卡通、企业在线办事系统、智能安防系统、工业企业信息直通与监管平台、企业服务应用为核心的智慧园区及江南铸都电子商务平台、智慧物流，构建江南铸都智慧产业园群。

（六）创建要求

嘉禾县在充分整合现有信息资源和应用系统的基础上，建立城市公共信息平台。平台由基础设施、城市公共基础数据库、目录管理与服务系统、数据集成与交换平台、数据整合与服务系统、3D GIS 服务平台、运行维护管理系统、接口与服务系统、平台门户等组成，符合住建部组织发布的相关技术标准，实现跨行业、跨部门、跨区域的综合应用和数据共享。

（七）创建主体

嘉禾县人民政府为创建工作行政责任主体，负责落实相应的政策、制度、资金等保障条件，确保创建任务完成。实施管理办公室设立在嘉禾县住房和城乡建设局，负责创建的组织与管理工作，每年末提交本年度创建工作自评价报告和下年工作计划。

嘉禾县“智慧嘉禾”建设工作领导小组对“智慧嘉禾”建设整体牵头，办公地点设在县电子政务信息中心，统筹协调云计算中心、城市公共信息平台、城市公共基础数据库等基础设施及智慧政务等子项目的建设，由县住建局、县国土资源局、县公安局、县交通运输局、县城乡规划局等 40 余家单位协同参与其余各子系统建设。

（八）创建管理

住房和城乡建设部建筑节能与科技司负责指导嘉禾县完成智慧城市发展规划和实施方案编制、重点项目设置、公共信息平台建设运营、投融资体系创新等工作，对嘉禾县创建工作进行监督、指导和考核。考核通过并经等级评定后，授予相应等级的“国家智慧城市（区、镇）”称号。

湖南省住房和城乡建设厅负责对嘉禾县创建智慧城市工作进行组织协调、指导、监督和检查。

（九）创建计划

——起草并发布县委、县政府关于智慧城市建设的指导文件。

——开展“智慧嘉禾”顶层设计，提出重点项目推进方案。

——开展投融资规划，提出重点项目投融资方案。

——制定 2014、2015、2016 年度工作计划，将年度建设重点项目列入政府财政预算，明确实施部门，明确考核机制。

——撰写年度工作报告，向省住建厅、国家住建部汇报“智慧嘉禾”实施情况。

——2016 年底申请验收。

B.37

2013年涟源市电子政务建设情况及2014年发展展望

涟源市电子政务管理办公室

一　2013年工作回顾

2013年，在涟源市委、市政府的正确领导和上级电子政务管理部门的关心下，涟源市电子政务工作以邓小平理论、三个代表重要思想和科学发展观为指导，全面贯彻落实党的十八大精神和市委工作会议精神，以优化政务环境为引领，深入推进全市电子政务建设与应用，加强市政府门户网站内容建设，加大电子政务外网平台的建设与应用力度，不断完善涉涟网络留言处理机制，取得了新的成绩。现将2013年涟源市电子政务建设情况总结如下。

（一）稳步推进电子政务外网平台应用，助推服务型政府建设

2013年，涟源市利用全省网上政务服务和电子监察系统平台办理行政许可、非行政许可和服务事项41588件，办结41347件，办结率为99.42%。在娄底的县（市、区）中应用情况排名靠前，受到娄底市纪委、娄底市监察局的通报表扬。真正实现了便民利民，在助推服务型政府建设中发挥了重要作用。

一是开展多方联动督查，全力推进网上政务服务系统应用。配合涟源市2013年“发展环境优化年”活动，市电子政务办定期与市纪委、市监察局、市优化办等部门对全市网上政务审批应用情况进行指导和督查，并着重对市人社局、市国土局、市人口和计生局、市卫生局、市民政局等主要应用单位开展了专项督查。先后出台了三期《全市网上政务服务和电子监察系统应用情况

的通报》，对应用情况不理想、接而不用、未产生数据和出现红黄牌的单位进行了通报和问责。以上措施有效地推进了涟源市网上政务服务和电子监察系统的应用工作。二是开展多形式培训，为网上政务服务系统应用提供技术支撑。2013年涟源市组织各市直单位的系统操作人员，租用市师训中心的多功能网络教室，就网上政务服务系统的使用进行了免费的专门培训；同时，在日常工作中，我们做到有求必应，对系统操作不熟练的工作人员进行上门演示或个别指导培训，取得了良好的效果。三是应用向乡镇和社区纵深推进。2013年以来，在市直单位和乡镇接入电子政务外网平台的基础上，着重推进了乡镇的网上政务服务和电子监察系统应用工作，并建立了社区行政村逐步接入网上政务服务系统的规划。目前全市乡镇已有计生系统、卫生系统等单位通过平台进行业务办理，系统应用工作稳步推进。

（二）深化政务公开和公共服务，提升政府门户网站影响力

我们把"推进政府信息公开、转变政府职能、服务社会大众"作为市政府门户网站建设的主导理念，着力把政府门户网站打造成政务信息公开第一平台，2013年，我们先后出台了《关于做好2013年市政府门户网站在线访谈和网上调查工作的通知》《关于印发〈涟源市政府网站管理办法〉的通知》等文件，切实加强信息保障工作。网站栏目方面，围绕全市的重点工作，开设了"创建省文明城市和园林城市""群众工作""重点项目建设""人口和计划生育"等专题栏目，并把门户网站的"书记、市长信箱"作为精品栏目打造。同时网络问卷调查和涟源精神投票等活动也得到了有效开展。这些活动得到了网民的热情关注，门户网站社会影响力不断提升。

2013年，市政府门户网站共发布各类政务信息4000余条、图片1200余张，发布涟源视频新闻、专题新闻100余期，向娄底市政府门户网站上报稿件信息1500余条，并被有效采用1100余条。网站月平均访问量达12.5万人次，比2012年下半年月平均访问量9.2万人次提高36%。网站在推进政务公开、提高办事效率、促进经济发展、架设政府与百姓沟通桥梁等方面发挥了积极作用。2013年，市政府门户网站在全省政府网站绩效考核中排名第15位，连续

第 4 年荣获省政府“优秀网站”称号；同时首次荣获了 2013 年度“中国政务网站优秀奖”，是娄底市唯一获此殊荣的县（市、区）。

（三）“政民互动”栏目密切联系党群，为幸福涟源建设助力添彩

门户网站“政民互动”栏目已成为涟源市政府门户网站的特色栏目。涟源市的网络留言办理工作依托“政民互动”栏目，取得了拓宽诉求渠道、解决网民问题、把握舆论导向的初步成效。网站“政民互动”栏目共包括以下子栏目：“书记信箱”“市长信箱”“在线咨询”“公众问答”“民意征集”“在线投诉”“在线访谈”“网上调查”“问政湖南”“娄底交办件”和“网上投票”。涟源市“政民互动”栏目呈现以下特色。

1. 公众参与方便

网民可以不需要在网站进行用户注册等烦琐手续就可以在网上直接反映问题，只需要提供手机号进行验证，验证不收费、时效快，没有额外的环节、步骤。相比传统信访方式为网民群众节省了费用和时间。

2. 网民踊跃参与

2013 年“政民互动”栏目共收到网民来信 1062 件，除去无效重复等信件，共交办 1015 件。网民的来信有咨询问题的、有对涟源发展建言献策的、有求助的，也有投诉举报，同时有不少网友参与了“公众问答”“网上调查”和“在线访谈”等，真实反映了涟源网络问政的工作情况，“政民互动”成为连接政府和群众的“连心桥”。

3. 办理答复率高

1015 件网络留言，涉及 90 多个不同的承办单位，目前回复率达到 97.8%，解决实事 801 件。市电子政务办在呈阅和交办涉涟网络留言过程中，积极主动与各相关单位进行衔接，做到交办的网络留言事项能明确责任单位、承办部门和联系人，确保每件网络留言都能得到重视和有效处理，最终得到合理、及时和令网民满意或理解的答复。

网络留言办理工作已纳入全市绩效考核范畴，体现了政府重视网络民意、倾听网络民声、重视网民诉求、真正为民办事的决心。一年来，通过留言办理工作为广大群众解决了大量事关切身利益的问题，得到了网民的广泛好评，赢

得良好的社会反响。红网《问政湖南》简报连续多期对此进行推介、通报表扬，并做了专题专页全面宣传涟源的网络留言办理工作经验。“政民互动”栏目被中国电子政务理事会评为“2013 精品栏目”。

（四）网络安全常抓不懈，各项制度健全有保障

我们坚持把网络安全作为一项重要的工作来抓，加强安全管理和技术防范措施，保证了电子政务机房服务器安全运行，全年未出现信息网络安全事件。一是建立和健全安全管理机制。制定了中心机房管理制度和安全应急管理制度，增强全办人员的安全意识。二是强化软硬件运行管理监测。机房实行 24 小时值班制度，网络管理员定期对机房的软硬件运行情况进行监测，对潜在问题做到早发现、早纠正、早防范。确保服务器双机热备平稳运行、网站代码和数据库定期备份、磁盘阵列和 UPS 不间断电源等设施有效运行。三是主动应对，防患于未然。定期对防火墙入侵防御系统进行检查，对服务器进行杀毒、扫漏，防范病毒和黑客攻击。网站发布服务器安装网页防篡改系统，确保网站安全。同时对服务器运行状态使用软件监测，当出现异常时能及时发送短信给系统管理员，确保在第一时间解决问题。

（五）其他工作成效

一是业务方面积极参与电子政务建设。市电子政务办为全市“天网工程”起草了技术设计方案，并为“天网工程”提供技术支持；在子网建设上多次指导各乡镇和市直单位；并先后在全省安监系统的电视电话会议系统和审计专网的建设上提供了技术性支持等。二是重视教育培训。2013 年我们组织领导班子参加了国家信息中心举办的“国家电子政务外网高级培训班”，在理论上学习了国家电子政务外网技术路线、省地县政务外网的建设要求、电子政务外网运维管理体系和安全认证技术等知识。2013 年 7 月份在市政府办的组织下到桃江信息中心和政务中心进行了考察，学习了省政务公开先进单位的成功经验。通过理论学习和实地调研，为涟源市电子政务的发展开阔了思路。三是网站建设注重新闻采编。2013 年市政府门户网站记者在上级媒体采编发表原创新闻 500 余篇、照片 500 余张，宣传了涟源的各项重点工作、民生工作，有效

提高了涟源的对外影响力和美誉度。四是本职工作注重信息技术应用。2013年以来，我们加强了研发力量，采用数据库和软件技术自主开发了服务器监控后台、网络留言处理系统等软件。结合短信平台系统，达到了能自动监控服务器运行和提高网络留言处理效率的效果。

二　2014 年工作展望

（一）抓住一根主线

抓住电子政务助力服务型政府建设这一主线，坚持以行政管理创新为目标，以政府职能转变为中心，从提高办事效率、方便群众办事和加强政府信息公开入手，不断加快电子政务建设，助力涟源市行政管理体制改革、建设服务型政府。

（二）实现两个突破

一是在发展理念上有新突破。即电子政务管理办的发展方向是既重管理，也重服务，更要成为为民办实事的职能部门；既着眼于长远，又着力于当前，在发展方向上要着重于复合型人才的引进和培养；既把事情办好，又把事业做大。二是在引资立项上有新突破。在争取涟源农村信息化平台建设重点项目上要有新突破。涟源市农村信息平台建设项目已列入《涟源市武陵山片区区域发展和扶贫攻坚实施规划（2011～2020）》项目库中，总投资为 1 亿元，目前正在与省、娄底发改部门衔接。

（三）打造四个亮点

1. 大力拓展电子政务外网平台向纵深层次应用

（1）进一步推进行政审批“两集中、两到位”改革工作，全力落实全市行政审批项目梳理和网上加载运行，确保 100% 的部门接入和 100% 的网上办理并纳入电子监察。

（2）进一步推进政务外网平台接入 20 个乡镇、社区和行政村，拓展乡镇

（办）电子政务外网平台应用工作。2014 年计划在各计育办办理二胎准生证的基础上，开展老年证、房屋登记等涉及群众切身利益的事项办理，打造惠民服务亮点。

（3）积极搞好全市行政审批网上办理技术培训工作和电子政务外网的运行维护，为全市行政审批“两集中、两到位”改革工作顺利推进，实现“530 工作目标”（即办理事项在法律规定时限基础上提速 50% 办结，情况特殊的，不得超过法律规定时限；做到服务零距离、办理零差错、群众零投诉）提供技术支撑。

2. 协同推进政务公开，打造“透明、服务”的政府形象

协同各相关职能部门，全面推进行政权力网上公开透明运行，深化基层政务信息公开、公共服务信息公开。公开过程中切实做到“三个更加”：公开内容更加全面充实；公开时间更加及时；公开重点更加突出。坚持把权、钱、人、事等关系群众切身利益的事项作为政务公开重点，打造阳光服务亮点。

3. 充分发挥政府门户网站的作用

2013 年，涟源市政府门户网站首次荣获“中国政务优秀网站”称号。2014 年，我们要充分发挥门户网站在以下几个方面的作用：

使政府网站成为百姓寻求政府帮助的重要渠道；

使政府网站成为听取民意、汇聚民智的重要窗口；

使政府网站成为解疑释惑、疏解民怨的重要形式；

使政府网站成为人民群众参政议政的重要途径；

使政府网站成为转变作风、提高效率的重要动力；

使政府网站成为堵漏补短、促进工作的重要帮手。

4. 创新涉涟网络留言办理机制，提升政府服务能力

（1）总结经验，提高网络舆情应对能力。2014 年将对 1000 余件网络留言的办理情况进行经验总结，按类别选取典型性、代表性的材料，供各办理单位参考借鉴。

（2）创新方法，提高网络留言办理质量和效率。进一步强化留言处理软件系统的管理功能，密切跟进留言办理后续工作的督促落实。

（3）加大力度，进一步提升答复率和满意率。下一步将与各承办单位加大沟通协作力度，达到 100% 的答复率，并让网民留言得到更及时、更满意的答复。切实把网络留言办理这项民心工作做好做实。

（四）迎接新的挑战

电子政务工作要主动适应新形势的发展需要，加强自身建设，加强领导班子建设，加强干部队伍建设，打造一支团结奋进、勇于开拓、求真务实的队伍，在全面深化改革的时代洪流中赢得主动，赢得未来。

B.38

2013 年宁远县电子政务建设情况及 2014 年发展展望

宁远县人民政府电子政务管理办公室

大力推进电子政务发展是政务部门提升履行职责能力和水平的重要途径，也是深化行政管理体制改革和建设人民满意的服务型政府的战略举措。2013年，宁远县按照省、市统一部署，全力开展以网络平台、门户网站、信息资源和安全管理为主要任务的电子政务建设和应用系统开发工作，取得了明显的工作成效。目前，全县电子政务的基本架构已初步形成，部门核心业务实现了不同程度的信息化，网络化公共服务日益普及，促进了服务型政府建设和政府职能转变。2013 年，宁远县政府门户网站被评为全省优秀政府门户网站。

一　2013 年电子政务建设情况

1. 加强领导，规范制度，推动电子政务规范运行

领导高度重视。宁远县委、县政府历来高度重视电子政务建设工作，成立了县长任组长，常务副县长主抓的全县电子政务暨县政府网站建设管理领导小组。县长经常过问政府网站情况，多次亲自批示“县长信箱”来信；分管政府网站的常务副县长多次听取政府网站工作汇报。2013 年 2 月份，县政府新年第一次常务会议就专题听取了全县电子政务暨政府网站建设工作情况汇报，明确了 2013 年的任务，县财政预算列入了 150 万元建设资金，从人力、物力、财力上给予充分保障。5 月份召开了全县各乡镇、各部门“一把手”参加的高规格的电子政务暨政府网站建设工作会议，专题部署政府网站建设管理工作，规模和力度都空前。

制度进一步规范。在原有各项制度的基础上，2013 年县政府办先后下发

了《关于进一步做好宁远县政府门户网站内容保障工作的通知》《关于进一步加强宁远县政府门户网站管理工作的通知》《宁远县政府门户网站信息发布制度》《关于深化政务公开加强政务服务的实施意见》等文件，进一步建立健全和完善了网站建设、信息报送、保密管理、信息审核发布、安全管理、信息公开、运维岗位工作职责、县长信箱回复及 12345 公共服务平台投诉咨询处理等一系列制度，进一步明确职责，加强队伍建设，各项工作更趋程序化、规范化，确保了网站运行有章可循。

2. 夯实基础，整合资源，确保网络平台高效服务

全面完成外网平台建设。2013 年 2 月，县政府常务会议专题研究了全县外网平台建设，确定了外网平台建设的资金来源、建设规模、建设时间等。宁远县外网平台分两部分建设：一是县外网中心平台建设由县财政投资，二是外部网络部分（县外网中心平台及省、市、县内各单位的网络建设）由县电信公司投资并建设。宁远县外网平台覆盖中央、省、市驻宁单位，县直部门和乡镇总共 161 个单位。外网平台从 2013 年 5 月开始建设，县电子政务办牵头县电信公司、平台中标单位按照工作进度计划表，协调理清各种关系，克服各种困难，工作总体进展顺利，各项系统建设都按计划进行，截至 2013 年 11 月底，全县所有具有行政审批职能的单位已全部接入，12 月底前所有乡镇全部接入。

子站管理和部门网站统一建管，全部整合。2013 年以来，按照“一级政府一个门户网站，一个部门一个子站”的要求，宁远县继续加大整合和管理力度，新建的 14 个部门网站全部依托县政府网站建站，已建的部门网站全部整合到了县政府网站下。全县网站实行了五个统一。①统一管理。各部门及乡镇门户网站统一归口县电子政务办管理，制定了《关于县政府门户网站及子站管理制度》，对县政府网站及各子站信息的采编、审核、发布，政务公开的及时性与准确性，互动平台的回复反馈，网站的安全管理等进行统一。②统一域名。按照《湖南省政府网站管理办法》和《宁远县政府网站建设和管理办法》的要求，各乡镇、县直各部门不再申请独立域名，而是统一使用县政府门户网站分配的下级域名。③统一使用平台。整合后的政府门户网站及部门子网站统一使用门户网站的公共硬件环境和公共软件系统，各部门负责本部门网站内容更新。县电子政务办对各部门子网站提供技术支持，并对其安全防护进行统一保障。④统一规划。县电子政务办依照国家有关规定，统一规划部门子网站的栏目设置和数据格式。⑤统一考核。县电子政务办年终对各个部门子网站进行考核评比，并将其结果全县通报。

3. 改版升级，凸显特色，强化政府网站服务功能

网站办事服务水平大幅提高。为提高政府门户网站办事服务水平、促进服务型政府网站建设，对照省里的指标要求，我们对县政府门户网站进行了全新改版。新版政府网站围绕信息公开、办事服务、互动交流三大服务功能，推出了“新闻中心”“政务公开”“网上办事”“公共服务”“政民互动”“投资宁远”“旅游宁远”“领导言论”“县长信箱”“领导通讯录”“12345 公共服务平台”“政务专题”“应急管理”等 20 多个大栏目 80 多个子栏目和 12 个专题热点。2013 年政府门户网站总访问量达 432003 次；共主动公开信息 7000 多条；完成公共服务事项 300 多项；公众网上申请办件 12564 件，办结 12558 件；“县长信箱”和“12345 公共服务平台”共收到群众来信 745 件，办结 729 件。网站的网上办事能力和互动交流能力大幅提高。

以特色平台拓宽服务渠道。为进一步拓宽网站服务百姓的渠道，全力提升网站的服务功能，我们在全省县级政府网站中第一个推出了利用现代信息技术将网络和电话两个载体高度融合的便民栏目——“12345 公共服务平台”。该栏目由网络平台和电话平台组成。栏目设“工作动态”“电话诉求”“网络诉求”“诉求回复列表”“今日统计”“热点问答”“便民查询”“便民服务”“在线调查”“运行通报”“使用向导”等子栏目。市民登录宁远县政府门户网站，进入“12345 公共服务平台”，即可获得全天候、全方位、全程式的信息服务。该栏目由宁远县电子政务办负责管理和维护，目前安排 12 人专门负责，设综合管理席位 3 人，网络处理席位 4 人，电话接听席位 5 人。栏目做到了“受理 100%，处理 100%，反馈 100%”，建立了“一周一报告，一月一通报，一季一分析，半年一小结，年终一总结”的运行通报制度。永州市及周边县（区）纷纷来宁远县学习，是宁远县政府门户网站 2013 年重点打造的特色栏目。

4. “软硬”兼施，强化防范，保障政府网站运行安全

宁远县高度重视政府网站的安全问题，把网站安全摆在首要位置。“软”

的方面主要从制度、人员配备、技术上给以充分保障，“硬”的方面主要从资金设备上给以充分保障。通过两个保障，确保了政府网站安全运行，全年没有发生一起网络安全事故。具体来讲，主要有以下几方面的措施。①在制度上，建立了政府网站值班制度、读网制度、发布审核制度、机房管理制度、安全管理制度、保密管理制度、技术运维制度、应急预案等。每天提交值班记录表，保障政府网站正常运行。②在人员上，明确县电子政务办分管网站的领导为网站安全保障工作的第一责任人，网络运行室具体负责网站安全，配备三名专业技术人员为网站安全直接责任人，实行 7×24 小时工作制。③在设备上，2013 年投资 70 多万元新配置了博华网龙外网防火墙、天融信外网防火墙、博华内网防火墙、网康上网行为管理、绿盟入侵防御系统、绿盟 WEB 安全网关、博华 VPN 网关、博华网站监管系统、金山杀毒软件等一系列安全产品，全力筑牢网站安全防范硬体系。④在技术上，建立了网站安全架构体系，针对入侵及恶意代码防范、身份鉴别、访问控制等制定了一系列可行的安全防护办法。对防火墙共配置 86 条管理策略，定义了 32 个对象。同时对网络设备、安全设备、服务器操作系统、网站访问日志、网站系统管理操作行为进行安全审计，每周对审计记录进行统计、分析，生成审计报表。制定数据备份与恢复工作守则，对网站数据库每天进行备份，每季度进行一次恢复测试，确保备份数据库文件的可用性；对网站访问日志每天进行一次备份，每月对其他系统日志进行一次备份，并设置日志文件的存放空间和存放期限，确保日志备份的连续完整；对与网站基础设施和应用系统层面相关的配置文件、审计记录等系统数据，每季度及在配置发生变更时进行一次备份，建立了系统补丁自动下载系统。⑤在应急和保密上，制定了《宁远县政府网站安全应急预案》《宁远县政府网站信息保密制度》等相关制度。确保在发生网站瘫痪、网页被篡改或挂马、分布式拒绝服务攻击、域名劫持、信息泄漏等事件时，明确事件的级别和启动条件，以及应急处置和系统恢复的流程、时限及权限等，确保有足够的资源保障。2013 年 6 月份联合县消防、电信等部门对县政府网站进行了一次应急演练，提高了网站的综合应急能力。8 月份，联合县保密局、县公安局对县政府网站和各部门网站开展了保密检查，严防失密泄密事件发生。

二 2014年电子政务发展展望

电子政务肩负着提高政府工作效率、转变政府职能以及推动整个社会信息化的重要使命。“十二五”时期，电子政务发展面临新的环境和要求，加快转变政府职能，加大行政审批制度改革力度，进一步加强行政管理创新和服务型政府建设要求更高，这些都对电子政务发展提出了更新、更高的要求。面对新的形势，2014年，宁远县将从四个方面开展工作，全力打造高效服务型电子政务。

1. 大力推行公共服务信息化

按照建设高效服务型电子政务的要求，逐步完成由以技术为中心向以政务为中心、以建设为中心向以应用为中心、以服务提供者为中心向以服务对象为中心、以政府为中心向以公众为中心、以部门为中心向以流程为中心的转变，进一步完善电子政务网络体系，全面推进电子政务外网应用，提升骨干传输网的带宽及传输速率，提升无线信号覆盖率，加强网络运维保障，满足各部门开展业务应用的需要，有力促进各级部门电子公共服务水平的提升。进一步拓展电子公共服务渠道，强化服务功能。完善综合便民服务的一站式网上办事窗口，提升办公自动化、社会保障、医疗保险、行政审批和公共服务等应用系统的一体化程度，让广大市民和企业真切感受到电子公共服务的方便快捷。拓展网上政民互动、政企互动渠道，积极开展网上民意征集、网上提案、网上调查、权威信息发布等多种互动交流业务，提高政务决策的公众参与度和政府公信力。

2. 加强信息资源共享和业务协同

宁远县部分部门网站缺乏规范化管理，信息量不足，更新不及时；政府信息资源的综合利用和共享程度不高，尚未在全县形成统一的数据共享标准体系。2014年，我们将按照“一数一源、共建共用”原则，建设统一的公文档案、政策法规、人力资源等数据库，推进人口、企业、地理空间与自然资源及宏观经济四大基础数据库的开发建设，保证基础信息的准确、完整、及时更新和共享。同时，统一平台，深化整合，实现信息资源与软件应用的共享。

3. 推进信息技术人才队伍建设

宁远县电子政务人才资源的结构性矛盾比较突出，缺少既懂政务又懂信息技术的复合型人才。有针对性的电子政务专业培训较少，在一定程度上阻碍了宁远县政府信息化建设与应用的进程；因此加强电子政务人才引进和业务培训，培养既懂管理、又懂技术的复合型人才。通过定期培训，提高机关工作人员特别是领导干部的电子政务意识和网络与信息安全保密意识，提高电子政务工作人员的专业技术水平和相关管理能力，是 2014 年宁远县电子政务人才队伍建设的目标。同时，要强化电子政务绩效评估工作，完善电子政务考核指标体系，创新电子政务绩效评估模式，以内部考核、公众评议和专家评价相结合的方式，对各部门电子政务任务执行情况和应用推广情况进行整体考核评估。

4. 推动数字宁远建设

争取用几年时间，综合应用地理信息、卫星定位、无线通信、视频监控、计算机网络等现代信息技术，建设统一平台，整合共享各职能部门资源，建设“数字宁远”，包含“数字城管”“智能交通”“数字档案”“应急指挥”“数字旅游”等一系列平台。

B.39

2013年蓝山县电子政务建设情况及2014年发展展望

蓝山县人民政府电子政务管理办公室

在县委、县政府的高度重视和上级业务主管部门的有效指导下，蓝山县电子政务工作以应用促进发展，努力将电子政务建设成果转化为提高政府效率的平台、监督政务的平台、信息公开的平台、为民办事的平台，电子政务建设快速推进。2013年被评为“湖南省优秀政府网站”，胡小菲同志被评为“湖南省政府网站工作先进个人”。

一 2013年电子政务工作建设情况

（一）关于政府门户网站建设

一是强化网站改版。经过一年多的努力实践和数十次网站改版方案修订，2013年8月顺利完成了县政府门户网站的第四次全面改版升级。网站上线后，获得了各级领导和广大网民的一致好评。在2013年11月份开展的全省政府网站绩效评估中，蓝山县政府门户网站创新推出的“迎接省市绩效评估专题”获得了省级主管部门的充分肯定，并成为全省市县级政府网站的学习榜样，全省80%以上的政府网站学习并建立了类似专题。

二是深化信息公开。①信息发布稳中有长。2013年向市政府网站报送政务信息1398条，在全市县区信息报送工作中名列前茅。通过政府网站公开发布各类政务信息5600余条，发布政府工作动态1568条，本网网站记者外出采访实时报道各类政务新闻256次，围绕县委、县政府中心工作制作各类专题6期。②热点宣传广受好评。积极围绕县委、县政府的中心工作，对各项社会热

点问题进行了宣传报道（如“蓝山县‘8·16’特大洪灾专题”“湘江源头在蓝山”“蓝山县县直单位三公经费公开”等）。尤其是 2013 年 8 月份，蓝山县遭遇“‘8·16’特大洪灾”，灾情发生后，蓝山县电子政务办全体干部职工坚守工作一线，跟踪和报道洪灾实时情况，在政府网最醒目的位置及时开辟了“‘8·16’特大洪灾”专题，拍摄各种具有新闻价值的照片 1000 多张，在新浪、网易、腾讯、湖南红网、永州市政府网等媒体上发表文章 300 余篇，使社会各界深入了解了蓝山灾情，凝聚了社会各界抗灾力量，传递了蓝山抗洪救灾正能量。③互动交流成效显著。2013 年 10 月份，起草下发了《关于进一步做好县政府网站“县长信箱”信件办理工作的通知》（蓝政办函〔2013〕75 号），对“县长信箱”回复进行进一步规范管理，对网民来信处理时间明确了具体时限和要求。电子政务办明确了专人管理，对“县长信箱”进行及时归纳整理，通过网上协同办公系统下发邮件到相关部门，并通过邮件、短信等方式加强了各部门的沟通协调。2013 年，共办理群众来信 130 余件，信件答复时间均控制在 3 ~5 个工作日内，信件处理率达到 100%。此举深受广大网友好评，有效解决了民众纠纷。目前，“县长信箱”已成为政府与群众沟通的主平台。④民生信息逐步公开。蓝山县将县直部门的为民办实事项目陆续公开，接受群众监督。2013 年 10 月中旬，蓝山县第一批 14 家“三公”经费试点单位在县政府网上及时公布了部门“三公”经费使用情况，让群众更加深入地了解部门财政预算情况。⑤网上办事效率提高。为了贴近百姓、服务百姓，蓝山县下大力气对各部门的职能、行政许可审批项目、办事流程、办事指南等进行重新梳理，构建了网上办事大厅，使广大群众可以足不出户实现证照办理和查询。现已累计办事 51221 件，大大提高了办事效率，方便了广大蓝山人民。

三是突出制度规范。①规范网站和外网建设。以县政府办文件形式先后下发了《关于进一步加强政府门户网站建设和管理工作的通知》《关于进一步做好县政府网站“县长信箱”信件办理工作的通知》《蓝山县电子政务外网平台管理暂行办法》和《蓝山县电子公文及电子印章管理暂行办法》等文件，有效规范了全县电子政务特别是政府网站工作。在信息发布方面，严格执行《蓝山政府门户网站信息发布审核制度》，规范发布流程；在内容保障方面，电子政务办分工明确，对网站栏目、联系部门和信息发布任务数量责任到人；在值班读网制度方面，坚持每天不定时检查网站页面能否正常访问、各栏目及其子栏目内容是否及时更新、网站提供的各项服务和互动功能是否正常、网站链接是否存在错链和断链等，发现问题后及时解决。形成了领导干部关注县政府网和本单位网站，带头读网、定时读网的良好习惯。②规范信息员队伍建设。蓝山县信息员制度建立以来，通过电子政务办多年对信息报送工作的考核，全县已涌现和培养出了一批优秀的写作能手，形成了一支成熟的信息员队伍。2013 年 4 月份，县委常委、常务副县长唐小明主持召开了全县电子政务工作会议，会议下发了蓝政办函〔2013〕31 号文件《关于表彰 2012 年度全县电子政务工作先进单位和先进个人的通报》。通过表彰先进，进一步引起全县各级各部门对于电子政务工作的重视，效果十分显著。2013 年县电子政务办与宣传部联合举办了两期业务培训班，对全县 130 多名信息员进行了业务培训。在上机操作方面，电子政务办以集中培训和上门一对一业务操作培训相结合。目前，各单位都明确了分管领导和一名专兼职信息员，为蓝山县政府网站工作的顺利开展奠定了坚实基础。

（二）关于电子政务网络建设

一是成立了领导小组。成立了由县长任顾问，常务副县长任组长，县政府办主任任副组长的高规格电子政务工作领导小组。在县电子政务办设立办公室，由电子政务办主任胡小菲任办公室主任，具体负责日常工作。

二是实现了外网全覆盖。电子政务外网建设是一项系统工程，只有立足实际，合理规划，才能稳步推进，蓝山县的电子政务网络建设在发展之初，就积极探索，高起点谋划。蓝山县外网网络部分由电信部门承建。县长、常务副县长经常过问电子政务外网建设情况，多次召开协调会解决建设过程中遇到的困难和问题。自 2011 年 12 月 6 日招标完成以来，在工程建设期间，电子政务办多次与电信部门进行座谈协商，在线路方案、人员安排、带宽出口和资费等问题上达成了共识，为项目建设扫除了障碍，工程进度突飞猛进。为加快推进网络部分建设，蓝山县还下发了《关于加强全县电子政务外网平台建设的通知》（蓝政办函〔2012〕69 号）。目前，蓝山县已全面完成了电子政务外网平台网

络架设和中心机房建设，成功实现了与市电子政务外网的对接。外网中心机房拥有自主管理的三层网络交换设备、路由设备和专用光纤，主干光纤带宽达千兆，终端带宽达五百兆。外网线路实现了“横向到边，纵向到底”的全覆盖目标，全县 125 个单位和 25 个乡镇办事处全部接入外网。

（三）关于业务系统应用

1. 协同办公系统得到全面推广应用

一是强化协同办公系统培训和应用。2013 年共培训 338 人次，利用协同办公系统下发县委政府公文 129 份，下发部门文件 98 份，发布政务新闻 260 篇，发布通知公告 26 个，交办工作 1000 余次，大大提高了工作效率，节约了人力资源，为全县节约办公经费两百万余元，为全面推行无纸化办公奠定了坚实基础。二是协同办公系统网点建设。2013 年将党委部门 81 家也融入协同办公系统建设中来。截至目前，全县接入外网单位达到 125 个，实现了全县党委部门、政府部门及乡镇办事处等各级各部门全覆盖。同时我们还针对电子政务外网承载的重要业务系统，对对外服务窗口部门以及常用网络应用软件进行了重点优化保障。三是协同办公系统新发展。在应用发展方面，蓝山县利用网络共享建立起了以工作资料为主的学习资源信息，向全县干部职工开放，有效地实现了信息化资源的集中和共享。

此外，蓝山县还将县政府门户网站和协同办公应用系统相结合，突出“县长信箱”和“政务要闻”建设渠道，实现了信息平台资源共享。

2. 网上政务服务和电子监察系统应用良好

2013 年以来，蓝山县网上政务服务和电子监察系统应用工作取得了飞速发展。2013 年 1 ~ 11 月，共收件 47882 件，办结事项 47842 件，充分发挥了网上政务服务和电子监察系统的作用，有力地推动了电子政务应用工作更好更快发展。一是领导重视。主要领导高度重视网上政务和电子监察系统运用工作，把网上政务服务作为信息化建设、廉政建设、深化政务公开、提高工作效率的一个重要工作来抓。全县各部门均建立了网上政务服务事项办理工作“一把手亲自抓、分管领导直接抓、落实专人具体抓”的工作机制。二是分工明确。县优化办负责电子监察系统的应用与监督，做到有分管领导、专人负责、专机专用。电子政务办承担本级系统的运行管理和技术服务。政务服务中心负责系统数据的录入，对窗口单位的业务操作进行考评，为相关单位在中心设立窗口上网运行提供场地和设备设施保障。三是网络健全。全县125个单位都已经接入电子政务外网，相关业务人员能够即时登录网上政务服务平台进行操作，为网上政务服务和电子监察系统的应用打下了良好的基础。四是事项完善。省政府信息中心在将平台交付使用时，蓝山县共录入了47个单位的186个事项。通过两年来对事项的进一步梳理和完善，经县优化办审核后，系统纳入的事项增加到267项，新增50多名业务人员的登录信息，修改事项流程12个。五是培训到位。首先，2013年初组织了47个具有行政审批、非行政审批和服务事项单位的政务服务事项办理人员参加了网上政务服务和电子监察系统管理员培训班；其次，由县电子政务办、优化办、政务服务中心相关人员组成的督察组对全县各部门的办理情况进行了督查，并进行了现场一对一的指导培训；再次，对部门新增的业务人员进行了在线或上门培训，保证了各部门业务人员全部能够熟练掌握网上政务服务流程和操作规范，以保障网上政务服务工作长效有序地运行。

（四）网络安全情况

一是加强了网站安全防护。蓝山县不断完善了政府网站防攻击、防篡改、防病毒等安全防护措施，做好日常巡检和监测，发现问题或出现突发情况时及时妥善处理。按照信息安全等级保护的要求，定期对网站进行安全检查，及时消除隐患。同时下文要求政府各部门网站不得在商业机构以虚拟网站方式建站，不得将服务器托管到商业机构，如需托管，可以托管到县政府门户网站机房。二是完善了安全保障机制。为提高网站应对突发事件的能力，规范网站应急处置工作，保障政府网站信息系统安全，确保政府网站的正常运行，我们制定了《蓝山政府网站安全应急处置预案》和《蓝山政府网站安全管理办法》《蓝山县政府网站读网制度》，明确了专人管理机房，对政府网站的应急处置流程、应急处置措施进行规范，建立科学、有效、反应迅速的应急工作机制。《蓝山政府网安全应急处置预案》对各种可能出现的政府网站安全事故提出了应对措施，明确了职责和联系人，确保了网站的平稳运行。三是强化了软硬件

保障措施。蓝山县中心机房备有应急电源，电源并入县电信公司，一旦出现停电情况，应急电源自动启动，可保证供电 3～5 小时，同时电信公司停电后会立即启动发电机组，做到了电源 24 小时供应，保证了中心机房和全县网络的正常使用。另外中心机房还配置了博华防火墙、博华安全网关、天融信防火墙、网域上网行为管理、VENUSTECH 入侵防御系统等安全设备，网站数据备份库服务器共 2 台。机房 web 服务器采用 Windows Server 2008 操作系统，机房专职管理人员按时检查机房并做好日志记录。

二 2014 年工作展望

（一）进一步提高政府网站服务质量

蓝山县将继续完善政府网站建设，扩大政府网站影响力。一是继续加强网站建设。蓝山县政府网站在永州市内虽然还算不错，但是与全省一流网站相比，仍有一定差距。我们将以全国优秀县级网站为标杆，努力将蓝山县政府网打造为湖南省一流网站。二是继续加强政府网站群建设。县政府网不仅是全县信息发布的权威平台，而且对部门网站存在指导职能。目前蓝山县建设有 10 个部门网站，明年我们计划引导建设多个部门网站，并对各部门网站实施考核，评选全县优秀政府网站。三是继续加强信息公开和互动交流建设。蓝山县信息公开和互动交流已受到群众的一致好评，我们将根据中央、省、市信息公开精神，持续推进信息公开，加强政民互动交流，努力打造阳光政府信息公开平台。

（二）进一步加强网上政务服务应用

高度重视网上政务服务和电子监察系统建设的应用工作，结合实际，认真摸清电子政务系统建设和运用中存在的突出问题，强化措施，努力促使系统应用工作落实到位。认真搞好监督检查，要把网上政务服务工作作为全县党风廉政建设、绩效评估和领导干部年度工作考核的一项重要内容来抓。要定期对各部门网上政务办理情况进行通报，加大对各部门网上政务服务系统的监督和考评，并将考核结果纳入年终考核指标体系，确保网上政务服务工作的顺利运行。积极开展横向交流，加强调查与研究，积极探讨部门网上政务服务和电子监察系统工作中的好经验、新措施，不断丰富内容，创新手段，充分发挥网上政务服务和电子监察系统应用成果对全县经济社会又好又快发展的服务、促进作用。

（三）进一步深化网上协同办公系统应用

一是加强学习，强化培训。要进一步加强业务人员工作能力，分阶段进行专项培训，为办公自动化系统的推广应用奠定基础。二是完善制度，强化管理。要增强机关人员的安全意识，加强信息安全、网络安全管理，杜绝涉密信息的泄漏。三是深化应用，全面覆盖。在覆盖至全县所有党群、政府部门后，将有选择地覆盖到各乡镇的重点村，实现县、乡、村三级信息联动。下一步，我们还将通过更换网络交换设备、重构网络 IP 地址、新增网络管理软件、强化网络安全管理，把蓝山县电子政务外网建成“体系结构合理、链路稳定可靠、设备运行可控、运维管理完善”的基础网络体系。

（四）进一步做好电子政务工作

认真完成好县委、县政府和上级主管部门交办的各项工作任务；定期检查、维护好中心机房及外网网络，发现问题时及时排除，确保外网平台及各业务系统正常、安全、稳定运行；加强对各单位电子政务工作、各业务系统的技术指导和业务培训；强化内部管理，提高工作人员业务水平，确保电子政务工作开创新局面，再上新台阶。

B.40

2013年麻阳县电子政务建设情况及2014年发展展望

麻阳苗族自治县电子政务管理办公室

推进电子政务建设是进一步转变政府职能，改进管理方式，提高行政效率和公共服务水平，建设阳光政府、服务政府的一项重要举措。近年来，麻阳电子政务工作立足县域实际，力求特色，在一些相关领域进行了积极探索。

一 电子政务建设发展概况

2013年，麻阳电子政务工作在县委、县政府的高度重视及市电政办的科学指导下，坚持以党的十八大精神为指导，紧紧围绕经济社会发展总体目标，坚持"以需求为导向，以应用促发展"的原则，以"服务政府，服务社会"为宗旨，不断夯实电子政务基础，深化电子政务应用，大力推进电子政务发展。2013年，麻阳县办公自动化、管理信息化水平不断提高，信息网络安全体系建设取得新进展，网上政务服务和电子监察系统建设、应用工作取得了阶段性成效，麻阳政府门户网站建设不断加强。2013年，麻阳县政府门户网站荣获湖南省"优秀政府网站""怀化市优秀政府网站"等殊荣。

二 主要做法和成效

1. 强化组织领导，建立规范制度，加大财政投入，为电子政务建设提供有力保障

电子政务是促进政府职能转变，提高政府管理、公共服务和应急能力的重要举措，是建设服务型政府的必然要求。县委、县政府一直以来高度重视电子

政务工作，不断强化领导、规范制度、加大投入，为电子政务工作顺利开展提供了有力保障。一是强化组织领导。根据电子政务工作需要，成立以县委常委、常务副县长为组长，政府办主任分管的电子政务工作领导小组，确定电子政务管理办公室为电子政务工作主管部门，按照“谁主管谁负责、谁运行谁负责”的原则，落实领导责任制和责任追究制。同时，县委常委会、县政府常务会议每年定期研究电子政务工作，县委、县政府主要领导多次调研电子政务工作，及时研究并解决发展过程中存在的困难。二是建立规范制度。为推动电子政务快速、健康发展，相继出台了《麻阳苗族自治县电子政务平台计算机网络管理规定》《麻阳政府门户网站信息发布管理办法》《麻阳政府门户网站安全防范制度和应急处理预案》等一系列文件和制度，确保电子政务工作有章可循、有制度可依、规范有序开展。三是加大资金投入。县财政高度重视电子政务资金投入，2013 年投入资金约 150 万元，确保电子政务有专用设备运行、有专业人员维护、有专项经费办事，为电子政务各项工作得以顺利开展提供了经费保障。

2. 注重平台支撑，强化外网建设，为电子政务发展奠定良好基础

为提升全县电子政务工作水平，麻阳县坚持把完善电子政务网络平台作为提高政务服务质量和效率的重要基础，统筹整合各方资源，加快建设覆盖广泛、渠道畅通、服务完善的电子政务外网平台。目前，已建成覆盖全县的电子政务外网和较高标准的电子政务核心机房，全面实现了省、市、县三级电子政务外网网络对接，完成了县直各单位横向网络链接平台建设，基本形成了全县统一的网上政务服务网络和数据交换平台。全县有 67 个单位已接入电子政务外网平台，占所有行政审批职能部门 90% 以上。

3. 完善网站功能，强化内容保障，提高政府网站建设水平和服务能力

建好政府门户网站，为市民和企业提供方便快捷的政府信息和服务，是电子政务工作的重中之重。2013 年，麻阳县根据省、市关于政府网站建设的相关要求及绩效考核指标体系，围绕“政务公开、网上办事、互动交流”三大主要功能，整合资源，完善平台，不断强化政府网站建设，致力于将政府门户网站打造成为信息公开的“窗口”、政民互动的“桥梁”、网上办事的“家园”，有力地提高了政府网站服务公众的能力和水平。一是继续完善网站平

台。在 2012 年对政府网站进行全面改版升级的基础上，进一步优化栏目版块布局，完善后台功能，提高网站安全性能。二是强化网站内容保障。按照《麻阳苗族自治县政府信息网上公开办法》《麻阳苗族自治县政府门户网站内容保障办法》等文件要求，进一步加大网站日常信息采集发布力度，规范信息报送制度、信息发布流程，强化网站内容保障。全年共发布各类图文信息 10000 余条，其中共审核发布“麻阳新闻”3317 条，被市门户网站转载 456 篇，转载国内国际新闻 802 篇，上传视频新闻 136 期。网站日平均点击率达 1400 余次。三是大力推进政务公开。认真贯彻落实《中华人民共和国政府信息公开条例》《湖南省 2013 年政务公开政务服务工作要点》等文件要求，坚持“围绕中心、服务大局、以人为本、优质高效、点面结合、深入推进”的原则，以建设“服务政府、责任政府、法治政府、廉洁政府”为目标，抢抓机遇，乘势而上，不断提升政务公开和政务服务的标准化、规范化水平，加强了政府网站政务信息的采集、审核、发布，深入推进九大重点领域信息公开。四是有力提升在线服务。根据省、市关于政府网站在线服务的相关要求，整合资源，全面更新和完善 13 类民生服务专题及与人民群众生活密切相关的服务事项。五是强化政民互动。健全网络问政平台、加强政民互动是强化政府与公众沟通、畅通民意通道、促进社会和谐稳定的一个重要途径。2013 年来，麻阳县进一步拓展沟通交流渠道，设置“县长信箱”“公众问答”“在线访谈”“民意征集”“网上调查”等栏目，多渠道、多形式地引导广大群众知政、议政、参政。同时，规范信件办理机制和督办考评机制，确保工作成效。2013 年度共收到有效信件 410 件，办结 407 件，回复率达 99.27%。共发布“民意征集”10 期，为县委、政府做出科学决策提供了有力参考。

4. 强化应用系统建设，加大应用推广力度，最大限度发挥电子政务的作用

电子政务建设投资大，动用人力物力多，必须最大限度发挥在实际工作中的作用，才能达到预期目的。一是加强应用系统开发和应用。网上政务服务和电子监察系统顺利完成并投入应用。截至目前，全县通过省网上政务服务和电子监察系统办理的项目累计收件 2049 件，办结 2029 件。所有收件都在规定时间内办结，未发出一张红牌。投入 300 万元开展平安城市数据网系统建设，确定95个点，安装110个摄像头，设置7个治安卡口。通过平安城市系统查询交通肇事、治安违法案例660期，有力打击了违法犯罪活动，最大限度地保障了人民群众的生命财产安全。16个财政业务系统建成并投入使用，服务于财政各项业务管理和县辖所有乡镇及各预算单位，形成了一个完整的财政信息系统，实现了数据共享、资源共享，有力地推动了财政业务的整合与优化，提高了工作效率。二是加强人员培训。为提高全县各级党政机关领导干部和工作人员在实际工作中应用电子政务的能力，麻阳县采取网络培训、仿真操作、在线答疑等多种形式开展培训。同时，按照“突出重点、注重实效、分类指导、重在应用”的原则，举办了2期全县网络管理与技术骨干人员集中培训，扎实的培训工作为全面搞好电子政务管理和应用创造了条件。

5. 加强网络安全管理，确保电子政务网络通畅

为保障网络稳定运行，2013年，根据《湖南省政府网站管理办法》，重新修订了《麻阳苗族自治县网络安全保障制度》《麻阳苗族自治县电子政务外网机房管理制度》《麻阳苗族自治县电子政务外网安全防护和应急方案》，对政府门户网站计算机管理终端的使用、病毒的防护、网站安全防护、服务器的升级备份、电子政务外网线路的监控以及机房核心交换机、服务器、防火墙、安全网关等设备的操作做了明确规定和要求，确保电子政务网络安全稳定运行。

三 电子政务工作展望

2014年，麻阳县将坚持以党的十八大和十八届三中全会精神为指导，以提高政府及部门的行政效能和服务水平为目标，以加强基础设施和政府核心应用系统为突破口，以强化网站建设为核心，多措并举，通力协作，全力推进电子政务建设进程，充分发挥电子政务在促进效能政府建设、提升公共服务水平、建设和谐社会中的积极作用。

1. 规章建制，进一步规范政府网站的建设和管理

根据《湖南省人民政府办公厅关于进一步加强政府网站管理工作的通知》

（湘政办函〔2011〕68 号）、《湖南省政府网站管理办法》的文件精神，2014 年，麻阳县拟制定出台《麻阳苗族自治县政府网站管理办法》，以提高政府网站建设水平，规范政府网站的建设和管理。同时，强化网站群体系建设，全力推进子网站建设，争取 2014 年底前完成 30 个县直部门、乡镇子网站建设，确保建设率达 50%。

2. 拓展互动渠道，进一步推进“12345”县长热线平台建设

在政府网站已开辟政民互动平台的基础上，进一步拓展政府与公众的交流互动渠道，全力推进“12345”县长热线语音平台建设，积极做好平台搭建、人员到位、制度出台等相关工作，确保“12345”县长热线平台顺利上线。

3. 整合资源，进一步完善全县统一的信息公开发布平台

为进一步整合全县政务系统信息资源，推动麻阳县电子政务建设快速发展，在充分利用现有各类资源的基础上，进一步完善全县统一的信息公开发布平台。全县将利用集中存储方式，将目前分散在各部门的数据统一进行整合和共享，提高数据的利用率，避免重复建设，逐步消除“数据孤岛”。

4. 优化网络平台，进一步推进电子政务内网、外网建设

一是大力推进电子政务内网建设。积极开展党政电子政务内网线路铺设及调试，计划投资 110 万元建设覆盖到县委、县人大、县政府、县政协等 110 个部门和单位的电子政务内网，建成公文传输系统，完成跨部门之间的公文传输，实现部门内部的资源共享和协作办公，提高网上办公效率。二是加快外网横向连接步伐，优化外网结构。努力完善县、乡镇两级电子政务外网横向接入，统筹外网平台改造升级，编制外网平台网络优化技术方案，进一步加快外网平台建设步伐，推动外网平台向基层延伸。2014 年底实现 23 个乡镇全覆盖。

5. 强化电子政务应用，进一步提高网上政务服务和电子监察系统应用实效

巩固原有的建设成果，按照全省统一要求，力争全县所有行政事业单位和各乡镇政务服务工作全部实现网上办理和电子监察，100% 行政许可项目、非行政许可项目，50% 以上服务类事项的审批依据、审批流程、审批时限、收费标准等在线公示，审批表格在线下载，基本实现行政许可项目、非行政许可项目的审批业务在线受理，审批结果在线反馈。

6. 加大培训力度，进一步提高电子政务应用能力

积极开展对县直单位和乡镇负责电子政务工作的分管领导和操作人员的电子政务应用知识培训，提高电子政务应用能力，为电子政务建设与发展提供技术保障。同时，加大网上应用的开发力度，不断丰富和完善网上应用内容，以用促建，推动电子政务的全面发展。

B.41

2013 年通道县电子政务建设情况及 2014 年发展展望

通道侗族自治县电子政务管理办公室

2013 年，通道县电子政务工作在县委、县政府的正确领导下，在市电子政务办的精心指导下，以党的十八大精神为指导，以提高应用水平为重点，努力扩大社会服务领域，着力构建服务型政府，为促进全县经济和社会又好又快发展发挥了积极的作用，各项工作都取得了一定成效。

一　领导高度重视，电子政务工作快速发展

电子政务是信息技术革命与政府行政改革创新的产物，也是全面建设服务型政府的具体要求。县委、县政府充分认识到电子政务发展的紧要形势和迫切要求，一直以来都把电子政务建设当成一项重要工作来抓。一是及时调整领导机构，明确了县长统筹调度、常务副县长和纪委书记抓落实的领导机制。二是高度重视工作调度，及时解决矛盾问题。通道县高度重视电子政务工作，实行政务服务中心、电子政务办公室两块牌子一班人马的行政机构设置模式，由县政府办副主任及党组成员、政务服务中心主任兼任电子政务管理办公室主任，并核定两个电政办编制，安排了专项工作经费。县政府常务会多次研究电子政务工作，县政府主要领导也多次进行重点调度。同时，通道县就电子政务外网建设、行政审批事项梳理、网上政务服务系统应用等问题进行了全面的督促和检查。县委、县政府的高度重视和密切关注，形成了推动电子政务建设的强劲动力。三是加大经费投入，确保建设需要。在通道县电子政务建设过程中，经费投入在财政资金安排中一直享受“不砍不减”的特殊待遇，坚持优先保障，确保了电子政务工作的健康快速发展。

二　统一思想认识，全县上下形成工作合力

2013年，通道县从提高思想认识、转变工作模式、强化督促检查、落实任务目标等方面着力加强电子政务工作。一是形成“领导共识”氛围。通道县结合“正风提效促发展、强基固本惠民生”主题实践活动，专门组织了包括县长、副县长、纪委书记、监察局局长等领导在内的电子政务专题知识讲座和网上办事服务现场体验活动，使大家深刻体会到电子政务在行政审批过程中严谨、规范、高效、便捷的极大优势，在领导层面迅速形成了加快电子政务建设的氛围和共识。二是攻克“模式转变”难题。实施电子政务是行政审批模式由“群众求你办事”到“电脑催你办事”的转变，很多掌握一定审批权力的干部不适应、不愿意在网上办理审批事项。为此，通道县根据上级要求，制定了“四个一律”硬措施：没有在规定的期限接入电子政务外网的一律诫勉谈话，按要求登录审批事项资料不全的一律通报批评，网上政务服务应用率没有达到90%以上的一律书面说明情况，发现“体外循环”、规避监督的一律追究责任。在严格的纪律要求下，通道县电子政务工作得以稳步推进、快速发展。三是发挥“示范引导”效应。在推进网上政务服务工作中，通道县在开展集中培训的基础上，还选择了物价、环保、水务等几个部门先行试点，通过组织其他部门领导观摩试点单位的运行，对网上办事的优越性和实用性有了深刻而直观的认识，各部门的积极性和主动性得到极大提高，全县上下逐步形成推进工作的强大合力。

三　强化网络建设，逐步实现网上办事

（一）党政电子政务内网建设稳步推进

根据上级要求，通道县积极推进电子政务内网建设。一是成立县委信息技术中心，明确机构性质、编制和分管人员，为工作有序健康发展提供了坚强的组织保障。二是信息技术中心机房按期保质建成，并按规划完成了104个单位的党政电子政务内网线路铺设及调试。目前，内网已经正式运行，实现了通过公文传

输系统完成跨部门之间的公文传输，实现了部门内部的资源共享和协作办公，完成了部门内部信息的有序而畅通的流转和整合。这样既可以实现政府系统公文无纸化传输，又有利于加强各部门间公文交换，还进一步提高了网上公文收发效率。

（二）电子政务外网建设取得成效

自 2012 年开始搭建电子政务外网平台以来，通道县一直在大力推进该项工作。目前，通道县政府网站在线办事栏目链接到网上政务服务办事大厅，按照省、市要求，全面实现了省、市、县三级电子政务外网网络对接，完成了县直各单位横向网络链接平台建设，基本形成了全县统一的网上政务服务网络和数据交换平台。目前，全县接入电子政务外网平台的单位有 50 家，占所有行政审批职能部门的 95% 以上；可以实现网上办理的行政审批项目 364 项，占所有行政审批项目的 93%。

四 推广网上模式，电子政务应用成效显著

（一）网上政务模式得以推广

在电子政务一系列硬性工作指标的压力下，通道县各级各部门领导的思想高度统一，充分肯定了网上政务服务方便快捷的优越性和实用性，并掀起了一阵学习网上政务操作技能的热潮。领导的高度重视使网上政务服务新模式得以迅速推广及应用。

（二）应用服务管理得到加强

根据工作需要，通道县及时将电子政务系统建设和应用工作列入绩效考核内容，制定了专项督查方案和责任追究制度，对电子政务建设、运行维护、应用服务、信息公开等情况进行综合、全面的考核与评价。

（三）电子监察应用取得实效

电子监察系统和视频监察系统是我们监督工作作风、机关效能、规范服务

的有力武器。目前，通道县电子监察、视频监察正常运行，实现了“办事流程、预警数据、服务窗口”全覆盖，对各部门的系统应用情况、具体事项的效能情况、重大问题和投诉事项的办理情况进行实时监督。从网上政务服务大厅运行至今，共累计接件7866件，办结7860件。2013年，网上受理政务服务事项4455件，办结4490件，办理过程100%接受电子监察全程监督。同时，全年收到市里交办的“市长信箱”信件18件，全部办结。“县长信箱”收到群众来信74件，无效信件21件，已回复信件53件。电子监察系统的应用使网上政务服务工作取得了“无超期办结、无投诉举报、无暗箱操作、无体外循环”的良好效果。

五　注重民族特色，政府门户网站建设取得突破

（一）继续完善网站平台

通道侗族自治县人民政府网站使用的是oracle数据库，网站系统使用JSP语言、linux系统平台。2013年，通道县在使用网站平台的过程中，继续对后台进行查漏补缺，完善后台功能，提高网站安全性能，对发现的漏洞及时打好补丁，并参照省政府网站对一些栏目进行修改。2013年，新增了“两会”“阳光三农”“为民务实促发展，清廉勤政惠民生”“治超”和“机关作风大家评”等5个专题。增加二级栏目6个，进一步丰富了网站的内容，增强了网站的实用性和互动性。目前，网站运行情况良好，共设有9个一级栏目86个子栏目。

（二）注入少数民族特色和文化元素

通道侗族自治县人民政府网站坚持服务和服从于全县“生态立县、旅游兴县、文化强县、工业富县”的发展大局，在设计、视觉美观、背景、导航素材等方面充分融入侗族文化特色，网站整体形象高雅脱俗。网站开设了“通道转兵”特色栏目，同时，还建设了“通道旅游”子网站。

（三）加大政府信息公开力度

一是以推进政府信息公开为龙头，组织相关部门建立了通道县统一的政府

信息发布平台，及时丰富完善了政务公开专栏信息，为促进互联互通、信息共享，确保人民群众的知情权和监督权得到落实，发挥了不可替代的重要作用。二是突出重点领域信息发布。为切实维护好人民群众的知情权、参与权和监督权，通道县政府门户网站专门开设了重点领域政府信息公开专栏，对群众关注的政府决策、行政审批、项目建设、财政预算、环境保护、征地拆迁等10 个热点行业的信息进行及时、主动公开。2013 年，共发布食品安全、公共资源配置、环境监测、价格监督、重大项目建设等重点领域信息 248 项，发布政府规范性文件 15 份，重大事项决策建议征询 12 项，人事任免及各类招考信息 509 次，更新权力规范运行信息 21 项。随着政府信息公开体系和机制的不断完善，通道县行政权力运行日趋公开化、透明化，极大地促进了人民群众对政府的信任和理解，取得了良好的社会效益。三是做好“每日政务要闻”“乡镇动态”和“部门动态”的信息收集和更新，并对通道县电视台的《通道新闻》进行了网站转播。

（四）建设“通道县阳光三农服务网”子网站

为更好地服务三农，推动社会主义新农村建设，县电子政务办联合县农办将“通道县阳光三农服务网”作为县政府门户网的子网站进行建设，开放权限由县农办管理，设置“工作动态”“政策解读”“农廉文化”“三务公开”“三资管理”“服务三农”“农民心声”7 个栏目。同时，全县 21 个乡镇的“三农”子站也全面建设完成。

（五）建章立制确保网络畅通

一是领导重视。通道政府门户网站目前由县政府办公室电子政务办管理，政府办副主任兼任电子政务办主任，每年安排专项经费 10 万元用于网站运行及维护；网站由专门人员进行管理，定期对系统漏洞和弱点进行安全检测，出现各类问题时及时进行处理；安排专门人员对网站进行更新，严格审核舆情和安全问题；建立了紧急情况的应急预案并进行了演练。二是重视业务流程和工作秩序的建设。其中涉及两方面：一方面是工作流程规范，另一方面是审批制度的优化。三是对电子政务宗旨、任务、组织机构、网上办公、信息采集发布、安全措施等做了明确规定。四是资源共享，杜绝浪费。五是及时更新政务动态，各部门各单位凡向新闻媒体上报的信息都同时发布到政府门户网站。

六 强化安全措施，确保电子政务网络通畅

一是制定网络安全保障制度，并组织电子政务办相关人员学习该制度。二是安排专门的技术人员对网站进行管理和维护。网站使用两套系统，一套出现问题时就使用备用的系统，保证在受到攻击或出现问题时仍能正常使用。为防止突发性停电而导致网站服务器故障，在机房里还配备了 UPS 不间断电源。三是网络安全方面包括：①机房安全（防火、水、雷、虫，人员进入按照操作要求执行）；②网络隔断（VLAN 端口检测）；③流量过滤并对加密进行定期认证；④载有硬件防火墙和专业级防病毒软件等。四是对网站及时进行故障检修。一般故障，由技术员在 1 ~4 小时内进行处理，24 小时内排除故障。五是明确专人负责计算机网络日志文件备份、删除等操作，日志记录在计算机上要保留六个月以上。六是建立双备份制度，对重要资料除在电脑存储外，还要存储到移动硬盘并刻录到光盘上，以防因病毒入侵破坏及系统崩溃而丢失。七是关闭网站系统中暂不使用的服务功能及相关安全端口，并及时用补丁修复系统漏洞，定期查杀病毒和做入侵检测。

七 2014 年电子政务建设发展展望

2014 年，我们将坚持以党的十八大和十八届三中全会精神为指导，以改革创新为动力，统筹兼顾，突出重点，强化措施，真抓实干，努力开创全县电子政务工作的新局面。

（一）加强电子政务建设

一是加强与各级各部门的联络，逐步实现与各级各部门之间信息资源的共享和整合，进一步提升网上信息公开化水平，增强网上办事服务能力；二是做好政务信息公开平台的建设，加强网络监测及维护，确保政务网络安全畅通，

继续做好信息上报工作，及时更新网站信息；三是做好网络维护管理与安全工作，加强网络安全保密检查，杜绝失、泄密事件的发生。

（二）加大政府信息公开力度

县督查部门加强督办，对信息报送及政府信息公开工作拖延不办、敷衍塞责的单位进行通报批评，确保政府信息公开落实到位；各乡镇政府、县直部门要把信息化建设工作当作政治任务来完成，由“一把手”亲自抓，按照规定的时间、规定的内容不折不扣地完成资料报送任务，确保按时建成信息网络平台。

（三）强化电子政务系统应用

加强县政府门户网站的建设和管理，加大县内网站资源整合力度，全面提高政府门户网站信息公开、网上办事、互动交流的功能和水平。进一步完善和简化办事流程，提高办事效率，加快接入电子政务外网平台的工作进度。根据全省要求，2014 年要实现所有行政许可、非行政许可项目，服务类事项的审批依据、审批流程、审批时限、收费标准等在线公示，审批表格在线下载、在线受理、在线办理及反馈。从技术上规范政府行政行为，全程接受电子监察，全面提升行政效率和服务水平。

（四）规范政府部门网站域名

根据《湖南省网站管理办法》湘政办发〔2012〕99 号文件精神，对我县各部门网站进行规范，统一使用我县政府门户网站的二级域名为该部门法定名称或简称的拼音缩写，不再申请独立域名。并要求各部门网站设立“政务公开”栏目，在网站首页醒目位置建立与我县政府门户网站的链接。

（五）做好电子政务业务培训

积极派人参加市里举办的各项业务培训，不断提高电子政务工作人员的综合素质，提升业务能力。对接入电子政务外网的部门开展专项培训，同时建立健全电子政务工作的考核评估、监督检查评议等工作制度，确保电子政务工作顺利开展。

B.42

2013 年辰溪县电子政务建设情况及 2014 年发展展望

辰溪县人民政府电子政务管理办公室

一 发展概况

近年来，辰溪县电子政务工作以提高行政效能、创优服务水平为目标，以实现在线服务为突破口，以增强门户网站功能为核心，全面加快政府门户网站体系建设。目前，已建成了电子政务外网硬件平台，全新改版了政府门户网站，开通了网上政务服务和电子监察系统，电子政务在促进政府效能建设、改进民生服务、建设和谐社会中发挥了积极作用，开创了电子政务工作新局面。几年来，辰溪县先后荣获 2011 年度“怀化市电子政务工作先进单位”，2012 年度“湖南省服务创新型政府网站”和 2013 年度“怀化市优秀政府网站”“湖南省优秀政府网站”等荣誉称号。

二 主要做法

在电子政务的具体工作中，我们狠抓关键环节，做到了以下“四个坚持”。

1. 提升认识高度，强化人财物保障

辰溪县始终高度重视电子政务工作，坚持“现代办公、高效服务”的理念，将电子政务工作放在突出位置来抓。一是高要求选拔技术人才。电子政务工作对从业人员素质要求很高，特别需要精通信息网络技术、掌握图文编辑、擅长新闻采写、具备较强沟通协调能力等方面的人才。为切实保障电子政务工作人才需求，辰溪县通过公招、选调、聘用等方式，在全县范围内精心选配了

4 名专业人才（网络技术工程师 1 人、美工编辑 1 人、新闻专业 2 人）。2013 年 8 月，再次为电子政务办公选拔了 2 名实践经验丰富、责任心强、具有创新精神的专业技术人员。

二是高标准逐年增加投入。在县财政十分紧张的情况下，按照省、市的要求，辰溪县逐年增加了对电子政务工作的经费投入。截至目前，累计投入电子政务专项工作的经费 500 万余元，并实现了逐年增加，由 2008 年的 10 万元提高到 2013 年的 207 万元（2008 年 10 万元，2009 年 18 万元，2010 年 27 万元，2011 年 158 万元，2012 年 75 万元，2013 年 207 万元），为开展电子政务工作提供了有力的经费保障。

三是高水准优化办公设施。为努力营造舒适、规范、和谐的电子政务办公环境，进一步提高工作效率，辰溪县投入 80 余万元，对电子政务办公设施进行了改造升级，扩展了办公场所，并对其进行了全面装修，购置了多台笔记本电脑、高性能单反照相机、标准办公桌椅等先进办公设备，办公条件得到进一步改善。

2. 坚持完善功能，强化网站建设与管理

为把辰溪县政府门户网站办成一个实用、高效、有益、共享的网站，我们突出在网站建设与管理方面狠下功夫。

一是全新改版升级门户网站。辰溪县政府门户网站建设启动于 2006 年，2008 年正式上线。为了更好地发挥政府门户网站服务社会、服务群众、服务发展的作用，我们按照《湖南省政府服务规定》关于政府门户网站建设的“八个统一”要求，结合电子政务外网工程建设，大胆探索政府网站建设的新思路、新模式，对信息网实施了全面的升级改版，调整了栏目设计和页面设计，在风格上进一步突出辰溪特色。2013 年新增了“依法行政”“社会公益事业”“行政审批”等栏目和“规范权力运行”“辰溪抗旱”“学习贯彻党的十八大”等专题专栏。截至目前，辰溪县政府门户网站共设有“走进辰溪”“新闻中心”“政务公开”“网上办事”等 9 个一级栏目 72 个二级栏目，在功能上构建了政府门户网站的基本框架，在栏目设置上突出了“人无我有，人有我新”的思路，办出了自己的特色。政府门户网站截至 2013 年底总访问量达 123.5 万余人次。

二是围绕“三大功能”强化网站建设。为将政府门户网站打造成县委、县政府网络问政的重要渠道，汇聚民智、问政于民、问计于民，辰溪县紧紧围绕“政务公开、网上办事、政民互动”三大主要网站功能，创新网站管理，取得了显著成效。在政务公开方面，我们设置了“政务公告”“领导之窗”“统计数据”“政府信息公开”“组织机构”“政府文件”“规划计划”“政府采购”“政府会议”“财政公开”“政府工程”“理论实践”“人事信息”“公务员考录”等专项子栏目，定期更新相关内容，增进了群众对政府工作和公共服务项目的了解，树立了“阳光政府、透明政府”的良好形象。自2010年以来，县政府门户网站累计上传信息近22500余条、图片6700多张、视频新闻500多条，对县内重大事件、重大活动进行了专题跟踪报道，使全县广大干部群众能在第一时间了解政府工作动态和信息，大大提升了政府工作的透明度。

在网上办事方面，我们始终把网上在线办事作为网站建设的重中之重，开设了“网上政务服务大厅”，进一步完善了网上政务服务和电子监察系统。截至2013年底，55个部门的396项行政审批事项纳入了网上办事系统。同时，我们将行政审批事项按个人办事和企业办事细分为43类，并为5类特殊人群开通了快速办事绿色通道，切实为企业和个人办事提供便利服务。截至目前，共在线办理审批事项8297件。在政民互动方面，我们设置了“书记信箱”“县长信箱”“公众问答”“在线访谈”“民意征集”“网上调查”“信件情况反馈”等固定互动模块，推进公众参与建言议政，架起了政府和公众在线交流的桥梁，实现了政府与公众的良性互动。比如，通过设置“书记信箱”和“县长信箱”栏目，2013年共收到群众咨询、建议、投诉、举报等信件323件，剔除重复来信、来信无详细联系方式和因所反映的情况主体不明而无法受理的信件外，共受理有效信件163件，办结163件，办结回复率达100%。其中“外地买的社保如何转回本地、如何办理城乡养老保险、城市建房有哪些规定、全民创业的优惠政策”等一批群众反映的热点、焦点问题得到了及时解答，得到了广大群众的充分认可。

三是规范子网站建设与管理。2013年6月，辰溪县下发了《关于切实做好政府网站子网站建设的通知》，按照“统筹规划、自主建设、资源共享”的建设原则，以辰溪县政府门户网为主站，对全县的政府网站进行了整合和重

建。目前，全县 30 个乡镇政府子网站已全部建好，县直部门子网站已建好 17 个，初步形成了以政府门户网站为主站，县直部门网站和乡镇政府网站为子站的网站群体。同时，为进一步加强对政府网站的管理维护，我们制定了《辰溪县政府网站管理办法》，明确规定一个部门、一个乡镇原则上只建设一个子站，并统一使用政府门户网站的互联网出口和公共软硬件系统，采用统一的安全防护措施，努力构建内容丰富、规范管理、集约高效的网站体系。

3. 坚持优化服务，强化电子政务平台建设

为了给各行政事业单位创造一个良好的网上办公条件，为公众网上办事提供优质服务，我们在电子政务平台建设上着重抓了两个方面。一方面，积极推进网上政务服务和电子监察工作。为提升政府网站访问速度和网站质量，我们将县本级电子政务外网平台互联网出口从 1G 带宽提升至 2G 带宽，对整个网站应用进行了加速，大幅提升了政府对外提供各种应用服务的访问性能，提高了公众的满意度；进一步完善和加强县政府网站群的服务功能，我们对县直部门 55 家单位的政务服务事项进行了认真梳理，将 396 项部门行政审批事项接入了网上办事系统，实现了办事指南、表格下载、在线咨询、在线投诉、办理结果公示、办理查询等“一条龙”服务。另一方面，积极参与协调各单位信息化平台建设。为提升全县电子政务工作水平，辰溪县电子政务办充分利用人才、技术优势，积极主动帮助各乡镇政府、各县直部门进行电子政务信息化平台建设。比如，为高标准建设全县电子政务内网，确保内网的安全性、稳定性，县电子政务办工作人员通过认真调查研究、反复论证，帮助县机要局完善了县本级电子政务内网网络规划，优化了网络结构，高效、高标准地完成了县本级电子政务内网平台建设。为充分发挥县本级电子政务内网优势，节省投入成本，辰溪县电子政务办在全市范围内首先提出并实现将财政专网并入内网，真正做到“一网多用”。将业务网并入主干网不仅节省了人力物力，还提升了办事效率。

4. 坚持电子政务规范管理，强化制度建设和审核把关

为了使电子政务工作有章可循，有制度可依，走上规范化轨道，我们着力抓了三个方面。一是建立健全工作制度，成立了由常务副县长任组长的县电子政务工作领导小组。为加强信息报送工作，及时更新、充实网站内容，我们实行各单位专人报送制，建立了县政府门户网站和电子政务外网 QQ 群，开通了政务信息短信平台。为规范信息公开，做好保密安全工作，我们出台了《辰溪县政府门户网站信息发布审核制度》，严格实行政务信息公开预先审查、保密审查等制度，坚持“谁审核、谁负责”的原则，对上报的信息逐条进行审核，确保网站上政府信息的权威性、准确性和及时性，确保公开的信息不涉密，涉密的信息不公开。

二是严格审核县直部门电子政务信息化项目建设。县电子政务办对 17 家县直部门、30 个乡镇政府的电子政务信息化项目建设的方案和计划进行了认真审核，各项目建设的方案和计划得到了优化完善，确保了项目建设科学合理、节省成本。其中，县财政局、县农办、县人社局、县发改局的机房和网络改造成本节省了 15 万余元。

三是加强网络安全管理。网络的稳定与安全至关重要。为保障网络安全运行，2013 年，我们根据新出台的《辰溪县政府网站管理办法》，重新修订了《辰溪县政府门户网站管理制度》《辰溪县电子政务外网机房管理制度》《辰溪县电子政务外网安全防护和应急方案》等相关制度，对政府门户网站计算机终端的使用、病毒的防护、网站安全防护、网站后台程序的使用与管理以及机房核心交换机、服务器、防火墙、安全网关等设备的规范操作进一步做了详细规定，确保电子政务外网和政府门户网站安全、稳定运行。

三　工作展望

下一阶段，辰溪县电子政务工作将按照“以公众为中心、以服务为导向”的原则，以“整合、应用、服务、效益”为主线，以统一的电子政务网络平台为支撑，以政务信息资源开发利用与共享为核心，进一步健全完善网络与信息安全管理体系，加快信息技术的推广应用，增强电子政务网站服务功能，促进服务型政府建设，提高政府公信力。

1. 进一步整合政府网站资源

全面完成县直部门子网站建设，实现乡镇政府、县直部门子网站与县政府门户网站的有效整合。同时，以统一规范为基础，以资源共享为目的，建立

"统一管理、统一形象、统一服务"的政府门户网站群。

2. 进一步做好政务信息公开

认真落实政务信息专人报送制，切实做好政府门户网站群政务信息公开工作的日常管理，进一步提升政府信息公开的规范性、实用性和时效性，有效地满足公众实际需求。

3. 进一步完善网上办事服务

一是将全县 30 个乡镇及其他县直部门的行政审批事项全部接入网上办事系统；二是进一步健全完善"网上政务服务大厅"，将县政府门户网站真正建成"服务发展、服务企业、服务群众"的公众服务平台。

4. 进一步推进政民互动交流

一是继续办好"书记信箱""县长信箱""公众问答""民意征集""网上调查"等网上政府与公众互动沟通交流专栏。二是开设"12345 县长热线"专栏，及时答复群众来电来访，进一步密切政府同群众的联系。

5. 进一步加强网站安全管理

继续认真落实网站安全管理相关制度，定期对机房、网络系统进行安全检查，及时排除安全隐患，切实保障政务网络和门户网站的安全。

B.43

2013 年保靖县电子政务建设情况及 2014 年发展展望

保靖县电子政务办公室

一　2013 年电子政务工作回顾

2013 年，在县委、县政府的正确领导下，在省、州有关部门的指导和大力支持下，保靖县电子政务办公室以提高电子政务应用水平为重点，扎实推进“数字湘西”和“四个保靖”建设，大力发扬求真务实、艰苦创业、开拓创新、坚忍不拔、负重奋进的“五种精神”，有序开展各项工作，努力扩大电子政务服务领域，较好地完成了 2013 年度工作任务。现将 2013 年电子政务工作开展情况及 2014 年发展展望总结如下。

（一）强化领导，完善工作机构，落实保障资金

第一，加强组织领导，明确工作责任。2013 年 11 月份，调整了县电子政务建设领导小组名单，成立了由县委常委、常务副县长向安生担任组长，县政府办主任田明担任副组长，县政府办、监察局、发改局、财政局、城市管理行政执法局、住建局、公路局、电子政务办、电信局、移动公司等 10 多个单位负责人为成员的县电子政务建设领导小组，负责县电子政务建设的领导、协调、指导和督查工作。县政府常务会议和县电子政务建设领导小组多次进行专题研究，明确了成员单位的职责，及时协调解决了网站建设运行过程中存在的问题。

第二，完善工作机构，明确职能职责。按照省委、省人民政府的《关于印发湖南省实施〈中华人民共和国公务员法〉工作方案的通知》（湘发〔2006〕17 号），省委组织部、省人事厅、省机构编制委员会办公室转发的中

共中央组织部、人事部《关于印发〈关于事业单位参照公务员法管理工作有关问题的意见〉的通知》（湘组〔2006〕99 号）的文件精神，县电子政务办积极向上争取参公管理，重新梳理了办公室职能职责。

第三，积极争取，落实电子政务建设资金，确保了电子政务建设各项工作顺利开展。

（二）加强政府门户网站建设，完善政府信息发布平台

第一，完善政府信息公开平台建设，提升政府信息公开发布质量，促进发布内容不断扩展。县电子政务办严格按照《湘西自治州政务公开领导小组办公室关于全州政府信息公开发布情况》（州政公办发〔2013〕4 号）文件的要求，完善了县政府门户网政府信息公开发布平台建设，规范政府信息栏目设置，对栏目内容进行清理，新增政府信息栏目内容保障信息 3500 余条，网上政务服务办理数据 13000 余条。

第二，以全县工作为重点，开展网站专题专栏建设，完善县政府门户网站。2013 年以来，县电子政务办紧紧围绕政府信息公开、网上办事、政民互动三条主线，按照“以需求为向导，以应用促发展”的指导思想，坚持“统筹规划、资源共享、及时准确、公开透明、强化服务、便民利民”的原则，开展了政府门户网同建同治、重点信息领域公开、公共企事业单位信息公开等 4 个专题专栏建设工作，大大丰富了网站内容，使网站功能更加完善。

第三，加大网站栏目内容保障力度，做好门户网站日常维护更新工作。一是按照州政府门户网站栏目内容保障要求，确定专人担任“中国湘西”网的信息联络员，向州政府门户网报送新闻及政务信息 480 余条，超额完成州政府门户网的内容保障任务。二是严格按照上网信息发布审核、信息发布保密管理制度要求，与县政府办综合科、县电视台、红网保靖站等单位建立信息联动机制，确保县政府门户网站信息内容及时准确发布。截至 2013 年 12 月份，更新 1291 条县内新闻，对外发布 471 条政务信息，新增政府信息公开数据 16500 余条。

第四，突出安全管理，确保网站安全。严格规范管理是政府门户网站安全高效运行的重要途径。一是制定政府门户网站安全事故应急预案和网站服务器

故障、系统软件故障、网络攻击防范等应急管理措施。二是成立网站安全应急处置小组，实行专人值班。三是定期对网络设备进行检测维护，对安全软件及时更新，做好信息数据备份工作。四是密切注意病毒发作和新病毒信息的收集，严防计算机各种病毒和黑客对政府网络中心的侵入和攻击，确保网络中心的正常高效运行。截至目前未出现网站安全突发事件。

第五，持续更新技术，提高服务能力。一是建立完善网络分层体系，为政府门户网站提供安全保障。对接入子站网络采用隔离和加密等措施，实现政府门户网站群内各子网站隔离和核心数据加密。对网站敏感区采用硬件防火墙进行防护，实现网络访问控制、入侵检测、安全审计、灾后恢复与备份、漏洞扫描及风险评估分析。为服务器及网络终端用户提供网络版杀毒软件，实现网内防攻击、防病毒需求。二是建立完善网络负载均衡等机制，提高政府网站群对外服务能力。扩展服务器带宽和增加网络吞吐量，加强网络数据处理能力。建立网络 Nat 映射机制，减少政府网站群对公网 IP 地址的需求，进一步提高政府网站群的对外服务能力。

（三）进一步完善电子政务平台建设，推动电子政务业务系统运用

第一，完善电子政务外网平台建设，实现资源共享，推进政务公开。2013年3月，县电子政务办协同县移动公司启动了电子政务外网第二批50家接入单位建设，2013年9月完成接入，10月初为配合全州社会综合治税信息共享系统上线运行，又将县自来水公司、县海事处2个单位接入了电子政务外网，至此，全县电子政务外网平台接入单位达到了122家。目前，整个平台由县级网络中心和16个乡镇节点构成，共接入了122个单位，包括16个乡镇、18个省州在县单位、87个县直副科级以上单位以及1个服务性企业，形成了横向连接至县直副科级以上单位及企业，纵向延伸至乡镇的电子政务网络系统，实现了资源共享，推进了政务公开，提高了服务效率，方便了群众办事，强化了各级监管。

第二，强化部门协作，推进综合治税系统建设。按照《湘西州综合治税涉税信息系统建设实施方案》的要求，做好电子政务外网平台新增接入单位网络接入工作，对县相关单位进行系统操作培训，协同县地税局做好信息系统存量数

据、新增数据的整理、汇总工作，为全州治税信息共享系统推广做好了相关保障。

第三，通过安排专人做好公文传输系统及政务信息上报系统的日常维护及管理，保证信息上报网络安全畅通，创建安全高效的公文传输和信息上报运行环境。

第四，配合上级部门完成电视电话会议系统升级改造，制定县、乡视频会议系统建设方案。一是按照省人民政府办公厅《关于做好省政府视频会议系统升级改造工作的通知》（湘政电〔2012〕17 号）的要求，配合上级部门完成了高清会议系统升级改造、试运行等工作。二是按照县委、县政府的安排部署，制定了县乡电视电话系统建设方案和县电视电话会议室搬迁方案。

第五，按照《湖南省人民政府办公厅关于进一步加快全省政府系统电子政务内网建设的通知》和《保靖县政府电视电话会议管理制度》的要求，坚持专人负责电视电话会议系统的运行、维护工作，确保了 2013 年度 54 次重大电视电话会议高标准、高规格召开。

（四）认真完成上级部门和县委、政府交办的其他工作

第一，按照省、州要求，切实做好“湖南省数字证书认证”工作，全面启动全州综合治税共享系统数字认证工作。

第二，专人负责，实时对网络舆情进行监控。县电子政务办安排专人，每天不定时对互联网网络舆情进行监控，积极做好网络各种呼声及建议意见收集工作，为县委、县政府决策提供参考。

第三，认真按照县国动委安排部署，做好国防信息动员办公室各项管理工作；积极参加县人武部组织的军事培训；安排专人，对统计国防信息单位情况进行摸底，制定了《2013 年保靖县国防信息动员办公室信息动员总预案》《2013 年保靖国防信息支前方案》等工作方案，调整了县国防信息动员技术保障分队人员和专业技术人员结构。

第四，加强城市多媒体信息发布系统管理，确保正常运行。按照县同建同治工作部署，完成了同建同治城市多媒体信息专栏建设工作，使人民群众更为直观地了解保靖县的各项制度与工作动态，更好地展示了保靖县风貌，提高了保靖县的城市生活品位。

（五）存在的主要问题

2013 年，保靖县电子政务工作虽然取得一定的进展，但距上级的要求以及政务、社会需求有很大的差距，还存在着不少的问题。

第一，相关专职技术人员太少。县电子政务办公室编制有 5 人，但实际到编到岗仅有 3 人，办公室工作力量不够。

第二，电子政务外网平台监管不是很到位。

第三，门户网站站群系统建设不到位。

第四，部门电子政务外网管理人员整体素质不高。

二　2014 年电子政务工作计划

2014 年，县电子政务办将以“争创省级优秀政府门户网站”为契机，以省、州绩效考核目标管理为依据，进一步加强对电子政务的宏观管理，强化工作措施，整合资源，推进应用，加快电子政务发展步伐，加强政府子网站建设，形成站群合力，提升工作效能和为民办事能力，建设高效、廉洁、服务型政府。

第一，计划招考 2 名技术人员，进一步增强电子政务办工作实力。

第二，启动县政府门户网站第十次改版升级工作，切实做好政府门户网站站群系统建设工作。

第三，进一步加强平台建设。根据实际和发展需要，进一步增加接入使用单位，加强机房建设，改善机房条件，优化工作环境，确保电子政务外网工作安全、有序运行。

第四，下发加强保靖县政府门户网站建设相关文件，明确责任单位栏目内容保障责任，进一步加大栏目内容发布力度。

第五，进一步注重人员培训。积极整合多部门的资金、资源和力量，进一步采取送出去、请进来、举办培训班、互相学习等多种方式，创造性地开展好接入单位操作人员培训工作，使相关操作人员不断提高操作技能和网络专业素质，熟练掌握操作技能，更好地发挥外网平台的作用。

B.44

2013年永顺县电子政务建设情况及2014年发展展望

永顺县信息中心（电子政务办）

一　2013年工作回顾

2013年以来，县信息中心（电子政务办）在州电子政务办及相关单位的支持和指导下，在县政府办直接领导下，认真落实中央、省、州、县各级党委、政府对电子政务工作的要求，结合永顺实际，紧紧围绕年度工作重点，以技术服务为宗旨，强基础、抓规范，进一步明晰工作思路，完善工作制度，提高工作热情，在政府网站建设和管理、电子政务外网建设、视频会议系统运维等方面开展了扎实的工作，取得了较好工作成效，稳步推进了永顺县政务信息化建设与应用。现将2013年工作实况和2014年工作要点总结如下。

（一）统一思想，提高认识，领导高度重视电子政务建设工作

电子政务平台作为支撑政务公开和政府服务的手段和载体，在永顺建设数字城市的过程中发挥着无可替代的作用。领导高度重视电子政务建设工作，多次在重要会议上强调电子政务工作的重要意义。永顺县上下统一思想，统一认识，充分认识电子政务建设工作的重要性，采取得力措施以全面落实各项工作，进一步加强了对电子政务建设工作的监督管理。电子政务建设投入了大量的人力、物力、财力，政府网站改版于2013年初启动，县财政累计投入资金30万元，上级投入达20万元，全年项目经费106万元。

（二）政府网站建设管理上新台阶

1. 政府门户网站站群系统建设稳步进行

2013年是永顺县政府门户网站改版并盛装启航的创新之年，截至目前，已完成系统的硬软件部署、栏目设置、版面制作和历史数据转换，只差完成新栏目的基础数据上传和管理维护责任落实工作。县电子政务办以网站为载体，以“透明、服务、民主”为宗旨，以“窗口、纽带、阵地、载体”为理念。一是实现“四个成为”：成为政务公开的窗口，成为政府联系群众的纽带，成为我党宣传的阵地，成为电子政务的载体，进一步突出“信息公开、网上办事、政民互动”三大主体功能。二是实现五个转变：从电子政务重建设轻应用向注重应用深化转变；从信息网络分散建设向资源整合利用转变；从信息网络独立建设向互联互通和资源共享转变；从信息管理偏重自我服务向注重公共服务转变；从信息网站自建自管向社会力量转变。这五个转变使县政府网站站群系统具有连通性、共享性、层级性、协同性。三是统筹规划，协调管理。站群系统统一规划、统一部署、统一建立在同一个平台之上。站群系统以县政府门户网站为中心，包括91个县直部门网站和30个乡镇门户网站。截至目前，已建成3个子站，分别是县发改局、县编办、清平镇。四是栏目不断完善和规范。增设了“公共服务”“重点领域政府信息”“行政权力运行”“政府会议”等信息公开栏目，开设“惠民政策”专栏和“公共企事业单位”等特色栏目。这些栏目不仅丰富了政府网站内容，增强了政府网站的可读性，而且体现了政府网站讲服务、谋发展、倡清风的办网宗旨。

2. 网站日常运维管理有序，网络安全保障得力

一是高度重视安全问题，进一步明确工作责任。为了进一步做好网站安全工作，永顺县对网站的管理维护人员进行了明确的分工，并要求各部门明确专人进行操作。定期不定期对管理人员进行业务指导，及时解决运行过程中出现的问题。二是加强安全保护措施。借县政府门户网站改版之机，县电子政务办筹措经费，增设2台服务器、1个防火墙，加强网站的防攻击、防篡改、防病毒等软硬件安全防护措施，网站安全性大大提高。三是严格管理，用制度推进安全建设。对各栏目的所属账户密码进行了一次大清理和排查，并将密码管理

责任落实到人，建立台账，确保所有账号有专人管理。2013 年 10 月，制定出台了《永顺县政府门户网站信息发布保密管理制度》，为加强县政府门户网站信息发布安全保密工作提供了制度保障。

3. 网站信息发布规范及时，质量不断提升

2013 年以来，县政府门户网站更新和发布各类政务信息 7975 条，向州政府门户网站报送信息 489 条，被采用 118 条，相比 2012 年有大幅度提升。

（三）电子政务外网建设加大力度，各类应用逐步推进

1. 攻坚克难，全力加快电子政务外网建设进度

永顺县电子政务外网实行统一规划、统一建设，纵向上联省、州电子政务外网，下联 30 个乡镇，横向接入 130 个县直各个部门。首批接入 91 个单位，点多面广量大，是一项庞大的系统工程。根据永政办函〔2012〕49 号文件的要求，面对繁重的建设任务和网上政务应用对基础网络建设的迫切需求，县电子政务办全力加快电子政务外网建设进度。一是超额完成首批单位接入工作。敦促中国移动永顺分公司在加快设备采购、工程流程的同时，加快前期链路铺设和接入单位的网络搭建工作，采用边规划边建设、稳步实施的工作策略，截至 2013 年 12 月 1 日，已经完成 118 个单位的电子政务外网接入工作，超额完成 2012 年预定的第一批接入任务。二是完成全县 130 个单位的线路铺设工作。充分利用中国移动永顺分公司现有网络资源，督促移动公司的线路铺设进度，进行多方协调，于 2013 年 11 月 10 日完成了县国税局、县地税局、县蔬菜办、农广校等 130 个单位的线路铺设工作。

2. 以用促建，大力推动网上政务服务应用

目前运行在永顺县电子政务外网上的电子政务应用有“湖南省网上政务和电子监察系统”和“全州涉税信息共享系统”。湖南省网上政务和电子监察系统是省里统一推广的网上办事和行政监察系统，也是运行于全省统一电子政务外网上的大型电子政务应用。永顺县由于受电子政务外网建设的制约，这项工作 2013 年才随着外网建设开始起步。2013 年 5 月县电子政务办就主动和县纪委监察局、县政务公开办、县政府服务中心一起研究方案，制定推动措施，全力推动网上政务服务。全州涉税信息共享系统

的搭建，历时半个月后全面开通，它推进了永顺县依法治税、加强税收征管，以及实现永顺县跨部门涉税信息的网络采集和实时共享。一是积极搭建网络共享平台。对全县43个具有行政审批职能和办事服务事项的行政事业单位以及23个具有CA数字认证的涉税单位进行了网络部署，全面完成了66个单位的电子政务应用接入工作。二是维护网上政务服务应用环境。县电子政务办与中国移动永顺分公司采取全程监控的方式，时刻确保网络的畅通和实时应用。截至目前，永顺县43个单位入网率为100%，入网事项达467项，网上政务服务和电子监察系统共收件16624件，办结16624件，办结率为100%，全州网上政务服务和电子监察系统运用在全州排名第三。

（四）抓管理、重运维，确保政府视频会议系统运行畅通

政府视频会议系统是创新会议形式、提高行政效率、节约行政成本的重要系统。县电子政务办以保障畅通、改造提质为主，主动工作，努力提高政府视频会议系统的作用和效能。一是进一步梳理视频会议操作流程。制订了县视频会议系统电视电话会议工作流程，明确全县视频会议会前视频联调、会中服务、会后记录等环节的登记制度，从工作机制上保证了全县视频会议运行更加规范有序。二是加强视频会议的培训和指导力度。县电子政务办工作人员多次下乡，一对一、手把手地指导乡镇视频会议系统管理人员的技术操作工作，大幅度地提高了乡镇视频会议管理人员的操作水平。2013年全年共召开各类视频会议71次，确保了安全生产、教育卫生、防汛抗旱、应急维稳等一系列中央、省、州、县各级会议精神的及时传达。

（五）狠抓内务管理，提高信息化队伍素质

2013年以来，县电子政务办面临着工作任务重、人手少、经费严重不足等诸多困难，为了克服困难，完成全年工作任务，全办人员讲团结、合作，讲奉献，辛勤工作。一是实行干部职工每周预销案机制。2013年以来，为深入贯彻十八大精神，切实落实州发〔2013〕1号文件的七条规定，县电子政务办每周一实行工作预销案机制。坚持从政治学习入手，增强业务能力和团体凝聚

力。把学习上级文件精神、工作周总结、工作周计划和工作交流融为一体，既加强了政治学习，又聚集了人心、明确了工作思路、交流了工作经验，全年共组织例会 18 次。二是责任制与协作制相结合，增强全办人员的责任感和集体荣誉感。在对网站建设管理、网络服务运维、视频会议、同建同治等工作实行分工责任制的基础上，对重点工作实行全员参与制度，积极发扬团队精神，运用整体智慧推动工作进程，积极营造和谐的团队氛围，形成良好的团体精神。

一年来，在县政府办的正确领导下，在办公室领导和同事的关心支持下，县电子政务办辛勤工作，成绩斐然，全县电子政务工作也取得了长足的进步。但是，我们也清醒地认识到，永顺县电子政务工作较其他县市发展水平还有一定差距，主要体现在：一是全县电子政务工作体制不顺，电子政务的管理职能没有得到发挥；二是全县电子政务投入严重不足，人员经费非常紧张；三是基础网络和基础平台建设严重滞后，影响了各类应用的开发和推广；四是各级各部门对电子政务的认识还存在一定差距。这些问题的存在，都要求我们在今后的工作中加倍努力，逐步解决。

二　2014 年工作计划

如果说 2013 年是永顺县电子政务建网络、搭平台、打基础的一年，那么 2014 年将是永顺县电子政务推应用、抓提升、上水平的重要一年。在党的十八届三中全会精神指引下，更全面、更深入地融入“数字湘西”建设，更积极、更主动地发展电子政务，提升永顺县政府信息化水平，我们肩上责任重大。2014 年县电子政务办主要应抓好以下工作。

（一）进一步完善工作机制

根据《湖南省政府服务规定》（湖南省人民政府令第 252 号）、《湘西自治州人民政府关于做好贯彻实施〈湖南省政府服务规定〉工作的通知》（州政发〔2011〕17 号）和《湖南省政府网站管理办法》（湘政办发〔2012〕99 号）等文件精神，进一步完善永顺县电子政务管理机制和工作机制。一是出台《永顺县政府网站管理办法》实施意见和考核办法，建立健全永顺县政府网站站群系统运行维护内容保障机制。二是出台《〈永顺县视频会议系统管理办法〉实施意见和考核办法》，强化视频会议系统的规范操作与管理应用，从操作人员的 AB 配备、分会场的会务管理、设备维护及损毁的相关细则理顺永顺县乡镇视频会议系统管理应用。三是根据《湘西州人民政府办公室关于印发《湘西自治州电子政务工程建设管理办法的通知》（州政办发〔2003〕26 号文件）精神，加强全县电子政务项目管理，争取建立县政府部门电子政务项目审查制度，加强业务指导，形成全县电子政务协调发展机制。

（二）进一步完善全县电子政务外网并推广应用

进一步加强湖南省网上政务服务和电子监察系统的应用推广，让公众全面知晓办事系统，让办事单位习惯、熟练使用办事系统，充分发挥网上政务服务和电子监察系统的便民作用。及时跟进县政务中心新办公大楼和乡镇便民服务中心建设的需求，确保两级政务中心对“全省网上政务服务和电子监察系统”的应用。

（三）进一步完善政府网站功能

以《国务院办公厅关于进一步加强政府网站管理工作的通知》（国办函〔2011〕40 号）、《湖南省政府服务规定》（湖南省人民政府令第 252 号）和《湖南省人民政府办公厅关于进一步加强政府网站管理工作的通知》（湘政办函〔2011〕68 号）文件精神为指引，推进全县政府网站标准化建设，完善政府门户网站栏目和内容建设，规范子站管理和质量，子站覆盖面乡镇要达到80%，县直部门要达到50%，具有审批和服务职能的部门要达到95%。

（四）进一步做好政务中心新办公楼弱电设计和中心机房建设等工作

继续做好政务中心新办公楼弱电系统的施工和集成，确保大楼的现代化和智能化。做好政务中心新办公楼中心机房的规划设计和装修安装工作，确保整个新办公楼外网及相关信息网络的畅通。

研　究　篇

Research Reports

中国电子政务发展环境分析与展望

王益民　丁　艺*

在整个国家信息化战略中，电子政务建设被视为应对挑战的重要手段和信息化战略的重要推动力量。电子政务已经成为我国政治体制改革、行政管理体制改革和政府管理现代化进程中的重要战略安排。电子政务健康发展不单纯是由资金和现代信息技术决定的，只有制度创新和管理创新才能为电子政务的持续发展提供良性的保障环境。中外成功的电子政务实践表明，必须有创新的管理体制，才能够对电子政务发展进行及时有效的规划、组织、协调和指导；必须有创新的建设模式，才能通过责任制有效地实施投资监管、成本控制、运行维护、绩效评估和资源整合，并推动社会进步；必须有创新的法律法规和标准规范，才能保证将电子政务建设管理纳入制度化和法制化的轨道；必须有创新的社会效果，才能支撑政府以管理创新和职能转变为标志的改革，降低行政成本，拉动产业发展，推动科技进步，扩大国民信息化教育，不断提升企业、公众对政府服务的满意度。

---

* 王益民、丁艺，国家行政学院电子政务研究中心。

一　电子政务环境面临新的挑战

（一）跨部门协调难度大，统筹协调机制不完善

根据第十一届全国人民代表大会第一次会议批准的国务院机构改革方案和《国务院关于机构设置的通知》（国发〔2008〕11号），我国设立工业和信息化部，为国务院组成部门。当时我国第一次把电子政务作为政府的一项基本职能，具体由工信部信息化推进司负责，其职责是：指导推进信息化工作，协调信息化建设中的重大问题，协助推进重大信息化工程；指导协调电子政务和电子商务发展，协调推动跨行业、跨部门的互联互通；推动重要信息资源的开发利用、共享；促进电信、广播电视和计算机网络融合；承办国家信息化领导小组的具体工作。

在国家层面，目前我国电子政务管理体制由工信部进行统筹规划和协调，其他各相关部门相互配合衔接。工信部负责电子政务建设的指导协调工作，中央办公厅会同国务院办公厅统筹协调电子政务内网、统一业务网络平台顶层互联互通工作；国务院办公厅主要负责政府办公系统、政府网站、应急管理系统和国办内网建设的指导管理工作；国家发改委主要负责审核和组织实施电子政务重大项目，统筹协调国家政务外网的管理；财政部主要负责电子政务建设的财政拨款和运维资金落实。

目前我国电子政务建设缺乏统一的建设管理机构，部门之间、地区之间、中央和地方间缺乏稳定的协调机制。中央部委和地方政府基本形成了由信息化领导小组、信息化领导小组办公室和信息中心构成政府信息化管理“三位一体”的决策、协调和执行机制。但是这种模式在不同部门和地区的运行有所不同，取得的实际效果差异也很大。由于没有形成上下统一的信息官制度，容易导致职权分散、缺乏权威。大部制改革后，大部分地方政府都成立了工业和信息化部门，但是名称上有所不同，有工业和信息化厅（委员会）、经济和信息化厅（委员会）。在地方工业和信息化部门处室设置中，信息化相对处于弱势。

随着电子政务进入资源整合和深化应用的全面、快速发展阶段，中央部门与地方电子政务协调发展的矛盾日益突出。目前中央各部门自上而下的纵向专网（条）与地方电子政务统一网络（块）之间缺乏有效的结合机制，形成电子政务网络建设纵强横弱、条块分割的局面。从“条”看，各行业部门都有强化其业务系统和网络向地方基层延伸的要求，使“信息孤岛”的风险进一步加大，造成资源难以共享、协同。从“块”看，各级地方政府普遍希望能够通过统一网络平台来承载来自上面各部门的业务，但在实际工作中没有政策依据和明确规定，使得当地电子政务的网络建设统筹困难，难以形成统一的应用和管理。有的地方虽具备一个和多个省级专网，但仍不能与中央政务内网、外网或部门专网良好对接。因此，亟待建立有效的条块结合机制，只有实现集约发展，方能发挥网络基础的综合绩效考核。

（二）电子政务长效发展机制体制不健全，缺乏高效、可行的运营、维护、考核办法，持续效益不明显

我国在电子政务运维外包中缺乏市场准入制度，无法科学考评外包服务提供商的资质；同时政府部门电子政务运维外包管理缺失，没有统一的电子政务行业规范。这些在一定程度上对我国电子政务的发展产生了不良影响。

电子政务建设工程以及建设完毕后的运营维护，其主体应该是各级政府主管部门，因而其资金支持也是由同级或上级财政统一拨款支持。就目前而言，在很多地方都普遍存在着对于有关电子政务建设的资金利用效率不高、绩效考核困难的问题。绝大多数地方的主要领导都认识到了电子政务的重要性与必要性，在资金配备上一般都会予以大力支持，但设备采购之后利用效率如何？是否涉及低水平重复建设？系统建设完成后运营维护状况是否良好？是否能够真正起到方便办公、方便民众生活的作用？这些问题也是值得我们深度关注的。很多地方电子政务“一把手”工程还很明显，缺乏长期性、制度性规划。一任领导调任后，后续的建设与维护工作很难产生持续效应。

（三）电子政务各部门条块分割严重，难以实现信息有效共享

自我国实施电子政务建设以来，政府各部门均建造了自己的业务处理系

统，保存并不断产生着大量的数据信息。为了集中利用这些数据资源，政府通过建立统一的政府数据中心，将分散在各部门的公共信息采集到数据中心集中管理，各数据使用部门通过访问数据中心实现信息的共享。

从各地发布的电子政务“十二五”规划和相关文件来看，目前已建设统一的数据中心的地方占到了21.4%，而在“十二五”规划任务中建设或完善数据中心的地方占到了28.6%。总的来说，尽管从全国来看电子政务数据中心建设正在逐步开展，但同时在数据建设过程中，各部门分散建设数据中心的现象仍比较突出。很多地方仍存在数据存储利用率不高、统一的数据中心建设比较慢等问题。

目前从全国范围来看，单独建设省级政府网站平台的部门占到了70%，依托于政府网站统一平台建设和运行的部门占到了30%；有的地方通过链接的方式将独立建设的政府部门网站平台链接到统一的政府网站平台，但数据和应用还在自建的平台上，因此信息孤立，无法统一管理；有的地方通过消息中间件的方式将独立建设的政府部门网站平台链接到统一的政府网站平台，可以实现有限的信息共享；有些地方将网站运行在统一的政务网站平台上，进行统一的内容管理，集中数据进行存储和发布，实现信息的充分共享。

从政府网站平台数据集中管理方面来看，省级政府部门有40%实现了政府网站平台数据集中存储；从政府网站平台运行的环境来看，省级政府部门有20%将其政府网站平台托管到统一的机房进行运维管理。

从总的趋势来看，在统一机房进行托管运维的部门覆盖率与依托于政府网站统一平台建设和运行的省级政府部门覆盖率成正相关的关系。同时，统一机房的建设有利于政府将各个部门的网站数据进行集中存储，提高了存储利用率，促进了政府部门间数据的共享，使得公众办事更加便利和快捷，效率大大提高。因此，统一机房的建设可以促进政务网站统一平台的建设，有利于平台和数据集中化管理，能节约相关基础设备投入，促进电子政务集约化发展。

（四）“数字鸿沟”现象依然明显，电子政务面临服务“均等性”和“普惠性”等问题

目前，我国社区和农村服务站的比例比较低。这与我国互联网的普及率及

互联网应用水平有关。虽然我国的互联网普及率已经有了很大水平的提高，但是我们不能只看互联网普及率42.1%这个数字。在我国互联网用户中72.9%是城镇人口，我国农村居民的互联网使用率很低，而且不同年龄、不同知识水平的公众之间的信息获取能力差距很大。应该看到我国城乡之间、东西部之间的“数字鸿沟”现象依然严峻。这本身已不仅仅是一个技术问题，而正在成为一个社会问题。所以政府如何利用信息化手段提高管理和服务的广度和深度是目前面临的新问题。面对这种形势，政府提供公共服务时应该充分考虑“均等性”和“普惠性”。

目前网民中比例最高的是20~29年龄段的年轻人。但使用网络的人群年龄段也不断向高龄化展。从网民职业结构来看，学生网民占的比重最高，达28.6%。而且学生也是对互联网应用最活跃的群体。这也就是高校的信息化应用比较成功的原因。我国互联网使用者数量的增长趋势已经从早期的“井喷式”增长逐步向“稳定性”增长转变。这也是我国互联网建设以及经济社会发展所带来的必然变化。在2013年的具体调查中，制约我国网民上网习惯的主要问题已经不再是“上网意愿”以及“硬件设施”，超过一半的非网络使用者不使用网络的原因在于“缺乏必要的技术基础与知识储备”，还有很大一部分非网络使用者的原因在于“年龄过大或者过小导致难以操控必要的设备”。因而，我国在不断推动网络建设、电子政务蓬勃发展的同时，也要高度重视缩小“数字鸿沟”，尤其是要高度重视对特殊人群的技术、技能支持，将面向公众的基本服务覆盖到更多、更广大的人群。

（五）电子政务公众服务能力比较低，公众对电子政务感知度、参与度、满意度低

联合国经济和社会事务部与国家行政学院电子政务研究中心共同发布的《2012年全球电子政务调查报告》显示中国的电子政务发展指数为0.5359，位列全球第78名。综合联合国6次调查结果来看，中国电子政务准备度和电子化参与度排名都经历了“先前进、再后退”的情况。电子政务准备度排名在2002年、2003年、2005年连续3年持续提升，但2008年、2010年和2012年则连续后退。探求其原因，主要是在“公共在线服务”这一项指

标上中国的得分低。过去电子政务建设主要是从政府内部需求角度推进的，电子政务建设没有充分体现民众需求。民众通过信息化手段与政府之间的互动做得不够。电子政务建设主要围绕宏观调控、市场监管等政府核心职能业务展开，在社会服务领域投入相对薄弱，民众对电子政务感知度和参与度不够，对电子政务公共服务满意度低。近年来，中央和地方各级政府在电子政务建设过程中，已经开发和积累了丰富的信息资源。这些信息资源目前大多用于各部门的业务活动，其作为“资源”的作用远未充分发挥。如何充分开发利用这些信息资源为民众提供服务是我们进行下一阶段电子政务建设需要重点考虑的问题。

二　电子政务发展面临的新形势

近年来各地各部门积极推进电子政务发展，在组织保障、业务应用、人才体系、基础设施和产业支撑等各方面取得了积极的进展。电子政务有效提升了政府经济调节、市场监管、社会管理和公共服务等方面的能力，在深化改革和政府职能转变、创新社会管理和政务服务等方面发挥了重要作用。

党的十八大明确把“信息化水平大幅提升”纳入全面建成小康社会的目标之一，提出了走中国特色新型工业化、信息化、城镇化、农业现代化“四化”同步发展的道路。这表明在我国进入全面建成小康社会的决定性阶段，信息化本身已不再只是一种手段，而成为发展的目标和路径。电子政务作为我国信息化战略中的重要组成部分，将在下一阶段我国经济社会发展、政府管理过程中发挥更重要的作用。

（一）电子政务在创新社会管理和提升政务服务水平中越来越成为不可或缺的重要手段

突出公共服务和管理创新成效将对我国电子政务应用提出更高要求。政务应用的重点将逐步由面向政府内部管理转向社会公共服务。一大批经济实用、企业有需求、百姓有期待的面向公众的基本公共服务电子政务应用创新已经在我国很多地方开始发挥作用。随着社会形势与技术的不断发展，依托电子政务，进行有效的社会管理创新，能够更好地实现党的十八届三中全会提出的“实现社会治理能力与治理体系现代化”的总体目标。各级各地方政府部门在新的网络环境里，在信息时代不断发展的今天，综合运用全新的以电子政务为主要依托的电子政务工具平台，能够更好地实现政府自身的信息公开，体现政府公信力；能够更好地促进在线政民互动，更加深入有效地了解、体察民情民意，实现对于网络环境以及虚拟社会的舆情监管、督导；更加方便、有效地向民众提供基本的在线服务，更加方便民众、企业的生活生产。总之，它是实现政府职能转变、推进社会治理体系与治理能力现代化的重要保障及必不可少的有效手段。

（二）新一代信息技术应用创新将持续改变电子政务技术环境

全球信息技术正在飞速发展，移动互联网、大数据计算、云平台、网络新媒体等一系列新的技术手段的出现与广泛传播，使得技术、网络、应用、产业、安全更加互动发展，促使信息化市场格局、商业环境、需求结构等发生巨大变化。这些变化推动生产力、生产方式和经济社会发展模式发生重大变革，深刻改变着电子政务发展的技术环境。近年来，发达国家纷纷制定和出台新的电子政务发展战略和行动计划，充分运用新一代信息通信技术，积极推行云计算模式，推动电子政务建设和服务模式创新。电子政务的发展模式正在发生本质性的变化。这个变化使得政府和社会共同创新社会管理和公共服务模式，共同促进经济发展，共同创造财富。这些变化和影响将表现在以下几个方面：一是大数据发展将为数据和业务融合提供技术支持。随着各类数据量急剧增长，数据存储、数据处理、数据应用等大数据技术和产业快速发展，电子政务中的大数据挖掘将进一步加快信息资源开发利用步伐，信息资源的利用价值将得到有效提升。二是电子政务建设过程和流程将发生变化。多年来，电子政务建设应用项目经历立项、需求分析、设计、施工、运行和维护的过程。云计算时代逐渐使得很多应用将不再经历这个过程，而是会演变成两类模式：一类是集成应用，用户可以由供应商提供服务，所有的中间建设过程全部免去；另一类是政府在信息化条件下的运行环境发生转变，原来的政务流程会产生很大变化。三是物联网技术将对政府公共服务和社会管理带来深远的影响。物联网将在食品药品质量监管、国土资源管理、环境保护等领域得到广泛应用。应用传感技术，不仅可以监测自然状态，还能监测处置人文状态，必然提升决策和事件处置能力，社会监测网络会更加完善。四是电子政务集中化建设将对电子政务发展带来重大影响。数据集中的优势在重点工程建设中将得到充分体现，工商总局的企业信息库、公安部的人口信息库都将受益于数据集中带来的好处。目前，数据集中还是初步的，随着国家管理体制改革的深化，包括网络、服务器、存储设备、基础软件等在内的电子政务集中建设将会明显加快。跨部门的基础数据实现高质量的建设和维护以后，很多业务系统、业务流程、工作模式会发生变化。这个变化的深刻程度会大于数据、业务系统和承载环境与业务的分离。

（三）深化改革和政府管理创新使各级政府和部门对深化电子政务应用的需求日趋强烈

党的十八大报告提出：要建设职能科学、结构优化、廉洁高效、人民满意的服务型政府；推动政府职能向创造良好发展环境、提供优质公共服务、维护社会公平正义转变；特别要强化社会管理和公共服务职能，着力促进教育、卫生、文化等社会事业健康发展，建立健全公平公正、惠及全民、水平适度、可持续发展的公共服务体系，推进基本公共服务均等化。加快电子政务建设，推进行政管理创新，是完善社会主义市场经济体制、推进改革开放和社会主义现代化建设的迫切需要。现行的传统政府管理模式已经不能适应新形势的发展，但同时又没有现成的管理模式可以照搬套用。采用现代信息网络技术，大力推进电子政务，探索一条管理模式创新的道路，既是形势所迫，也是客观要求。电子政务系统的设想是政府管理者转变管理观念，塑造新的符合以高新技术发展为代表的新经济要求的政府管理模式的产物。

2013 年 3 月，十二届全国人大第一次会议启动了新一轮国务院机构改革。本次机构改革突出了三个重点：一是要进一步合理规划，提升宏观调控的效能；二是更加重视发展与改善民生，特别是面向公众的基本服务；三是按照探索职能有机统一的大部门体制要求，对一些职能相近的部门进行整合，实行综合设置，理顺部门职责关系。大部制改革是电子政务建设的新契机，推行大部

制改革，加快建设服务型政府，将成为我国电子政务建设和应用发展面临的又一重大契机。2013 年，“社会管理”和“公共服务”将继续成为我国电子政务的一个重要职责。按照业务管理与服务功能重塑业务流程、创新政府行政管理模式、构建服务型政府将是今后一个时期政府信息化建设的总体目标。行政管理体制改革将继续推进电子政务应用建设的创新与发展。电子政务将在解决经济社会重大问题和发展与改善人民基本生活、促进国家社会和谐发展、全面提升宏观调控效能等方面发挥重要作用；同时，也会在提升政府的治理能力与治理体系现代化水平、提升政务服务水平、政府管理创新和深化改革方面发挥越来越重要的作用。

三 小结与展望

推进信息化是我国加快实现工业化和现代化的必然选择，是关系到现代化建设全局的战略举措，是实现社会生产力跨越式发展的重大措施，是提高国际竞争力和综合国力的迫切要求。在国家信息化体系建设中，政府信息化是整个信息化中的关键，几乎覆盖了信息技术、信息内容、信息服务等产业的所有领域。“信息化”必将成为新时期我国经济社会发展的新方向和新动力。随着互联网和信息技术的迅猛发展，无论从我国政府转变职能的角度出发，还是从世界各国政府间日益激烈的竞争来看，大力发展政府信息化都是一项必要而迫切的重要任务。我们应该充分认识到目前我国政府信息化与国际社会信息化之间的差距，看到我国政府信息化与发达国家之间的差距，真正从国家战略的高度来发展政府信息化。

我国已进入改革发展的“攻坚时期”。“十二五”规划已经过半，各方面工作与任务都已经明晰。党的十八届三中全会明确提出“完善和发展中国特色社会主义制度，推进国家治理体系和治理能力现代化”的总目标，部署了加快转变政府职能、推动城乡发展一体化、强化权力运行制约和监督体系、推进社会事业改革创新、创新社会治理体制、加快生态文明制度建设等一系列重大任务，对大力推进电子政务发展提出了更新、更高的要求。各地区、各部门将会更加认真地贯彻落实党中央、国务院的决策部署和要求，加快推进电子政务发展、促进电子政务应用发展的成效不断显现。各级政务部门将积极推动电子政务创新为民服务和社会治理应用深入发展作为主要突破口，进一步提升政府网站服务能力，加快基于云计算的电子政务公共平台建设，不断提升与完善电子政务技术服务体系及服务能力。我国电子政务正在朝集约、高效、安全、服务的方向发展。在未来，电子政务将会在促进政府职能转变和法治政府、服务型政府建设，促进经济又好又快发展，全面保障和改善民生的工作中，发挥越来越重要的作用。

B.46

新形势下电子政务工作面临的挑战和应对举措

梁志峰

当前，信息化已经进入全面普及、深度渗透、加速发展的新阶段，它对人类经济社会运行、生产生活方式、治国理政模式都将产生根本性、全局性的影响。在信息化浪潮中，我国电子政务发展迅速，在政府网络基础设施、政府核心业务支撑、政府门户网站与公共服务、公共信息资源开发等方面取得了长足的进步，但与发达国家间的差距还在拉大，电子政务依然面临着众多亟待解决的困难和问题。我们必须认真研究电子政务工作面临的形势和挑战，务实推进电子政务发展，带动国民经济和社会信息化，提升我国的综合国力和国际竞争力。

一　电子政务面临着新一轮快速发展的良好机遇

（一）国家战略对电子政务提出新目标

从全球看，信息化对经济、政治、文化、社会、生态等各领域的渗透、融合趋势越来越明显，成为推动经济社会转型、实现可持续发展、提升国家综合竞争力的强大动力。我们党和国家一直高度重视信息化工作，党的十八大报告明确指出："坚持走中国特色新型工业化、信息化、城镇化、农业现代化道路，推动信息化和工业化深度融合。"党中央把"信息化"提上了国家战略高度，在党的十八大报告里，"信息"一词共出现 18 次，"信息化"出现 12 次。信息化不仅是一种手段，而且已成为全面建成小康社会的主要目标之一。十八大对信息化的精准定位和把握，为我国的信息化健康发展指明了方向。2014 年 2 月 27 日，中央网络安全和信息化领导小组正式成立，习近平同志亲自担任组长并在领导小组第一次会议上强调："网络安全和信息化是事关国家安全和国家发展、事关广大人民群众工作生活的重大战略问题，要从国际国内大势出发，总体布局，统筹各方，创新发展，努力把我国建设成为网络强国。"作为信息化建设的重点和先导，电子政务建设也必将上升到国家战略高度并被赋予新的发展目标和任务。

（二）全面深化改革对电子政务提出新要求

当前我国社会进入转型期，增长进入换档期，改革进入攻坚期。改革已经成为中国发展的强大动力和必由之路。十八届三中全会吹响了全面深化改革的号角，指出我国全面深化改革的总目标是完善和发展中国特色社会主义制度，推进国家治理体系和治理能力现代化。"管理"与"治理"虽是一字之差，却是一种执政理念的转型。这一转型要求电子政务从"管理导向"向"治理导向"转变，扩大人民群众的参与，提升政府网上公共服务、社会治理的能力。全会要求优化政府组织结构，全面、正确履行政府职能，更好地发挥政府作用；要求强化权力运行制约和监督体系，推行权力清单制度，依法公开权力运行流程等等。电子政务作为行政体制改革的动力机制和重要手段，将在深化行政体制改革、推动政府管理创新、降低行政成本、打造服务型高效政府等方面，发挥更加积极的作用。

（三）技术进步对电子政务有新推动

我们现在所处的是一个科学技术日新月异的时代，云计算、大数据、物联网、移动互联等新技术方兴未艾，智慧时代、大数据时代已经来临。美国红十字会、铁道部 12306 等案例警示我们，如果不跟上这个时代潮流，就必然落伍，必然被淘汰。我们在实际工作中也深刻感受到，电子政务的建设和发展只有进行时，没有完成时。集约化建设、大集中模式、"数据上移、服务下移"、业务协同、信息共享、云服务等新的理念，为电子政务进一步创新发展提供了更加广阔的空间。

（四）人民群众对电子政务有新期盼

一方面，联合国最近几年的电子政务调查报告表明，自 2005 年以来中国

电子政务排名连续下滑，已经从2005年的第57位退至2012年的第78位。《中国青年报》的调查显示，受访者对省、市、县三级政府网站的满意度分别为18.4%、12.1%和2.8%。另一方面，截止到2013年底，我国网民规模突破6亿，其中通过手机上网的网民占到80%。数字生活已经深入每一个城乡角落，人民群众对电子政务的期盼日益增长。在线办事、网络问政、民意表达、民主监督的要求越来越高。目前，我国的电子政务大多数还停留在政府部门办公系统的层次，不仅在线办事服务刚刚起步，互动交流也是板着脸孔、不够活跃。即使是信息公开，虽然已经提供了大量的信息资源，但公众查询常常面临“提供的不需要、需要的找不到”的尴尬。电子政务必须从现有的“供给导向”服务模式转向兼顾供给和需求、更加注重用户体验的“需求导向”服务模式，重点解决“从有到好”的问题，建立服务供给与用户体验之间正向激励的良性循环，更好地满足公众需求和政府公务员工作需要。

二　面临的挑战

（一）思想观念上缺乏创新和开放思维

随着技术的发展，原来一些无法解决的技术问题已经得到解决。比如，移动互联网的发展、带宽的拓宽、云计算的成熟、大数据的出现、大容量存储的市场化，使得电子政务大集中模式的实现成为可能。随着新媒体的发展和公民对参与政府决策关注度的提高，电子政务系统要实现“从自我服务向公共服务转变”“从监管为主到服务为主转变”。但是，有的单位在思想观念上还比较保守，遵循过时的系统规划和设计思路，不敢大胆地采用新技术，不愿主动开放自己的数据，未能充分调研现有系统与百姓需求之间的差距，未能把握电子政务发展的趋势，这导致其提供的服务不适应社会的实际需求。

（二）管理体制机制不顺

一是在日常管理上缺乏顺畅的体制机制。国家层面缺乏权威性、强有力的管理机构，是当前电子政务管理体制中存在的根本问题。地方层面的管理体制更是政出多门，各吹各的号，各唱各的调，缺乏统筹协调的牵头部门，在管理上重权利、轻职责、协调难、推动难、落实难，在很大程度上制约了电子政务建设的发展。二是在规划建设上缺乏统筹考虑和顶层设计。长期以来各级各部门的电子政务建设都是各自为政，独立进行，缺乏统筹规划和顶层设计，缺乏全局观念和共享意识，致使众多的信息系统以单个部门应用为主，信息资源难以有效共享，有的部门甚至内部的不同业务系统都无法实现互联互通。而各自为政的建设模式导致了各自为政的运行维护管理，使信息安全难以掌控，形成了较高的信息安全风险。三是在制度建设上缺乏健全的法律法规和统一的标准规范。电子政务相关的法律法规和标准规范缺失多、配套少，在一定程度上制约了电子政务的发展。

（三）信息系统重复建设，资源浪费比较严重

与巨大的建设投入形成鲜明对比的是，电子政务重复建设和资金浪费现象十分普遍。一是网络平台的浪费。虽然国家级电子政务内网、外网都已基本建成，但部门自行建设的专网和自行租赁的互联网出口依然数目众多。这种现象既耗费了大量财政资金，还导致网络难以共享互联。二是网站建设的浪费。各地各部门均自行建设了部门网站，大部分没有并入各级政府门户平台统一建设。这不仅导致网站制作的低水平重复投入，也使支撑网站运行的软硬件设备和人力资源维护成本浪费严重。三是应用系统建设的浪费。目前，我国重要职能部门都建有独立的电子政务应用系统，特别是一些部门建设了纵向多级部署的独立业务系统。这些系统投资巨大，其中很多软硬件设施都属公共支撑平台，完全可以统一集中建设。

（四）信息资源开发、利用与共享不足，互联互通困难

大量的政府信息资源分散在各职能部门，由于建设时间、技术标准和规范不一，缺乏统一的开发和整合，致使各部门的信息系统大多彼此孤立，很难互联互通和资源共享，形成“信息孤岛”。同时，许多单位将部门信息资源视为自有资源，对跨行业、跨部门的信息资源开发和共享缺乏足够认识，具有权威性、规模化、规范化的综合信息或数据库为数不多，互联互通更是极为困难。

（五）防护体系不够健全，安全保密存在风险

目前政务内、外网还没有完整的安全保密体系，未划分网络安全区域，数据安全交换和导入导出系统不太规范，单点安全防护不到位严重影响全网的安全保密。在安全规范建设上缺乏政务网络接入等规范标准，在工作机制建设上缺乏安全高效的网络接入测算、审批机制。电子政务建设总体上存在安全保密风险。

三　推动电子政务发展的几点建议

电子政务建设是各级政府提升履职能力的重要途径，是深化行政管理体制改革和建设人民满意的服务型政府的重要手段，对此我们应站在提高治国理政能力的高度来科学谋划、完善机制、强化服务、统筹推进。

（一）进一步更新思想理念

电子政务建设一定要紧跟政府公共管理与服务的变更方向，紧跟现代信息技术的发展潮流，解放思想，转变观念，与时俱进。当前，电子政务建设在思路上要实现三个转变：在建设目标上，要从注重服务政府自身办公效率提升向更加注重以人为本、服务群众转变；在建设模式上，要从各自为政、互不联通向资源整合和协同共享转变；在系统架构上，要从粗放、分布向集约、整合转变，确保电子政务的可持续发展。要坚持三个原则。一是要坚持以公众和企业为中心。电子政务不仅是政府部门内部的办公系统，更是为公众和企业服务的技术平台。既要加强对政府部门工作人员的需求分析，更要加强对公众和企业的需求分析，站在“三个用户”的角度思考问题、设计方案，真正做到让“技术适应人”而不是“人适应技术”，让政府工作人员、企业和老百姓都易学、会用、爱用。二是要坚持以服务为宗旨。要按照行政管理体制改革的总体要求，强化服务意识，完善服务功能，为打造服务型政府提供技术支撑。要强化政府服务职能的系统解析、逻辑抽象和结构优化，摒弃烦琐哲学和技术至上主义，提高政务服务的规范化、精细化、个性化水平和服务效率、服务质量，提高政府部门宏观调控、市场调节、社会管理和公共服务的能力，切实发挥电子政务支撑政府部门更好地履行职能的作用。三是要有价值导向。加强电子政务建设，必须充分挖掘信息技术的价值优势，在降低电子政务建设成本上下功夫，在提高电子政务服务效益上下功夫，在促进政务资源协同整合上下功夫，在提高电子政务系统的技术弹性和灵活性上下功夫，推进部门之间互通互联、业务协同和资源共享，发挥电子政务项目促进多部门协同解决经济社会问题的作用，避免重复投资、重复建设，提高投资效益。

（二）进一步推动电子政务管理机制革新

电子政务的推行难点不在技术，而在体制机制。我们欣喜地看到，党中央已经组建了规格最高的中央网络安全与信息化领导小组。我们完全有理由相信，电子政务发展将迎来一个新的春天。我们建议在中央网络安全与信息化领导小组下设立电子政务工作专项小组，作为国家电子政务最高决策机构，统一领导电子政务建设，强化“咨询、决策、协调、管理、执行、监督”六大职能，制定电子政务顶层设计和标准规范，解决电子政务建设和管理中的重大问题。横向上，统筹协调中央各部委的电子政务建设与管理职能，解决各自为政、重复建设、资源分散、整合困难的问题，打破部门利益的封锁，推动政务资源共享与深化应用，加强部门之间的密切配合，形成工作合力。纵向上，加强统筹指导，省、市（州）、县（区）党委政府成立相应的机构，建立强有力的领导体制，确定各级各部门在电子政务建设上的事权关系。打破体制壁垒，不断完善在统筹规划、顶层设计指导下的各司其职、各负其责、相互配合的工作体系和机制。

（三）进一步提升电子政务智能化应用水平

信息技术的发展使得公众对政府的期望值不断提高，公众期望在任何时间、任何地点，以多种渠道获取自己所希望的服务形式和服务内容。因此，我们的电子政务建设要注重应用大数据技术集中整合资源，智能地分析公众行为，准确了解公众需求。立足于前台以建设政府智慧门户为抓手，坚持深化服务理念，加强最新技术支撑，提升服务能力、互动能力和用户满意度；后台注

重应用大数据技术，集中整合部门资源，实现业务协同，以公众需求为导向，针对不同类别的服务对象，通过各种新媒体方式给公众提供“一站式”、精细化、个性化、便于检索、内容丰富的公共服务，打造无处不在的政府。

（四）进一步提高公众的参与度和满意度

电子政务和互联网技术的发展为公众更多参与政府决策提供了良好的契机。通过电子政务平台，不仅使公众可有效获取政府信息，享受政府服务，监督政府决策，促进政府勤政廉政，从而提高公众对政府的信任度和满意度；而且也能反映电子政务的公众需求导向。要进一步完善信息基础设施，普及城乡宽带网络建设、无线城市建设以及信息教育，使每一个人都能便利获得政府网上提供的公共服务。要不断创新电子政务形式，着力深化政民互动交流，如可采用开设在线论坛、开通专门的民意调查征询栏目、针对重大决策发出征求意见稿等方式。把政府治国理政的过程由一个开环的、政府下达指令的过程变为一个闭环的、民众不断反馈的过程，成为一个公民与政府互动、公民参与治国理政的过程，通过电子政务来创新人民民主、协商民主的新形式。

（五）进一步推进电子政务集约整合、协同共享

资源整合、业务协调是电子政务建设的核心和难点，要千方百计、最大范围地推进资源整合和业务协同。一是要集约建设。按照增量优先、先易后难、先急后缓的原则，采取“统一规划、统一网络、统一软件、分级部署”的电子政务集约建设模式。“增量优先”就是指那些新建的、改造的电子政务系统要优先采取集约建设模式；“先易后难”是指那些技术上实施起来最简单、部门间协调起来最容易的要先采取集约建设模式；“先急后缓”是指各部门有迫切需求的业务要先采取集约建设模式。二是要整合网络。要充分发挥电子政务内外网的作用，做到新增系统都要部署到内外网上，逐步将原有专网整合到内外网上来。三是要整合资源。积极开展政务信息资源目录体系建设和电子政务相关体系标准的建设，完善跨部门、跨层级的政务信息实时交换与共享平台，建立统一的信息资源整合与共享机制。加快现有各类政府信息系统和资源的利用整合，响应全球的“开放数据运动”，规范政府部门数据开放标准和范围，

加快全局性、基础性数据库和各重点业务系统数据库的建设与完善。以数据为中心，通过大数据分析和智能化检索，为各级领导机关和决策部门服务，显著地提高政府的决策能力。重点选择工商、税务、商务、公安、社会保障等与人民生活和经济社会发展密切相关的政府部门，逐步开展跨部门政务信息资源的共享交换，整合相关数据，实现数据集中存储，推动信息资源的互联互通、共享利用。

（六）进一步做好全方位安全保障

网络信息安全建设是电子政务建设不可缺少的重要组成部分，要从全局出发，加快网络安全立法研究，建立全面的电子政务安全管理体系和技术标准，制定统一的安全防范机制和安全策略。电子政务项目建设必须按照国家电子政务网络信息体系建设的总体要求，建设相应的信息服务体系，同步使用国家电子政务内外网平台提供的信息服务设施，加强信息系统的分期保护和等级保护，强化数字证书的推广应用。开展信息安全风险的预评估和后评价，形成与业务应用紧密结合、技术上安全可控的信息安全和保密解决方案。要积极采用安全可控的信息技术和产品。特别是核心网络设备、基础云、信息安全装备的关键技术和产品的采用要达到安全可控的要求。要积极倡导自主知识产权信息设备的开发，有目标、有步骤地提升重点领域信息设备的国产化率。

B.47

区域信息化规划编制研究

杨志新*

随着经济社会的发展和信息化进程的推进，编制区域信息化规划已成为推进信息化建设的重要前瞻性工作。信息化规划是国民经济和社会发展规划的重要组成部分，但前者的专业性、技术性更强。信息化规划又不等同于行业规划，它更具有全局性，涵盖经济、社会、政务等各个层面。当前，我国信息化的发展进入了新的阶段，要求区域信息化规划编制更加紧密联系当地经济社会发展的需求，为此我们需要研究区域信息化规划编制的理论和方法。本文针对地方区域信息化规划中存在的问题进行了分析，对如何把握区域信息化规划中的重点问题、突破难点问题进行了研究探讨。

一　区域信息化规划重点分析

（一）深入分析信息化规划编制中存在的问题

近年来，信息化规划编制和应用取得了很大成效，但仍然存在不少问题。一是区域信息化规划编制内容雷同，与地区经济社会发展脱节。从信息化规划的基本内容看，主要为信息产业发展、信息技术应用、信息资源开发和信息化安全保障，基本框架变化不大；但是，各个地区的经济社会发展都有各自的特点，其信息化规划作为服务于当地经济社会发展的子规划，体现区域发展特色和优势不够，同质性的问题越来越突出。二是信息化区域规划编制理论指导不够。当前我国大多数信息化规划都是建立在静态的定性分析方法

* 杨志新，湖南省政府经济研究信息中心。

基础上，没有采用区域规划的模型、理论进行指导，随意性较强，缺少前瞻性和科学性。三是区域信息化规划的编制过程程序化不够，没有按照区域规划的要求进行编制的过程控制。

（二）准确把握信息化规划的定位

区域信息化规划的定位要准确把握三个方面。一是支撑性。信息化规划是经济社会发展规划的组成部分，信息化规划一定要体现对当地经济社会发展的战略支撑。由于各地的资源、经济发展条件存在差异，未来经济社会发展方向、目标、产业结构和布局都会有不同，区域信息化规划必然有各自的特殊性，要因地制宜、扬长避短，反映出区域经济发展的特色。二是技术性。信息化规划的特点是专业性、技术性很强，技术结构很完整，层次很分明。从基础设施建设到信息资源开发，从公共平台搭建到应用系统的实施，从各自业务的需求目标到协同互动的互联互通，都充分体现了信息化建设的完整技术体系，信息化规划必须遵循其必然的技术属性和逻辑关系。三是前瞻性。规划时间跨度大，区域信息化规划的期限一般都在5～10年，必然要求规划方案有明显的前瞻性。信息化规划由于信息技术的迅猛发展，其前瞻性尤为重要。特别是信息化基础设施、公共应用支撑平台等更要充分论证其超前性、科学性和有效性，以满足“大处着眼”（Think Big）、“小处着手”（Start Small）、“快速扩展”（Scale Fast）的信息化建设的需求。

（三）正确应用区域信息化规划理论

1. 区域规划的相关理论与方法

区域规划是一项复杂的系统工程，涉及的理论跨越了很多领域，包括经济学、地理学、环境科学、资源科学等，既包括与空间相关的理论，又包括与时间相关的理论。从区域规划现有模式来分析，区域规划基本上是三种类型。一是自上而下强制型。这类规划基本是计划的代名词，强调上下的一致性和权威性，国家具有完善的区域规划编制及保障体系，地方按照强制性的指令性计划完成填充式作业。但各地基础条件和发展水平差异太大，这难以满足地方的需求，缺乏可操作性。二是自下而上放任型。过分强调个体，弱化上级规划的控

制，易导致“坐井观天”，缺乏整体性。三是控制与引导双轨型。这类规划要求在自上而下与自下而上的力量之间进行磨合、平衡，通过权威的规划、完备的法规、开放的体系、市场化的经济手段等，将控制与引导较好地结合起来，基本保证了区域规划由编制到实施的一致性。区域规划的基本方法包括定性分析、定量分析及定性定量综合分析。定性分析主要包括系统法、传统综合法、比较法、SWOT分析等。系统法是区域规划最基本的方法，通过系统目标分析、系统要素分析、系统环境分析、系统资源分析和系统管理分析，准确诊断问题，深刻揭示起因，有效地提出解决方案。其基本方式为：收集资料→整理加工→分析→综合归纳→形成结论。定量分析主要是数学模拟法。利用计量方法和数学模型通过计算机分析软件对定性研究的成果进行计算分析，得出定量的指标与判断结论。其基本方式为：收集整理定性研究信息→提出分析模型→计算机模拟分析→调整生成最优模式→形成结论。定性定量综合分析是最科学、最有效的方法，它以定性研究为指导，以定量研究为补充，相辅相成，相得益彰。

2. 信息系统规划方法

信息化规划必然有信息系统的一般规律，应当研究信息系统规划方法，如企业系统规划法、战略系统规划法、战略目标集转化法、关键成功因素法、战略网格模型法、应用系统组合法、价值链分析法等。近年来，信息系统规划更加面向管理，如面向低层数据的规划方法、面向决策信息的规划方法、面向内部流程管理的规划方法、面向业务协同管理的规划方法等。

综上所述，区域信息化规划的方法在宏观上应以区域规划理论为指导，以系统法作为区域规划最基本的方法，有条件的地方应建立数学模型进行计算机模拟分析，对关键指标、参数进行分析调整。在微观上，特别是信息系统、重点工程的规划，应采用信息系统的规划方法，如用面向数据的规划方法规划网络、数据中心等基础设施，用面向决策、面向流程、面向业务协同的规划方法规划应用系统和信息资源开发。

（四）规范信息化规划编制的过程和技术路线

区域信息化规划主要采用系统分析和系统综合的方法来编制。主要的编制

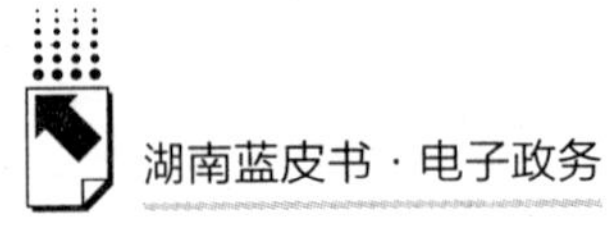

过程包括以下几个步骤。

1. 现状调查与资料收集

现状调查采用座谈会、收集表格和实地考察的方式，对区域内经济社会发展、信息化建设进行规划要素的调查，重点设计好信息化现状的调查表格，如网络基础设施、信息化应用、信息资源开发、信息安全保障、信息化投入、信息产业现状等。资料收集主要是收集区域信息化规划编制的依据、政策、上级信息化规划、类似区域的信息化规划、信息技术的发展趋势及相关资料。

2. 现状诊断与需求分析

现状诊断主要分析该地区信息化的条件和优势，可以采用对比分析和SWOT分析方法，重点分析存在的问题与制约因素，找出与先进地区的差距。需求分析主要体现五个层次：领导层面，从本地经济社会发展的高度提出对信息化的需求；业务层面，政府机构、电信运营商从自身业务发展提出需求；社会需求层面，企业、公众对信息化的需求；管理层面，信息化主管部门从资源共享、业务协同、互联互通等方面提出需求；上级层面，国家及上级部门信息化规划对区域信息化发展的要求。

3. 确定发展目标

区域信息化规划中发展目标的确定至关重要，在规划方案设计之前要予以明确。发展目标一般有总体目标和具体目标，需要根据经济社会发展的总趋势、区域内外信息化的基本条件和总体需求，经过分析、预测和计算后提出。总体目标主要是明确发展方向，确定基本原则，进行宏观展望。具体目标以满足总体目标定位为基础，按照信息化的基本要素来确定，并有具体量化目标支持，如基础设施、应用系统建设、信息资源开发、信息安全保障等。

4. 重点任务专项研究

在规划方案设计前，对重点任务进行专题研究。如信息化基础设施的布局和建设，基于业务协同、资源共享的全局性的应用系统建设，全局性的基础数据库及共享平台的建设，重点信息产业的布局和发展等。

5. 规划编制

规划编制最主要的工作是规划方案设计。根据区域发展战略和需求分析及基础条件，综合多种设想和方案，拟定区域信息化发展的总体方案。方案设计是规划编制中最富有挑战性的工作，既要统筹全盘，又要考虑各个部门的业务需求能协调、有效地发展。在方案设计中，要注重两张图的编制：一是规划图和有关图表，从宏观上直观地展示未来区域信息化发展战略；二是技术路线图，通过时间序列来基于任务导向，进行未来业务前景的设计，包括市场、业务、工程、技术、服务、能力等，通过未来前景与目前形势的比较来发现差距，并通过设计重点任务和信息工程来弥补这种差距。

6. 规划方案评估

规划方案评估一般分为两个阶段。第一阶段是在规划方案筛选阶段，在未决定之前，对若干个供比较、选择的方案进行合理性和优劣性评估，选定出较为适当的方案。第二阶段是在规划方案初步拟定、基本定型后，请当地政府的负责人、相关业务部门和经济社会发展、信息化、区域规划等方面的专家，对规划方案进行论证或评审。

7. 规划发布

根据规划评估、论证和评审意见进行修改，形成最终规划成果。将规划文件报主管部门审批，进行权威发布。

三 区域信息化规划难点分析

区域信息化规划是紧密结合本地经济社会发展，以信息技术广泛应用为主要内容，以信息化人才为依托，以法规、政策、标准为保障的有机整体。它既有区域社会经济发展的条件约束，又要符合信息化发展的一般规律。编制一个高水平的区域信息化规划除了遵循规划编制的基本原理外，还要对规划编制的难点进行有针对性的分析。

（一）处理好与上级规划衔接、符合本地实际的关系

现行的信息化规划上下衔接中有几个特点。一是上下级规划的发布没有必

然的时间顺序要求，下级规划的发布有时早于上级规划。二是上下级规划的耦合程度更加紧密。特别是网络的互联互通、战略信息资源数据库的建设、统一的公共应用系统建设等体现了上下级规划的整体性和一致性。上级规划对下级规划的指导意义更加明确，下级规划主要是按照上级规划的主要内容结合本地实际进行具体规划。三是信息化规划强调的是自上而下的过程。区域信息化规划原则上基于上级规划制定，上级规划虽然不直接“命令”下级，但是其指导思想、基本原则和战略目标对下级规划都具有重大的指导作用。而区域经济社会发展规划也是区域信息化规划的上级规划，必须做好对接，这种对接就体现了本地的实际需求。

（二）处理好通用性与突出重点的关系

信息化的基本内涵就是充分利用信息技术，开发利用信息资源，促进信息交流和知识共享。它是一个推动经济社会发展转型的历史进程。区域信息化规划实际上围绕信息化体系的六个要素展开，即信息技术应用、信息资源、信息网络、信息技术和产业、信息化人才、信息化法规政策和标准规范。这些要素的完整展现，体现了信息化要素规划的通用性。这种通用性又类似格式范本，使得不同区域的信息化规划的同质性也越来越大，A地的信息化规划改头换面就可用于B地。区域信息化规划一定要有重点，要根据当地经济社会发展水平、需求以及信息化的基础条件来决定规划期内的信息化重点任务。如基础条件差的，重点是基础设施建设；基础条件较为完善的，重点推进业务协同和资源共享；近段经济社会发展重点是现代城镇化建设的，可以重点规划“数字城市”；资源特色比较鲜明的，可以围绕资源特色做文章，如旅游城市可以围绕“智慧旅游”进行信息化规划；等等。

（三）处理好完整性与逻辑性的关系

一个不成功的区域信息化规划，往往过于强调信息化各基本元素的完整性，并没有认真分析和考虑规划各章节、各主要组成部分的逻辑关系。如现状、存在问题和需求是建设目标和基本原则的基础，而主要任务是围绕建设目

标而提出，信息化的工程项目设计又是主要任务的具体实现，而保障措施又是为了保证目标实现、任务完成、项目顺利实施而提出的。这些要素在逻辑关系上一环紧扣一环。图 1 为体现逻辑关系的示意图。

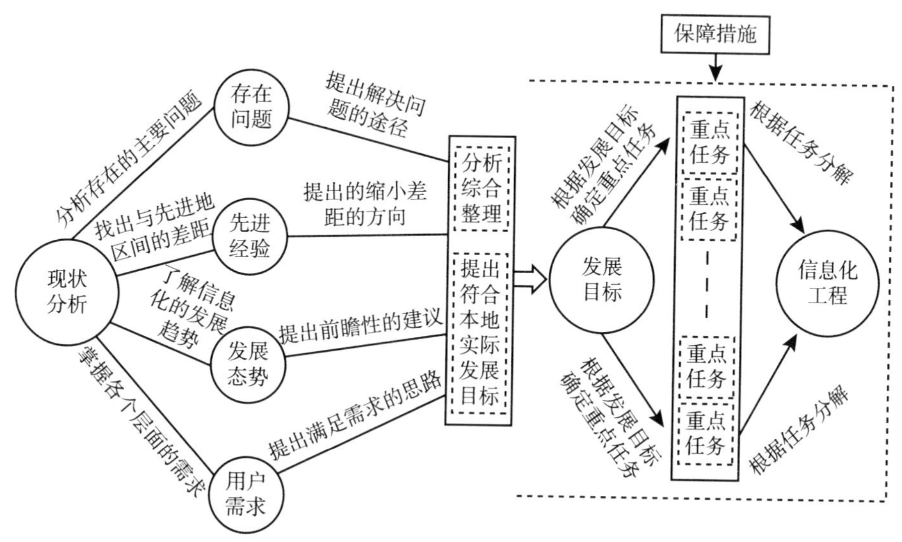

图 1　区域信息化规划内在逻辑关系示意

（四）处理好概念、逻辑和物理实现的关系

信息化规划要有很好的层次感，要充分体现编制一个信息化规划从概念、逻辑到物理实现的三个步骤，展示从抽象到具体的不断细化的规划设计过程。首先在概念模型上要体现规划理念和发展思路，提出规划的指导思想、发展战略和基本原则，并将其作为编制规划的指南。其次是逻辑模型设计，要将概念模型具体化，这就是需求分析的细化阶段。要依据对环境和目标的分析、对现状和约束的分析，从总体上用逻辑的过程或主要的功能来描述对象系统。逻辑模型依据概念模型提出近期可评价的状态目标，明确要干什么，要干到什么程度，具有哪些功能。物理模型就是针对上述逻辑模型所说的内容，在具体的物理实现上体现出来，如物理网络及软、硬件设施建设等。

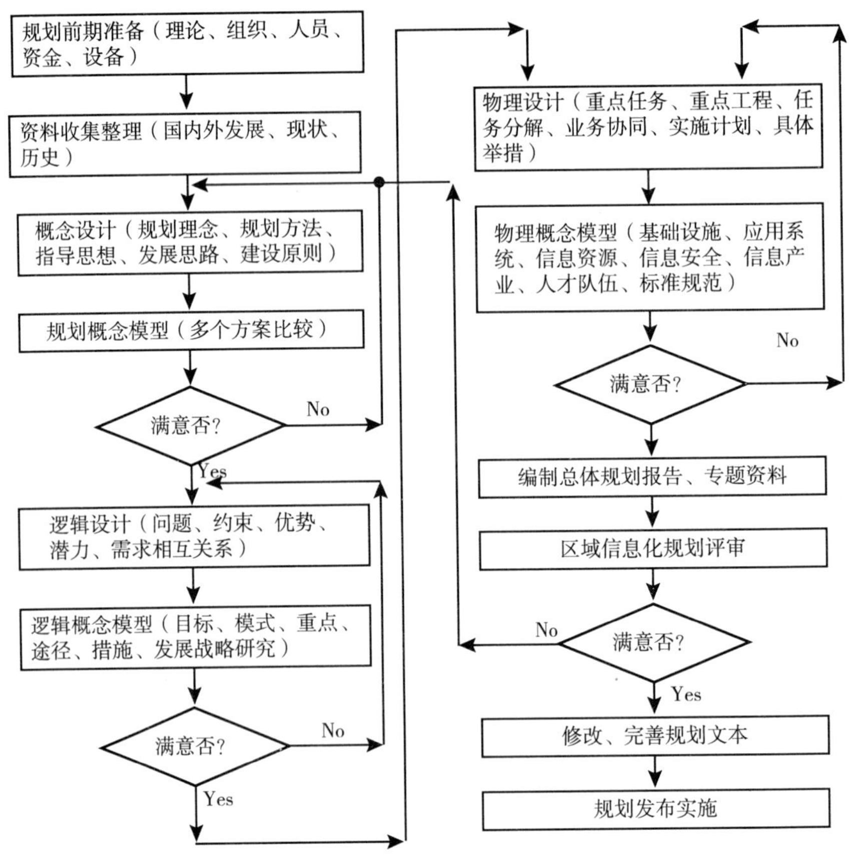

图2　区域信息化规划编制流程

参考文献

［1］李东、牛方：《一个集成的战略信息系统规划框架》，《清华大学学报（自然科学版）》2006年第S1期。

［2］毛汉英：《新时期区域规划的理论、方法与实践》，《地域研究与开发》2005年第6期。

［3］谭俊峰、龙剑：《集团企业信息化规划中的风险和对策》，《计算机光盘软件与应用》2012年第8期。

B.48

“数字湖南”视域下提升电子政务实效的对策

吴 青*

“数字湖南”战略实施以来，湖南电子政务在业务开发、政府网站、便民服务等领域已取得显著成效。但长期以来，资源难整合、供求难平衡、服务形式单一、业务应用单薄等问题也制约着湖南电子政务的发展。放眼信息化发展趋势，结合“数字湖南”的建设要求和老百姓的需求，湖南应在以下几方面着力突破，促进电子政务的持续深入发展，进一步提高电子政务实效。

一 突出用户导向，注重供求平衡

供需分析、供求平衡是推动信息化持续健康发展的必要前提。真实有效的需求是电子政务成功的逻辑起点。长期以来，在政府主导型信息化建设模式下，电子政务的发展与建设中一直存在有意或无意凸显政府导向、忽视用户导向的问题。这集中反映在政府网站建设、栏目开设、服务举措、业务系统开发等均由政府部门提出相关规划和需求，很少征求和顾及用户的意见，造成“有的没用、用的没有”的尴尬局面。这一尴尬局面既降低了电子政务效益，又浪费了投资。电子政务既是降低行政成本、提高行政效率的有效手段，更是促进政府职能转变、构建服务型政府的重要载体。便民惠民、为民服务是电子政务的终极理念。因此，必须突出用户导向，倾听民意，注重供求平衡。

（一）开展民意调研，做好供需分析

各级政府部门在电子政务项目规划和建设之初，就应开展充分的民意调

* 吴青，中共湖南省委直属机关党校信息网络教研室。

研，看看老百姓最感兴趣的是什么。人民群众最需要的是什么。调研的方式多种多样，比如在政府网站上开展民意调查；通过报刊、电视台、电台等媒体多渠道发放民意调查问卷；委托第三方咨询公司或市场独立调查机构开展电子政务项目需求民意调查；举办群众最满意政府网站或电子政务项目评比……通过这些形式来广泛收集民意，分析民情，为电子政务建设奠定坚实的民意基础，培育市场需求。

（二）感知用户需求，优化网站效能

实时感知用户需求是推进智慧政务、构建智慧城市的前提和基础。各级政府网站必须进一步实时准确感知用户需求，优化用户体验，增强网站效能。首先要优化网站设计。包括合理规划网站栏目，优化栏目路径和层次，改进配色方案，提升视觉效果，拓展分辨率适应性，减少嵌套层级，提升访问效率，增加访问接入带宽，强化网站安全等。其次要加强访问信息统计和分析。通过网站的后台系统实时统计网站总访问量、各栏目访问量、分时访问量、分地域访问量等，实时采集用户地域分布、用户语言、用户系统环境、访问渠道和来源、用户身份标志等多维度访问行为数据。研发政务网站智能分析系统，对采集的数据信息进行深度分析归类，从而挖掘整理出不同时段、不同地域、不同类型用户的访问特点和需求特征，为细分网站用户、实时发现需求、推出精准个性化服务提供客观科学的依据。再次要实时监控网站服务。在政府网站首页加载热力图，借助热力图等工具对政府网站进行实时监控。通过分析热力图数据，可以发现一段时间内网站各栏目和服务的访问热度和频次，准确定位网站冷门栏目和服务缺陷，从而及时调整栏目设置，弥补服务短板。最后要建立健全政府网站服务绩效考评机制。建议在全国政府网站绩效评估指标体系的基础上，结合湖南实际，强化用户导向考评体系，明确相关的指标、赋值、权重和测算方法。由省电子政务中心定期对各地市政府网站进行服务绩效考评。开发全省政府网站服务绩效监控平台，实时采集各地市政府网站的相关数据，自动归集统计，测算绩效得分，为政府网站效能的优化提供客观依据和参考。

实时准确感知用户需求、及时快速调整网站服务、精准智能提供政务服务

构成了智慧政府门户的主要特征，代表了政府网站的发展方向，是智慧政务的本质要求。

二　强化资源共享，理顺体制机制

信息资源共享是“数字湖南”建设的必备条件，是“数字湖南”五要素之一。其中，政务信息资源共享关系到集约、效能型电子政务建设的成败。湖南政务信息资源共享长期滞后，与经济社会发展的旺盛需求形成了强烈的反差，已成为制约湖南电子政务和信息化发展实效的重要瓶颈。“数字湖南”建设背景下，湖南政务信息资源共享的环境发生了深刻变化，政务信息资源共享的倒逼效应越发突出。湖南应在组织结构机制、规制保障机制、信息整合机制、利益平衡机制、项目运营机制、安全保密机制等层面构建和完善政务信息资源共享机制。

（一）组织结构机制的健全

1. 筹建全省电子政务信息资源库

建议由湖南省电子政务中心筹建全省电子政务信息资源库。首先由各级部门按照中办发〔2004〕34 号、国信〔2006〕2 号等文件的精神，整理和分类本部门信息资源，列出资源分类目录表，包括涉密和非涉密两大类政务信息资源，同时列出可供社会化增值开发的信息资源名录。再由省电子政务中心汇总各单位、各部门上报的信息后，依照“数字湖南”的建设需求和价值取向尽快探索构建全省统一的信息资源共享体系。明确信息资源共享的元数据技术格式和规范、数据接口标准、数据交换标准和格式、组织机构分类代码、基础数据库类型和格式，参照 GB/T 7408－2005、GB/T 12402、GB/T 16987 等国标，制定统一的《湖南省政务信息资源共享名录》。明确信息资源采集渠道、数据更新机制、资源管理权限、数据共享模式、业务协同机制等。在项目运作上，可从“三农”信息系统的整合、“三网”融合推进等具体的工程或应用项目来切入，以此为突破口切实抓出成效，逐步推广并形成有效的政务信息资源共享工作流程和运行机制。

2. 全面推行首席信息官（CIO）制度

CIO 制度已成为电子政务先进国家和地区的重要经验，这一制度有利于推进政务部门信息公开和共享。目前，湖南省各级政府部门信息化相关人才普遍缺乏，不利于电子政务建设和发展。在实践中，各级政府部门信息化工作人员也面临身份属性、晋职晋级路径、工资待遇分类等一些实际问题，这些都影响了各级政府电子政务的建设。在机构编制的设立、公务员考录等方面也存在有效需求不足、考录比例过低等问题。因此，建议湖南省地市级以上政府部门全面推行 CIO 制度，通过 CIO 制度来理顺相关的体制机制，建立常态化、稳定的电子政务工作体系和人员结构，为政务信息资源的共享打牢基础。此外，还要通过举办“两化融合”培训班、“数字湖南”领导干部专题培训班、领导干部电子政务专题培训班等形式和途径来提升各级领导干部的信息化常识和技能。

（二）规制保障机制的臻善

严谨完善的规制保障机制是推进政务信息资源共享的重要保证。2012 年 9 月 1 日正式实行的《湖南省信息化条例》对 2004 年 10 月 1 日实行的原《湖南省信息化条例》做了修订和补充，但是对于政务信息资源共享的规定依然不够。因此，必须要制定更具体、更明确、更具有可操作性和强制力的规章和条例，进一步构建严谨有效的规制保障机制。

一是制定《湖南省政务信息资源共享条例》。以法规的形式明确政务信息资源共享的责任、方式、主体、范围、机构等。建议借鉴广东、深圳、宁波等一些省市的做法，结合湖南实际，尽早制定出台可操作性强、表述清晰明确、逻辑合理严密、有强制力的政务信息资源共享条例。

二是制定《湖南省政务信息资源共享考核细则》。建议湖南省参考《2013 年政府门户网站评估指标体系》并遵循国办函〔2011〕40 号等文件的精神，结合《湖南省政府网站绩效评估办法》的规定，尽快研究制定《湖南省政务信息资源共享考核细则》。通过考核细则来明确政务信息资源考核的对象、目标、内容、考核方式以及评分标准等。尤其是要在考核评分指标体系中纳入用户感受和评价类指标，由广大民众根据切身感受来评价资源共享的便利程度，充分体现为民服务的价值取向。

（三）信息整合机制的构建

建立科学的信息整合机制是促进政务信息资源共享的技术前提。结合湖南实际，主要应解决两个问题：一是要明确全省统一的数据交换标准和平台；二是要与“数字湖南”建设对接，实现与“数字湖南”技术和工程应用上的兼容和匹配。因此，要综合考虑两大因素来确定作为信息整合机制重要载体的数据交换标准和平台。其一是“数字湖南”地理空间框架要素系统；其二是由GB/T 21062. 2 －2007、GB/T 21062. 3 －2007 等相关国标确定的、全国统一的信息资源共享和交换标准。前者决定了“数字湖南”各应用系统的外部接口API 和底层架构，后者决定了省际信息资源共享和传输以及中央与地方的系统互联互通。建议早日公布《湖南省政务信息资源目录体系地方标准》，保障省内资源共享、省际互联互通、中央与地方上传下达。

交换标准和平台确定后，就可以实现诸如医疗数据、教育数据、环保数据、气象数据、金融数据、信用数据、电力数据、煤气数据、自来水数据、道路交通数据、客运数据、安全事件数据、住房数据、海关数据、出入境数据、旅游数据、工业数据、农业数据等分属于政府各部门的原始数据的共享和交换，使政府部门数据之间的关联成为政府数据资源价值的增长点，产生新的价值。为大数据时代政府网站和政务信息系统的转型奠定坚实基础，使政府网站和政务信息系统成为数据的汇聚地、加工厂、服务台，打造大数据时代的电子政务升级版。

（四）利益平衡机制的构建

灵活合理的利益平衡机制是促进政务信息资源共享的催化剂。中办发〔2004〕34 号文件提出了政务信息资源共享的创新开放原则，而“数字湖南”规划（2011 ~2015 年）则明确了政府引导、市场驱动原则，应以此为依据逐步构建有效的利益平衡机制。

一是建立成本补偿机制。将政务信息资源共享所需的人、财、物成本列入财政预算，保障相关部门的正常运转和工作的顺利推进。就省级政务信息资源共享层面而言，可由省电子政务中心列出年度资金预算需求，经省信息化领导小组审批后由财政拨付专项资金。

二是建立奖励补偿机制。对在电子政务信息资源共享过程中做出突出贡献的政府部门或者个人给予一定的物质奖励。树立先进典型，表彰先进集体和个人；将政务信息资源共享逐渐纳入政府官员的绩效考核体系中，逐步完善官员绩效考核体系，激发官员推动政务信息资源共享的积极性。

三是创新融资机制和运行机制。政务信息资源共享涉及系统建设和资源开发等，所需资金多，缺口大。可以在政府引导的前提下，充分拓展融资渠道和建设机制。开展灵活的政企合作。政府提出需求，提供政策和环境支持，企业注资建设并承担运维，政府与企业签订合作协议，按年度付费。这样的合作模式是典型的政府购买服务模式，也符合十八届三中全会提出的关于政府改革的价值取向。类似这样的信息外包服务在国外和香港等地区都有成功运用，我们可以从中吸取有益经验。实际上，只要不涉及国家安全、不妨碍政务运行、潜在风险低且完全可控的资源共享系统和业务都可以尝试服务外包等模式。这既弥补了财政资金的缺口，又解决了技术支持问题，还有利于系统的后续维护和升级。

（五）项目运营机制的拓展

项目运营机制的拓展是促进政务信息资源共享的加速器。政务信息资源的共享本质上也就是一个个项目的具体实施和运作。而政务信息资源本身又具有准公共物品的属性。既然如此，在具体的项目实施和运营机制上，完全可以借鉴自来水、燃气、公交等准公共物品和公共事务的供给与运营模式，拓展诸如特许经营、合同外包、用者付费等运营模式。在这方面，国内外一些地区、一些行业已有成功的经验可供借鉴和参考，诸如香港政府的“公共服务电子化计划”合约、偏远地区通信普遍服务工程等。

（六）安全保密机制的强化

安全保密是推动政务信息资源共享的保障。当前全球信息安全形势严峻，我国信息安全事件层出不穷，形形色色的“监听门”“窃密门”此起彼伏。政务信息安全不容忽视。

一是要强化政府网站的安全防范。以国信办25号文件等为依据，严格细化各级政府部门网站、大型政务信息系统、敏感数据库等的安全检查和防范制度。强化系统安全防范措施，严格配置系统访问和修改权限，及时修补安全漏洞，更新系统安全补丁。落实安全责任到人，建立信息安全事故追责机制，定期发布政务网站和敏感政务信息系统的安全检查评估报告，指出存在的问题，及时修补和纠正。

二是严格执行等级保护管理办法。根据公通字〔2007〕43号等文件的规定，对所有政务信息系统实行严格定级审查和备案，建立定期核查和安全事件上报机制。结合《湖南省信息化条例》，建立快速有效的信息安全事件应急处置机制，完善应急处置预案，将损失降到最低。

三是确保政务信息系统的建设、运营、使用符合安全标准和规范。严格按照GB17859－1999、GB/T20271－2006、GB/T20272－2006、GB/T20273－2006、GA/T671－2006等信息安全技术标准和规范来建设信息系统和相应的安全防范设施，保障各信息系统抵御外部攻击的安全防范能力达到相应标准和等级的要求。确保安全防范设施的自主掌控性，杜绝核心技术的外泄和失密。加强安全检查和隐患排查。在政务信息系统的使用和维护中，要按照GB/T20269－2006、GB/T20282－2006、《信息系统安全等级保护基本要求》等管理规范，制定符合本系统安全等级要求的管理制度、操作手册以及应急预案，确保出现问题时能第一时间修复系统，消除影响，降低损失。

四是强化安全技能培训，提高安全防范技能。对政务信息系统使用和维护人员，尤其是各级公务员要定期举行信息安全培训，强化其信息安全防范意识，令其了解基本的安全防范常识，提高操作人员的信息安全防范技能。建立信息安全培训的长效机制和考核机制。对实际接触和操作敏感信息系统的工作人员，要定期进行信息安全技能考评，通过考评来促进其安全防范技能的提升，做到提高警惕，警钟长鸣。

三　拓展服务渠道，延伸覆盖范围

截止到2013年底，中国网民规模达6.18亿，互联网普及率为45.8%。其中，手机网民规模达5亿。全国移动电话用户已达12.29亿户，3G用户达4.02亿户。移动化、碎片化的移动互联网应用日益受到人们的青睐。4G序幕的拉开更为移动互联网产业的发展带来了新的契机。湖南应立足三网融合，抓住4G契机，不断拓展电子政务服务渠道和形式，延伸覆盖范围。

（一）推出无线应用，实现多头互动

首先要继续巩固政务微博的良好发展态势。通过政务微博及时发布权威信息，了解省情民意，倾听群众呼声，回应群众关切，充分体现政务微博“短平快”的特点。

其次要以无线城市、智慧城市建设为平台，发力无线终端，推出各种无线政务应用。自2012年4月湖南移动公司与湖南省人民政府经济研究信息中心签订《湖南省人民政府“无线城市WAP门户”建设合作协议》后，“无线城市WAP门户”建设已初见成效。数字湖南·无线城市网站（http://www.hnmcity.com/sy1/index.php）已开通运营，“数字湖南·无线城市WAP门户”（双域名：wap.hnmcity.com以及wap.hunan.gov.cn）也正式上线试运营。面向智能手机iOS平台和Android平台的APP应用程序也已经推出，但目前提供的政务服务还很有限，系统功能也不甚完备。下一步要加快与交通、教育、医疗、社保、税务等部门民生服务数据的对接，完善诸如公积金查询等服务，逐步实现个人社保、医保、机动车辆违章查询、水电煤气、电子病历、健康档案等个性化生活便民服务，将“无线城市WAP门户”真正打造成为全省集中式民生服务型政府WAP门户。

再次要充分利用第三方社交平台。充分利用微信、易信等社交平台，拓展诸如微信政务服务等更多服务渠道。目前，湖南电力、气象、交警、消防等部门已经推出了微信政务服务，建设银行、中信银行等金融机构也开通了微信服务平台。长沙交警推出了微信机动车交通违章查询；长沙电力微信服务平台不仅可以查询电费，还能通过支付宝钱包缴费，将来还可通过微信支付缴纳电费。这些渠道极大地方便了百姓生活，广受欢迎。建议其他政府部门也在这些社交平台上适时推出政务服务。

最后要逐步推进固网移动化。将固网平台上的业务和服务逐步迁移到移动

互联网平台，延伸覆盖面。以“天地图·湖南”网站（http：//www.dzmap.cn）为例，作为“数字湖南”地理信息公众服务平台，该网站目前已推出了“湖南省公路电子地图”“省质监局法人信息库”“湖南省测量标志信息管理系统”“湖南省土特产专题地图”等九大应用系统。其中，“湖南省公路电子地图”可以实时显示全省主要高速公路通行状况，包括公路受阻原因、时间、事发地点、处理情况等信息，极大地方便了公众出行。该系统是由交通、国土等部门联合建立的，迄今为止，尚未在移动终端推出APP应用。因此，完全可以考虑推出“湖南省公路电子地图”Android和iOS客户端APP，提供公路实时路况提醒、出行线路查询规划等功能。在运营模式上可以仿效手机天气预报等电信增值业务，APP可免费下载使用，对查询实行按月收费或按次收费。此种模式对于APP开发商而言可以赢利；对于电信运营商而言，可以带动3G/4G手机的销售，提高运营商流量收入；对于老百姓则提供了出行的方便。从另一个角度来看，这也是政务信息资源的社会化开发利用，符合当前政务信息资源开发利用的价值导向，既促进了便民、惠民服务，又有效缓解了政务信息资源开发利用的资金压力。

（二）实现后台联动，确保及时响应

政务服务覆盖范围的延伸，意味着电子政务服务体系和载体的全媒体、多平台、多终端和广覆盖。“固网平台+业务系统+邮箱+社交平台+微博+移动APP”将成为全覆盖条件下同一部门的电子政务服务体系。确保不同服务渠道的及时响应和联动是综合服务体系高效正常运作的关键。因此，必须构建部门内不同政务服务渠道的后台联动机制，实现后台数据的及时更新和前台服务的及时响应。确保不同服务渠道的数据一致性，避免出现多头处理、重复响应、相互牵制现象。制度层面，应加强部门建章立制，明确后台工作机制，建立应急预案，落实责任追究机制；技术层面，应确保后台系统的数据匹配和兼容，实时监控数据的完整性和安全性，严格配置访问权限和修改权限，做好灾备工作和安全防范。

四　丰富应用类型，增强服务实效

“数字湖南”建设的核心是信息技术的推广应用和信息资源的开发利用。

电子政务的生命力则在于丰富实用的业务应用和优质可靠的服务。只有针对政府、企业、个人三大领域不断开发应用产品、推出各种服务、有效扩大用户群才能保持足够的用户黏着度，从而实现电子政务“建”与“用”的结合、“供”与“求”的平衡。

建议省电子政务中心、办公厅、经信委、发改委、商务厅、移动运营商等部门联合有关企业和单位开展深入和广泛的市场调研，分析市场需求，调整业务运营策略，丰富业务应用。政务领域应推出更多的办事指南、政务咨询、便民服务、政策解读、移动政务、经济形势、时政要闻、部门访谈等相关业务；企业领域应强化政企联动、行政审批、市场行情、市场监管、财经资讯、企业风采、企业家访谈、企业论坛等相关业务；个人领域则可以推出网络购物、个人求职、生活百科、天气查询、物价信息、交通违章查询、公积金查询、社保信息查询、旅游资讯服务、公交信息查询、航班信息查询、医疗挂号服务、出入境申请、公用事业缴费等各种便民服务和业务。抓住4G商用的有利契机，提高业务运行效率，提升用户体验，切实增强服务实效，将湖南省电子政务服务平台真正打造成为覆盖市、县、乡三级的政务应用平台、移动互联网政务服务平台、智慧政务等物联网应用展示平台、移动电子商务的促进和应用平台、便民惠民信息服务平台。

参考文献

［1］吴青：《信息化视域下的崛起梦——数字湖南建设研究》，湖南人民出版社，2013。

［2］CNNIC：《第33次中国互联网络发展状况统计报告》，2014年1月。

B.49

立足三大功能定位　打造一流政府网站

——湖南省政府门户网站现状及发展对策分析

湖南省人民政府经济研究信息中心政府网站处

“创建透明型政府、打造服务型政府、营造民主型政府”是我国政府管理方式变革的重要方向，当前处于网络时代，政府网站已成为各级政府及其部门发布政务信息、提供在线服务、及时与公众进行沟通的一个重要平台和窗口。

湖南省政府门户网站作为湖南省政府网站的龙头，是全省政府信息发布和网上政务服务的第一平台。政府门户网站是电子政务建设情况的全息缩影，其建设水平代表电子政务的发展程度。从政府门户网站三大功能入手，结合省政府门户网站建设的现状，探讨省政府门户网站建设中存在的一些问题，提出一些操作性较强的应对策略，有助于加快省政府门户网站建设，进一步提高湖南省电子政务水平。

一　省政府门户网站建设成效明显

省政府门户网站作为湖南省电子政务的龙头，自 2000 年 12 月 18 日开通以来，历经数次改版，以建设“服务型政府网站”为目标，按照政府信息公开、办事服务和互动交流三大功能定位，创新服务方式，不断提升服务能力。2008 ~2013 年在全国政府网站绩效评估中一直保持在全国前十的位置，2013 年在全国省级政府门户网站中排名第五。

1. 政府信息公开不断深化

一是信息公开规范性、实用性和时效性取得新突破。遵照“以公开为原则，以不公开为例外”的原则，省政府门户网站编制省直部门行政职权目录，公开 67 家省直部门的行政审批依据、流程和结果，以及行政事业性收费的项目、标准、范围和期限，促进权力透明运行；编制公共企事业单位信息公开目录，整合教育、医疗、交通、劳动保障、通信、公用事业等公共企事业单位的基本信息和业务信息，有效满足公众实际需求。省政府办公厅下发《湖南省政府门户网站内容保障规定》，进一步完善省政府门户网站内容保障机制，确保重要政务信息第一时间在省政府门户网站公开。

二是专题专栏建设取得新成绩。省政府门户网站贯彻落实国办发〔2013〕73号文件精神，整合建设“重点领域信息公开”专栏，集中展示“三公”经费和行政经费公开、保障性住房、食品药品安全等十类重点信息。围绕省委、省政府中心工作，结合社会热点问题，建设了“2014湖南省两会专题”“厉行节约、反对浪费”“学习贯彻党的十八届三中全会精神”和“党的群众路线教育实践活动”等政务专题。专题紧跟热点工作，较好地发挥了政府门户网站宣传湖南、服务湖南发展的窗口作用。

三是对新闻发布会、听证会等内容的播报取得新进展。2013年，省政府门户网站公开新闻发布会、听证会30期（次），已成为省政府及部门新闻发布的重要网络平台，让公众直接、全面、深入地了解政府决策。

2. 办事服务能力显著增强

一是丰富了十三类主题服务资源。为丰富服务资源，省政府办公厅协调组织召开了省政府门户网站内容保障工作会议，要求各有关部门全力支持省政府门户网站的内容保障工作。专题共计梳理整合了近9000条服务信息，向公众和企业提供教育、社保、就业、医疗、住房、交通、证件办理、企业开办等服务。二是搭建了服务信息查询平台。主要包括实用信息查询、公共设施查询和便民查询，汇聚了医药、社保、考试、就业、发票、证书、执法、公积金、实时路况、气象、环保、水质、公交路线、高速公路服务查询等多方面的服务，并能够快速导航。这一平台的搭建极大地节省了公众的网上搜寻时间，使公众能快速获取查询服务，体现了网站人性化服务的特点。

3. 互动交流水平大幅提升

一是切实做好“省长信箱”栏目。“省长信箱”自2007年9月开通以来，年均收到群众来信5000件，已成为省政府门户网站直接为群众解决难题、办实事的有效渠道。二是不断创新在线访谈。为改变政府网站在线访谈自说自话

的局面，提高访谈互动效果，我们不断从话题、访谈对象、组合访谈等多方面进行创新工作。从政府中心工作访谈到社会热点访谈，从访谈各级各部门领导到访谈工作在一线的先进人物，从一人访谈到多人同时访谈，逐步扩大了在线访谈的影响力。三是认真开展在线咨询、调查和民意征集等工作。2013年，省政府门户网站“公众问答”栏目共收到群众来信916件，处理723件，办结率为79%，网上公开378件；“在线法律咨询”栏目共收到群众来信216件，处理200件，网上公开回复89件，办结率为92.59%，并将在线法律咨询栏目的案例精选汇编成《湖南省政府门户网站法律咨询答复选编》一书，扩大了在线法律咨询的成果应用和栏目影响；完成调查征集26期，征集的意见建议多次被政府部门采用和参考，为政府科学民主决策发挥了较好的作用。

此外，省政府门户网站积极采用微博等新技术、新形式，努力创新互动交流形式，收到了良好效果。

二　省政府门户网站建设中存在的问题

省政府门户网站经过十余年的建设，取得了一定的成效；但与其他先进省市相比，结合服务型政府建设要求和用户实际需求来看，仍存在一定的差距。这些差距主要表现在以下几个方面。

1. 信息公开力度不断加大，但公开的深入程度与规范程度有待加强

从公开信息的层次看，基本政务信息，如政务动态、政府会议、厅局市州动态和政策法规等大部分都能做到及时、准确公开；深度政务信息，如办事指南、统计数据等表现一般；关键性政务信息，如人事任免、干部选拔、财政预决算、拆迁、采购公开和项目投资等信息，公开透明度有待提高。

2. 网上办事效果明显提升，但内容保障的长效机制有待完善

在线办事是政府网站的核心功能。从目前情况看，与政府信息公开、互动交流两大功能相比，在线办事功能的实现程度偏弱，是当前省政府门户网站功能的“短板”。公众查询常常面临“提供的不需要、需要的找不到”的尴尬。网上办事服务栏目内容主要来源于省直各部门，目前的工作方式为由省政府门户网站按照各省直部门的业务职能，梳理服务资源，为各部门提供保障内容要素表，各部门按照要素表进行信息的填报，由省政府门户网站工作人员将信息分类整合、编辑上网。但部门报送的信息不同程度地存在着要素不全、有效信息不全等问题，部分部门报送不及时，未能形成内容保障的长效机制。

3. 政民互动渠道基本建立，但互动效果还有待提升

在数字生活深入城乡每一个角落的今天，人民群众对政府网站的需求日益增长，通过网络问政、表达民意、民主监督的要求越来越高。但拿电子政务与电子商务的体验一比较，不用调查也知道满意度结果。目前，省政府门户网站建立了互动渠道，网上互动平台基本搭建，但“省长信箱”和“公众问答”等互动栏目未按服务主题归纳总结公众经常咨询的问题，缺乏对资源的整理汇编，不方便用户查阅。网站围绕政府工作重点和社会热点问题设置了民意征集主题，但未对公众发表的意见和建议的采纳情况进行公开，影响了公众参与的积极性，互动交流的实际效果不尽如人意。

三　完善省政府门户网站的对策研究

1. 明确政府网站的功能定位

功能定位是政府网站建设的基础和关键。省政府门户网站应立足“信息公开、办事服务和互动交流”这三大功能定位，根据网民需求和用户体验，运用大数据技术，不断整合资源，完善服务方式，改进互动方法，以实现功能定位的精确化和政府管理的人性化，使省政府门户网站真正成为促进湖南省政府职能转变，实现由管理型向服务型政府转变的重要抓手。

（1）政务信息公开应准确规范、满足需求。省政府门户网站应进一步建设重点领域政府信息公开专栏，深化信息公开，增强政府公信力，提高公众对政府工作的满意度。重点公开财政资金、保障性住房、食品安全、环境保护、招投标信息等八大重点领域政府信息。专栏设置应贴近社会热点，集中公布公众最关注的部门领域信息，推动行政权力公开透明，保障公众知情权、监督权，创新社会管理和公共服务。尤其是要加强对省直部门信息公开工作的督

促，切实改进信息更新不及时、信息不实用、信息不够准确等问题。针对群众关注的问题，突出做到行政决策公开、建设项目信息公开、财政预决算和“三公”经费公开，以及敏感信息和热点问题公开，及时、准确地公开人民群众迫切希望获取的信息，营造一个公开、透明的信息环境。

（2）在线办事服务要搭建平台、拓展功能。省政府门户网站应把建设网上公共服务平台作为重点工程全力推进。全省网上政务服务与电子监察系统在完成升级改造的基础上，需完善短信提醒、非税系统对接等功能，继续加大技术培训、技术保障与督促检查的力度，逐步解决“双系统并行”“二次录入”“体外循环”等问题，推动系统应用更加普及。加大服务资源梳理整合的力度，加强对办事服务指南、表格下载、样表说明等服务内容的实用化改造。重点围绕办理量大、关注度高的服务事项，提供内容详尽、简单明了的说明和流程指南，促进政府网站与业务应用系统之间有机结合，确保在线能办事、好办事、能办成事。

（3）政民互动交流应拓宽渠道、扩大参与。十八届三中全会要求，实行网上受理信访制度，健全及时就地解决群众合理诉求的机制。省政府门户网站应积极拓宽互动交流渠道，扩大社会公众参与，不断畅通和规范群众诉求表达、利益协调、权益保障渠道；深度整合电话、短信、邮件、即时通讯、微博、微信等多种交流渠道；全面聚合领导信箱、公众问答、在线访谈、在线咨询、在线投诉、民意征集、网络调查等多种互动功能；精选互动交流主题，策划开展系列活动，提高社会公众参与度：提高政府网站访问量，扩大政府网站影响力。在完成省长信箱建设的基础上，进一步完善省长信箱办理机制，加大督办力度，提高办信效率和群众满意率。通过实际工作推动公众使用网上信箱，珍惜民力，维护民利，密切和改善党群干群关系。建立健全重大决策出台前主动在政府门户网站公开征求网民意见、开展网络调查或网络听证等制度，扩大人民群众的知情权、参与权和监督权。

2. 健全政府网站的管理体系

（1）转变思想观念是政府网站管理的灵魂。思想观念是行动的向导，要全面提升省政府门户网站的水平，必须从思想观念上真正高度重视网站，牢固树立科学的政府网站发展观。应积极转变思想观念，高度重视政府网站建设，不仅要从观念上重视，还要在具体工作上狠抓落实。可以采用参观、学习、借鉴先进省市的经验和做法，为政府领导科学决策提供支撑。必须转变各级政府部门思想观念，把各级各部门的智慧和力量凝聚到不断提升政府门户网站水平上来，积极配合省政府门户网站建设。

（2）建立优秀的建设队伍是政府网站管理的关键。省政府门户网站要围绕建设学习型、创新型网站，加强网站队伍建设，不断提高其政治理论素养和业务水平。既要大力培养一支专业精通、操作规范、服务热情的业务团队，又要培养出一批精通网络知识、了解业务规范、善于系统维护的技术型人才团队。网站团队要不断加强工作交流和理论学习，积极探索新形势下政府网站工作规律，创新建设思路，提升建设能力，为推进省政府门户网站向“一流政府网站”目标迈进打下坚实基础。

（3）完善的管理制度是政府网站管理的保障。要努力构建系统完备、科学规范、运行有效的政府网站管理制度体系。省政府门户网站应严格执行内容审核制度，确保网站内容不出问题。完善日常监测制度，采用自动监测、天天读网、定期自查自纠等方式，加大对政府网站运行的监测力度，提升网站群自我纠错能力。深化网站阅评制度，建立健全阅评整改、反馈机制，提升网站自我发展能力。不断完善政府网站绩效评估体系，提升绩效评估的科学性、规范性和针对性，增强以评促建的效果。

3. 加强政府网站的安全建设

要时刻绷紧网络安全这根弦，按照“一个安全领导小组、一支安全应急分队、一套安全防范设备、一个安全监测平台、一套安全管理制度”的要求，高标准、严要求，加强网站安全综合治理，坚持政治安全、系统安全、数据安全、物理安全四齐抓，做到技术、人员、制度防范三结合，确保政府网站安全。省政府门户网站要加强实时监控，建立健全网站安全通报机制、应急处置机制和监督查办机制。要进一步完善防攻击、防篡改、防病毒等安全防护措施，加强对安全技术的研究和培训，制定针对不同安全事件的应急预案，定期开展网站安全应急演练，不断提高安全防范和应急处置能力。要健全值班制度，及时发现和处置网站安全问题，确保电子政务网络与信息安全。

四　结束语

政府网站是电子政务的重要组成部分，是政府电子政务建设水平的主要体现渠道。社会正在转型，世界正在风云突变，挑战与机遇同在，希望与困难并存，省政府门户网站也正在风雨中前进。因此，我们必须通过明确政府网站的功能定位、健全管理体系、加强安全建设等方面大力促进省政府门户网站的建设，使省政府门户网站真正成为湖湘人民的“精神家园”、外界了解湖南的“窗口”、辅助发展的“动力源”、服务群众的“网络桥梁”，成为一流的政府门户网站。

B.50

湖南省网上政务服务和电子监察系统建设创新与实践

王力共*

一 概述

2011年1月20日，时任湖南省省长徐守盛在政府工作报告中指出：“积极推进电子政务和政务服务中心建设，建立完善省、市、县三级政府互联互通的电子政务系统和电子监察系统，逐步实现网上办公、网上服务和网上监督，重视网络民意，建设好各级政府互联网信息服务平台和便民服务网络平台。”并将完成全省网上政务服务和电子监察系统建设纳入年度绩效考核内容。2011年11月4日湖南省网上政务服务和电子监察系统全面建成，并由时任省长徐守盛宣布正式开通运行。这是湖南省推进电子政务、强化政务服务、加强行政效能建设的一个重要举措，是湖南省政务服务和电子监察建设取得的重大进展，也标志湖南省电子政务建设工作迈上新的台阶。

湖南省网上政务服务和电子监察系统是一个涵盖省、市、县三级政府部门，实现了跨部门、跨系统全省统一集中部署的应用系统。它实现了各级部门审批事项的“一站式服务、一窗式受理、一次性告知、一条龙审批、一单式收费”。该系统对所有接入的审批事项办理情况进行实时督导，对其办理过程进行预警纠错，对各级政府部门进行绩效考核，对人民群众提供实时的信息服务。通过该系统的建设，实现了对湖南省的审批事项的集中管理和统一实时监察，并从技术上规范政府行政行为，增强了各级政府部门的公仆和服务意识，优化了湖南省的投资软环境。

* 王力共，湖南省人民政府经济研究信息中心应用开发处。

二 系统总体设计

该系统以湖南省电子政务外网平台为依托，在省级平台上统一部署软硬件，集中建立数据库。全省未建系统的各级各部门，系统软件统一使用，数据文档集中存储，对全省用户实行分级管理，向下授权，建立相对独立的业务平台。对已建系统的各级各部门，通过建立数据交换平台，对原系统审批办件的每一个环节的办理信息进行实时采集并存入全省统一的监察数据库，进行统一实时监察。

（一）系统结构

系统总体上由两体系、两平台、五大库构成，如图1所示。

两体系是指标准规范体系与安全认证体系。标准规范体系为各业务系统的构建提供统一的技术基础，为项目的实施提供统一的制度基础，包括编码规范、接口规范、考核规范、实施规范等。安全认证体系为各级、各业务系统的统一安全管理和身份认证提供有力的保障，提供CA认证集成、数据加密、日志管理、网页安全通道传输等安全措施。

两平台是指技术平台与业务平台。技术平台包括应用支撑平台、数据交换与业务调度平台。应用支撑平台提供强大的流程、用户、角色、业务表单等定制工具，支持业务平台的快速构建。数据交换平台为不同业务系统之间提供安全可靠、规则的数据交换支持，以实现跨部门、跨系统的数据共享。业务调度平台采用面向服务的系统架构（SOA）实现不同应用系统间耦合的业务联动，使各独立建设的业务系统实现有效的网络化协同。业务平台包括政务服务平台和电子监察平台。政务服务平台又包括了湖南省网上政务服务大厅、公用审批、协同审批等模块。

五大库包括政务服务事项库、政务服务业务库、政务服务资料库、电子监察规则库和电子监察业务库。五大数据库涵盖了系统所有的数据资源，其中政务服务事项库和电子监察规则库具有高度复用性的业务知识资源，支持各级系统的快速部署。电子监察业务库、政务服务业务库和资料库支持系统的日常运行和审批、监察业务数据的电子化管理。

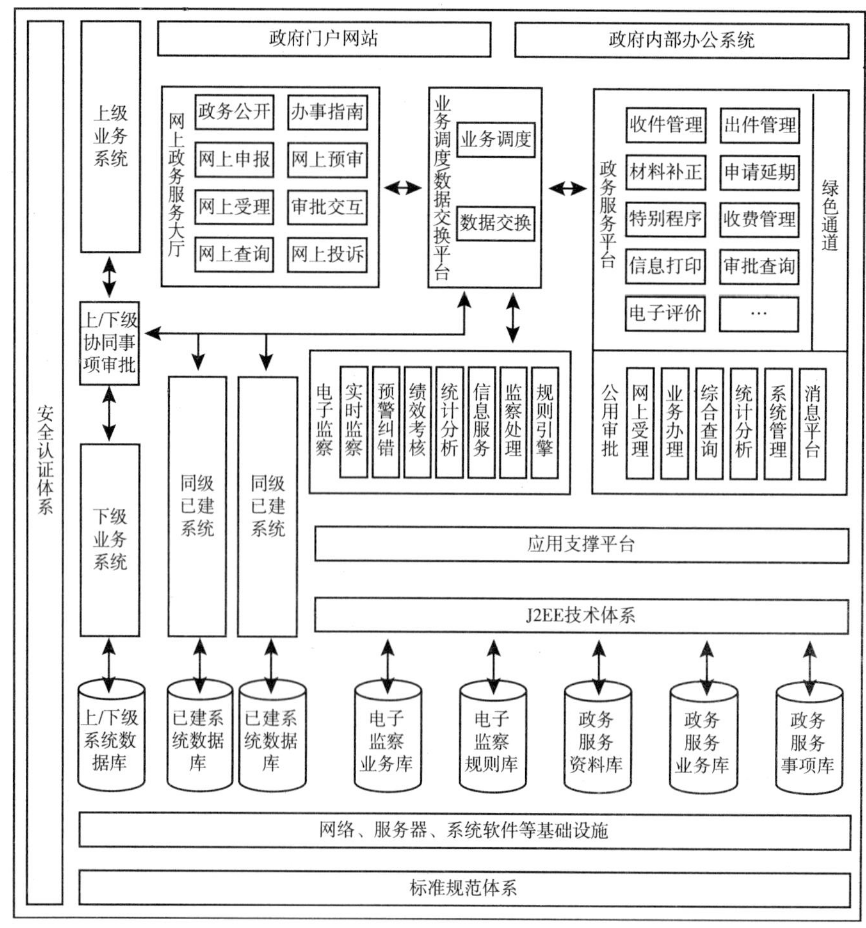

图1　湖南省网上政务服务和电子监察系统结构示意

（二）应用部署

应用部署主要包括四个部分：网上政务服务大厅、网上政务服务和电子监察系统、ORACLE 数据库的 RAC 集群以及数据交换平台。

网上政务服务大厅。由两个虚拟机节点组成集群提供对外服务，通过 radware 硬件负载均衡对前端的请求进行分发。数据库直接使用内部数据中心的 RAC 集群数据库。

政务服务和电子监察系统。由 8 个虚拟机节点组成集群提供服务，通过

radware 硬件负载均衡对前端的请求进行分发，数据库直接使用内部数据中心的 RAC 集群数据库。审批过程产生的附件，通过文件共享系统存储于公共存储的磁盘矩阵。

ORACLE 数据库的 RAC 集群。目前部署两台数据库服务器，实现 RAC 方式的集群，数据库文件存储于公共存储的磁盘矩阵。

数据交换平台。部署了一台公共前置机以及一台中间前置数据库用于交换各市（州）、县（市、区）以及省直厅局单位已建系统的审批过程数据。

三　系统主要功能

系统主要功能是由一厅四平台组成。一厅是指湖南省网上政务服务大厅，四平台是指系统管理平台、电子监察平台、政务服务平台和实时视频监控平台。

（一）湖南省网上政务服务大厅

网上政务服务大厅是部署在互联网上，方便群众、企业和部门对外提交办事申请的服务大厅网站。申请人不仅可以通过传统的方式到相关部门窗口提交相关材料，由受理人员录入相关信息到系统；还可以通过网上政务服务大厅或通过大厅导航到其办事所在地的网上政务服务大厅直接申报。两种方式所申报提交的材料和信息都将自动进入系统，按流程限时办理和实时监察。网上政务服务大厅主要包括办事指南、办理流程、网上申报、网上查询、咨询投诉和审批公示等功能。

（二）政务服务平台

政务服务平台是湖南省网上政务服务和电子监察系统的一个重要组成部分，是各级各部门网上审批的业务系统，具有各种审批业务流程的处理功能，同时还实现了跨区域和跨部门的并联审批。通过政务服务平台的建设，规范和优化分散了在原各职能单位的审批业务流程，改变了传统的审批模式和工作习惯，从而实现政府行政审批业务办理网络化，审批办理流程更加科学规范、合理便捷，对行政审批业务的执行进行了有效的监督和管理，同时方便了人民群众的办事和提高政府工作效率。政务服务平台主要包括：办件受理、补交告知/补交受理、不予受理、特别程序申请/特别程序结果、业务审批处理、收费管理，以及预警反馈、统计分析、网上服务、并联审批、批量受理、批量审批、批量办结、证照套打、综合查询等功能。

（三）电子监察平台

电子监察平台是通过自动实时采集各级各部门业务办理数据到统一的监察库中，按事项梳理定制的业务流程环节进行全过程实时扫描监察，对违反条件、不按程序、超过法定时限和承诺时限、违规收费等情况自动发出警告信息。实现了事先、事中的全面监察，促进了各级各部门的行政审批工作透明化，从而有利于建设阳光、高效、廉洁型的政府。该平台的主要功能包括对政务服务办件和事项流程的实时监察、办理过程的预警纠错、统计分析、投诉管理、信息服务和绩效考核等六大核心功能。

（四）系统管理平台

系统管理平台主要用于各级系统管理员管理本级的机构信息、人员权限的设置、节假日设置、模块设置、业务的表单和流程设置等。

（五）视频监控平台

通过在省本级已有办事大厅的部门和市（州）、县（区）的政务中心安装视频监控终端，对办公现场进行视频监控。视频通过中国电信“全球眼”的视频处理设备进行实时的图像监控，达到对省、市（州）、县（市、区）三级行政审批行为的集中和分级视频监控。

四　系统应用成效

湖南省网上政务服务和电子监察系统覆盖全省55家省直和中央在湘有关单位、14个市（州）、123个县（市、区）。

目前，全省接入系统的部门共7616个，其中具有审批职能的部门共7489个，纳入系统的工作人员账号共有45736个，网上政务服务大厅注册的用户总数为2474230个，其中企业用户数370703个，个人用户2103527个，访问次数为9504490次。

系统共纳入审批事项69166项，其中省本级55家共接入1298项，其中行政许可965项、非行政许可96项、服务类237项；14个市（州）本级共接入11106项，其中行政许可7918项、非行政许可1086项、服务类2102项；123个县（市、区）共接入56762项，其中行政许可38679项、非行政许可7466项、服务类10617项。

2011年7月1日至2013年12月31日全省办件数共7587422件，其中数据交换4884512件，大集中系统2702910件；55家省本级单位办件数369178件，14个市（州）本级办件数3509716件，123个县（市、区）办件数3708528件；网上政务服务大厅申报办件266276件，受理230776件。仅2013年全省办件数达5620177件，大大超过预期发展速度。

在省本级12家已有办事大厅的部门安装视频监控终端。14个市（州）和123个县（市、区）政务服务大厅已全部完成视频监控终端的安装，并接入全省效能监察视频监控系统。

五　系统建设创新

（一）全省集中统一部署的集约化建设思路，创新建设模式

当前，国内网上行政审批系统建设基本上分成两种部署模式：一种是自主软件独立式部署，另一是统一软件分布式部署。自主软件独立式部署是指省、市、县三级政府分别独立部署自己开发的软件平台，市、县数据通过数据交换的方式层层报送至省级平台；统一软件分布式部署一般是统一软件，在各级政府分布式部署软件平台，各级数据通过数据交换的方式报送至省级平台。

全国各地省、市的审批系统建设，绝大部分是采用自主软件独立模式部

署，而湖南省网上政务服务和电子监察系统采用的是大集中模式部署，即全省各级政府部门和政务服务中心共同使用省级硬件平台、一套软件、一个网络和数据大集中的集约化建设模式，避免不同软硬件系统的不兼容。对原已建系统的部门，我们采取数据交换的方式进行数据大集中，防止形成“信息孤岛”和监察死角，创造了国内首例省、市、县大集中模式（有的县、市将系统向下延伸、试点到了乡镇）。

大集中模式大大减少了软件和硬件设备的投资，也降低了各级政府的系统运行维护成本。也同步推进了全省网上政务服务和电子监察系统的上线运行。这一模式不仅投资少，且能够促进部门间互联互通，有利于开展网上联合审批和上下联动，因而容易实现“一站式”服务，给部门、企业和市民带来极大方便。大集中后的数据不仅可以进行深度挖掘，从中提取有价值的信息辅助决策；还可以与部门其他业务系统数据共享，如全省的证照共享库，一次录入或生成，全省各级各部门可随时共享使用。

（二）实行分级管理，向下授权，创新管理模式

湖南省网上政务服务和电子监察系统实行分级管理、向下授权的管理模式。在各平台中设置相应的管理员，如电子监察平台管理员、政务服务平台管理员、网上政务服务大厅管理员及系统管理平台管理员四类，每一类管理员都按省、市、县三级分级管理，实行向下授权、各负其责的管理机制。管理员体系如图 2 所示。

分级管理是指每级管理员只能负责本级范围的权限管理和本级相关数据的维护；向下授权是指上级管理员可以将自身拥有的权限分配给下级管理员。在系统大集中部署的模式下，这种分级管理、向下授权的管理模式，具有以下几点优势。

第一，减轻各级的管理压力。由于系统管理模式是由上至下，省、市（州）、县（市、区）三级呈放射性的管理模式，并可进行分级管理，对全省大集中部署模式的系统来说，采用分级管理、向下授权的管理模式，将业务和监督任务分散到各级管理员进行管理，大大减少了上级管理者的管理压力。

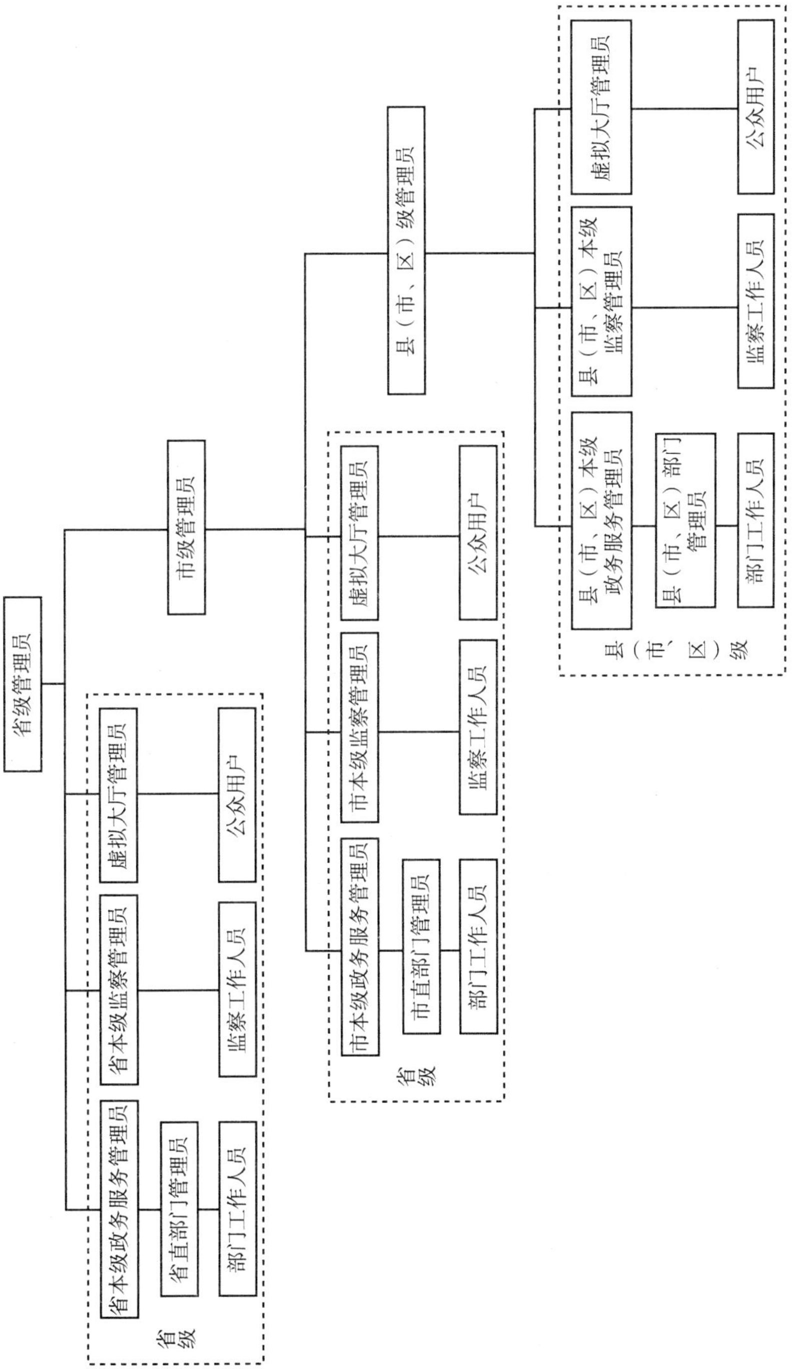

省级管理员

省级

省本级政务服务管理员

省直部门管理员

部门工作人员

省本级监察管理员

监察工作人员

虚拟大厅管理员

公众用户

市级管理员

省级

市本级政务服务管理员

市直部门管理员

部门工作人员

市本级监察管理员

监察工作人员

虚拟大厅管理员

公众用户

县（市、区）级管理员

县（市、区）级

县（市、区）本级政务服务管理员

县（市、区）部门管理员

部门工作人员

县（市、区）本级监察管理员

监察工作人员

虚拟大厅管理员

公众用户

图 2　全省管理员结构

说明：图中“|”代表线上方标的人员对线下方标的人员具有管理职责

第二，建立了快速响应机制。在各级业务办理流程和监督管理中，相对上级管理层来说，本级管理层对本级工作情况更为了解。如：在系统发生异常情况下，本级管理员都可以及时查明情况进行解决，在本级无法解决的情况下可及时通报上级管理层进行处理。当然上级管理层发现有异常情况时，也可及时通报下级管理层。这样就建立了快速顺畅的沟通渠道，提高了工作效率。

第三，提高了各级管理层的自主性和积极性。分级管理、向下授权的管理模式，使各级管理层都具有本级的管理权限和管理职责，对于各级管理人员来说提高了工作的积极性和自主性。

（三）便利群众，创新服务

按照便利群众办事的总体要求，系统采用实体大厅和网上政务服务（虚拟）大厅相结合的方式。除了以传统办理方式到各政务服务大厅提出申请以外，群众还可以足不出户直接在网上政务服务大厅提出申请。网上政务服务大厅实现了全域覆盖（覆盖省、市、县三级政府7616个单位）、全项涵盖（涵盖省、市、县三级行政许可、非行政许可和公共服务事项69166项）和实时在线办理，并与各级政府门户网站、政府信息发布平台相结合，设立了统一的查询功能、统一的反馈功能。政府可以通过政府门户网站、实体大厅、邮件、短信等渠道给用户反馈办理信息，群众可以进行网上咨询投诉，从而构建了一个亲民、便民、利民的政府服务平台。

（四）建立基于规则引擎的电子监察平台，创新监察机制

电子监察平台是全省网上政务服务和电子监察的核心业务应用。它对全省、市（州）、县（市、区）三级政府部门在线运行的6万多个事项进行监察。监察业务又涉及每一笔业务的过程、环节、时限、意见等各方面，单靠各级监察机关的监察干部去判断，工作量非常大，而如果由系统去实时计算，又将会大大影响系统的运行效能。在综合考虑的基础上，系统实现了基于规则引擎的电子监察平台。规则引擎主要由监察要素管理、规则管理、规则组管理、规则引擎的后台处理等几个模块构成。

基于规则引擎的监察系统是对电子监察及绩效评估、对行政许可的过程实

现实时、全程和自动监控。其具体功能包括：实时监察、办理过程的预警纠错、收费监察、投诉处理、综合评价、绩效评估。

监察机制的创新主要体现为以下三点。

第一，电子监察平台实行三级向下监察模式。湖南省网上政务服务和电子监察系统是省、市（州）、县（市、区）基于统一的电子监察平台，采用分级授权方式，系统覆盖了省、市、县三级各个部门。监察内容主要是实时监察政务服务办件、政务服务事项、收费等。对存在的问题数据根据不同类型分别进行红、黄牌警示。将监察到的相关信息通过分级授权方式提供给各级监察人员查阅。如：省级监察人员可随时监察查阅省、市、县三级任何部门相关信息；市（州）级监察人员则只能查阅市本级及下辖的县（市、区）监察情况；依次类推。借助全省电子监察平台，能直接了解全省所有窗口工作人员的行政效能情况，实现了监察工作的智能化，解决了监察力量不足的问题，大幅度地提高了监察工作效能。

第二，现场视频监控与电子监察平台相结合。现场视频监控主要是对办公场所中工作人员的行为，进行实时视频监控。电子监察平台主要是对审批业务办理过程进行全程实时监察，对违反条件、不按程序、超过法定时限和承诺时限、违规收费等情况会自动发出警告信息，实现了事先、事中监察，改变了以往的事后监察模式。电子监察平台还可以对各级各部门和每一个工作人员进行绩效评估和排名。湖南省网上政务服务和电子监察系统将视频监控与电子监察平台进行有效的结合，使两种监察方式互相弥补，相辅相成，实现了对行政审批业务办理和工作人员的全面监察，从而推动政府进一步转变职能，大大地提高了行政效能，提升了政府形象。

第三，阳光监督、防伪验证。系统采用统一编码的方式，为每个政务事项生成二维监督码，保证审批办件的唯一性。行政相关人可随时进行防伪查询验证，并通过相关终端快捷查询相应办件的进展情况。

（五）建立应用整合平台，创新数据共享和业务协同

湖南省网上政务服务和电子监察系统是一个大型的电子政务应用群。系统特别是要整合先前已由不同厂家参与建设的各类政务系统，实现群内各系统间

的数据共享和业务协同。通过统一的应用整合平台很好地解决了这类问题。针对现实中存在的不同情况，统一的应用整合提供了两种平台的实现方式。一是数据交换对接平台。该平台提供了标准的数据接口规范，便于已建系统通过数据交换平台与省统一的电子监察平台进行实时数据交换对接。目前，有8家省直厅局单位、7个市（州）以及38个县（市、区）通过数据接口与省电子监察平台进行实时对接。二是基于SOA的业务调度平台。湖南省网上政务服务和电子监察系统通过业务调度平台与各业务系统进行业务协同。如：与省水利厅内部OA办公系统的对接，省水利厅工作人员通过省统一的政务服务平台进行办件受理、初审、办结，而审批签发则由厅内部OA办公系统完成，为实现无纸化办公打下坚实的基础。通过业务调度平台，省政务服务平台与常德市非税系统进行了无缝对接。

通过应用整合平台，真正实现了网上政务服务、电子监察系统与电子政务应用群内各类系统的数据共享和业务协同。

六　系统建设主要做法

湖南省网上政务服务和电子监察系统建设所涉及的面非常广，对各级各部门的组织协调非常困难。系统建设对开发技术力量要求非常高。为了确保项目能按质、按期完成，我们做的工作主要有以下几个方面。

（一）高度重视，高位推动，为推进系统建设提供坚强的组织保障

省领导对系统建设高度重视，时任省委书记周强、省长徐守盛对系统建设多次做出重要指示和批示，多位省领导多次听取系统建设情况汇报，省长助理亲自牵头抓，经常进行调度协调，帮助解决项目建设遇到的难题。省政府办公厅、省监察厅、省政府经济研究信息中心共同组成工作机构，由省政府办公厅牵头负责，推动系统建设目标的实现；省监察厅负责对电子监察业务的指导和对整个项目的推进进行监督检查；省政府经济研究信息中心负责组织系统开发、技术实施和运行维护。我们每周召开工作调度会，编发《工作简报》，及时发现问题、解决问题。

（二）省、市、县联动，全力推进系统建设

由省政府办公厅、省监察厅、省政府经济研究信息中心共同组成联合督查组，赴省直单位和各市（州）开展多轮次的督查。省政府经济研究信息中心还确定3名厅级领导，分片联系14个市州的系统建设工作，并派出技术小组，深入省直厅局和市（州）进行一对一的技术指导和督查，有效地推进了系统建设。各市（州）、县（市、区）相应成立了项目建设机构，负责本地本部门项目建设。全省上下联动、协同共建，确保项目建设有序快速推进。

（三）制定文件，确保了系统建设、应用的有序推进

为推动系统的建设和应用工作，省政府办公厅分别下发了《关于做好全省网上政务服务和电子监察系统建设工作的通知》（湘政办明电〔2011〕33号）、《关于加快推进全省网上政务服务和电子监察系统建设的通知》（湘政办明电〔2011〕90号）和《关于开展全省网上政务服务和电子监察系统培训的通知》（湘政办明电〔2011〕163号）、《关于推进网上政务服务和电子监察系统应用工作的通知》（湘政办明电〔2012〕119号）；2011年4月28日，省监察厅下发《关于加强网上政务服务和电子监察系统建设监督检查的通知》（湘监办发〔2011〕3号）、《关于对全省网上政务服务和电子监察系统开展监督检查的通知》（湘监办发〔2012〕6号）；省审改办就政务服务事项的梳理工作下发了《关于梳理政务服务事项填报相关信息的通知》（湘审改办发〔2011〕1号）和《关于开展政务服务事项梳理、审查工作的通知》（湘审改办发〔2011〕2号）；为做好系统建设的技术保障工作，省政府经济研究信息中心下发《关于做好全省网上政务服务和电子监察系统建设技术保障工作的通知》（湘政研信发〔2011〕39号）、《关于做好全省网上政务服务和电子监察系统运维管理工作的通知》（湘政研信发〔2011〕39号），为了与已建系统进行实时数据交换对接，于2012年7月9日与省监察厅联合下发《关于印发网上政务服务和电子监察系统数据接口规范的通知》（湘政研信发〔2011〕35号）。

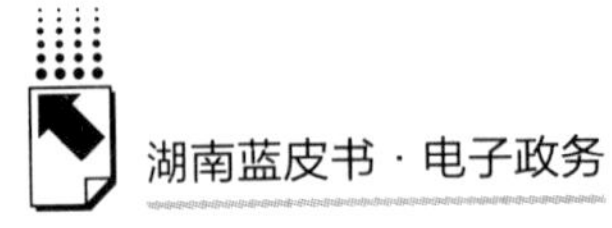

（四）创新模式、精心部署

本着“全省统一软件、统一部署、数据大集中”的集约化建设原则，积极创新思路，在学习借鉴外地经验的基础上，结合实际，提出了“整合资源、统一规划、集中部署”的工作思路，并经多方研究论证，决定进行集中部署建设。经过四个月的紧张奋战，开发完成了集网上政务服务大厅、政务服务平台、效能监察于一体的省、市、县三级互联互通的全省网上政务服务和电子监察系统。针已建系统的市（州）及省直部门，多次进行实地调研，深入了解系统建设的具体情况，召开协调会，搭建数据交换平台，实现了与已建系统的平稳对接，确保了新增数据交换的实时性和准确性。行政效能视频监控系统则由省电信公司按照省里的统一规划和要求投资建设。

（五）加强制度建设，规范应用

由省监察厅下发了《湖南省行政审批电子监察工作规则》（湘监办发〔2012〕4号），并且制定了《湖南省网上政务服务系统与电子监察系统运维方案》《湖南省网上政务服务和电子监察系统运行维护管理细则》《湖南省网上政务服务和电子监察系统管理暂行办法》《系统管理员管理办法》等规章制度，明确管理主体、内容、责任和方式，规范和指导全省网上政务服务和电子监察系统的建设、管理和应用。狠抓落实，用严密的制度、严格的管理、严明的纪律，加强系统应用的服务与管理，进一步规范政务服务行为。结合部门职能和业务特点，建立健全工作评价、绩效考核、民主评议、投诉受理等制度，并覆盖各个环节和全过程，促进网上政务服务和电子监察系统管理的制度化、规范化和科学化。

（六）精心组织三级培训

系统纵向覆盖省、市、县三级，涉及范围广，使用人员多。系统管理人员账号有200多个，纳入政务服务平台的工作人员账号有41000多个，纳入电子监察平台的监察人员账号达6000多个。根据系统应用的实际情况，我们确定了“以培训促宣传，以培训促应用”的指导思想，分别制定了系统管理员和

政务服务平台操作的工作人员及监察系统的监察人员培训方案和培训教材。并采取上门培训和集中培训相结合的方式，对各种应用操作工作人员进行培训。上门培训就是指由专业培训讲师到各个单位以一对一的方式详细讲解系统；集中培训是指由各级政府组织下辖各职能单位的工作人员统一进行专场培训，全省共完成集中培训200多场次。加上上门培训的人数，全省参加培训的工作人员已达万人以上。

（七）加强监察考核，推动应用

将系统建设和应用工作纳入年度绩效考核，并且建立了应用情况通报制度。特别是针对薄弱环节和突出问题进行跟踪督办，进行不定期检查，对工作不力、进度迟缓的地方和单位进行点名通报，保证系统建设工作落到实处、取得实效。

（八）加强运维管理，保障应用

按照“统一领导、分级管理、向下授权、各司其责”的原则，制定了信息化、标准化和规范化的运维管理制度，使运维管理体系更加科学。其主要做法包括三个方面。一是建立队伍。建立由省政府经济研究信息中心，各市（州）、县（市、区）电子政务办或政务服务中心组成的运维保障队伍，各市（州）、县（市、区）都形成由领导牵头、有专人负责、上下紧密联系的运维队伍。二是完善制度。建立完善运维值班制度、岗位责任制，把系统运行维护作为一项日常工作来抓。三是建立应急响应机制。建立快速响应机制，实现快速故障定位和业务快速恢复，加强系统安全防范，确保系统正常、稳定、安全运行。

七　系统建设展望

湖南省网上政务服务和电子监察系统业务种类丰富，涉及政府工作的方方面面。虽然每种监察业务的具体领域不同，但是从监察系统功能来看还是有许多相同之处。为了方便各具体监察业务子系统的快速创建，有必要将这些通用的监察功能进行组件化封装，形成一个可复用的网上政务服务和电子监察云平台，从而提高各类监察业务系统的建设效率。

基于以上考虑，我们采用云计算技术，构建全省网上政务服务和电子监察系统“三朵云”，即依托全省电子政务外网基础设施，建立全省网上政务服务电子监察基础设施云（IAAS）；根据网上政务和电子监察系统业务系统的特点及全省电子政务外网已有的建设成果，如数据交换平台、应用服务器基础软件平台等，建立应用基础平台云（PAAS）；在此基础上，构建满足各级各部门运行需要的电子监察业务应用云（SAAS）。

采用云计算的架构方式，能够快速在全省推广网上政务服务和电子监察系统，建立标准、规范、统一的业务应用，同时也大大节约财政资金投入。

“十二五”期间，我们将紧紧围绕“构建有中国特色社会主义行政管理体制，建设服务型政府”的行政管理体制改革总目标，继续解放思想，不断开拓创新，通过完善系统、大力推广、加强应用，电子监察系统必将在行政监察、源头治腐等领域发挥更大的作用。一是横向对接各职能部门网站与前台审批系统、后台业务系统的信息资源，通过互联互通，强化联审工作，优化联审联办机制，实现网上申报、网上查询、网上反馈、网上监督、网上投诉等多种功能和目标。二是纵向加快向乡（镇）政务服务中心延伸，形成省、市、县、乡四级上下贯通、高效便捷的政务服务网络，逐步实现网上办公、网上服务和网上监督，重视网络民意，尽早建设好各级政府互联互通的信息服务平台和便民服务网络平台。三是依托现已建成的湖南省网上政务服务和电子监察系统，逐步对行政处罚、行政强制、行政征收、公共资源交易、要素市场等重要领域和关键环节的权力行使进行全方位的电子监察，使电子监察系统的监察领域得到全面拓展。

B.51

完善顶层设计　构建新时期电子政务和智慧城市建设的科学框架

滕建新

党的十八大提出："大幅提升信息化水平，坚持走中国特色新型工业化、信息化、城镇化、农业现代化道路，推动信息化和工业化深度融合、工业化和城镇化良性互动、城镇化和农业现代化的相互协调，促进工业化、信息化、城镇化、农业现代化同步发展。"信息化作为国家长远发展战略得到了快速的发展，电子政务、电子商务、数字城市、智慧城市等战略概念成为时下信息化建设内容的热点，各种试点、示范城市和试点项目层出不穷，热闹喧嚣中夹杂着盲目和躁动，系统建设中缺乏联动与整合，特别是电子政务与智慧城市建设中缺乏一脉相承的相互支撑的关系，从理论到实践都存在着相互脱节和分割运行的风险。

一　电子政务是智慧城市建设的起点，必须坚持智慧政府引领智慧城市建设的理念

电子政务是通过运用新一代电子信息技术，对政务管理和政务服务进行流程优化和再造，以实现更高效、便捷的政府服务，是建设智慧政府的基础手段和基础平台。智慧政府具有透彻感知、快速反应、主动服务、科学决策等特征，是电子政务发展的高级阶段。

智慧城市概念来源于美国，其研究的重点是如何运用新一代信息技术来管理城市发展中的关键问题；其根本的目的在于方便市民，解决交通拥堵、环境污染、社会管理复杂等城市发展过程中必然遇到的一系列问题；其建设过程的重点是希望整合城市资源，使城市管理各相关系统相互适应，相互协调，从而

实现更为科学、智慧的城市管理。

基于上述两个基础性的概念和当前我国信息化管理体制的具体情况，我们必须重点研究和明确电子政务建设和智慧城市建设的关系、电子政务这一工作机构在未来智慧城市建设中的地位和作用这两个基本的问题，以便能够协调各方资源，有效地发挥现有的电子政务平台和基础网络的作用。

一是要高度重视现有的电子政务管理工作机构的作用。2010 年的机构改革，使全国各地的信息化管理机构发生了重大变化。在这一改革中，掌握着电子政务平台和网络的原信息化办普遍更名为各电子政务管理机构，履行着对电子政务资源的统筹和管理并对各大电子政务应用系统进行协调等职能，更为重要的是各级城市的数据中心和网络中心基本上由电子政务管理机构具体管理和维护。由此可见，未来的智慧城市建设应充分重视这一机构在平台构架和规划设计中的权威性作用。

二是在未来的智慧型城市平台建设的构架上，应依托现有的电子政务平台构建具有全面城市管理功能和资源共享的城市云计算（数据）中心。目前，全国县级以上城市（镇）都已建成比较完备的网络中心，国家级的电子政务内、外网基本形成，从中央到省到市、县（区）构成了比较完备的信息网络。是依托于现有资源还是另起炉灶，是各级政府决策人员必须做出的选择。

三是未来智慧城市建设的重点应是整合各类信息资源、发挥系统协同工作的作用。在当前全国的智慧城市建设试点城市中，以信息资源开发和共享为目标的智慧城市模式尚未形成一个可供参考、学习的样板，各大系统独立运行的状况比较普遍。特别是进入信息数据为王的时代，各部门的行政壁垒使各个系统数据形成了难以逾越的鸿沟。四大基础数据库的建设和共享基本上没有标准化的成功示范。具有中国特色的智慧城市建设道路注定会很漫长。

四是智慧城市建设必须坚持政府主导，而政府主导下的智慧城市建设必须充分发挥电子政务基础平台的作用。通过对电子政务平台的完善和一系列关系国计民生的重大应用系统的建设，引领和合理部署智慧城市的各关联系统。不管是从政府的控制力度分析还是从节约建设运行成本考虑，利用现有的电子政务平台构建城市级的数据中心应当是一个明智的选择。

二　立足做好顶层设计，选择符合本地实际的电子政务和智慧城市发展道路

截至2013年底，全国首批智慧城市的试点已达到90个，第二批试点城市的方案也即将下达。可以说，一个建设智慧城市、发展智慧城市的高潮已经到来，但其火爆热闹背后的隐忧必须引起各级政府的高度重视。

一是各级城市建设的基础参差不齐，缺乏顶层设计和资源协同方案，一味“大干快上”，造成了大量的低水平重复建设。

二是缺乏统一、完整、科学的技术标准和评估体系，为不同城市、不同系统的信息互通和数据共享埋下了隐患，加剧了“信息孤岛”问题，使各大系统的运维成本剧增，地方政府不堪重负，可谓劳民伤财。

三是难以绕开部门利益壁垒。各部门都在电子政务和智慧城市建设中从本部门的利益出发，缺乏具有全国意志的权威性政令和法规。从中央政府层面难以形成统一的方案，地方政府更是边做边看。朝令夕改、政令不畅现象屡见不鲜。

在国家层面上缺乏统筹规划、主管部门和统一标准的大前提下，各地推进智慧城市建设显得躁动和无序。一方面，建设智慧城市是对城市进行现代化管理的必然要求，部分城市已建成的诸如平安城市、智慧城管以及城市应急等系统确实在很大程度上提高了城市管理的效能；另一方面，各地存在不顾客观条件、盲目跟风上马的现象，有的城市更是把建设智慧城市作为政绩工作来抓，盲目仿效，匆忙决策，在没有全面把握智慧城市的内在要求和没有认真考虑本地电子政务工作基础的情况下，只能是边做边看，形式上重视，实则埋下了很多隐患，为今后的系统整合和统一平台建设增加了工作难度。

三　做好顶层设计，有效解决推进电子政务建设和智慧城市建设的关键问题

推进电子政务和智慧城市是一项长期的工作，需要思想上、理念上的一脉

相承并常抓不懈，不可能一蹴而就。同时，鉴于智慧城市建设对城市开展有效管理的重要性，又是当前各级政府必须认真研究的工作，不可回避和轻慢；因此，必须高屋建瓴，务实地解决顶层设计和操作思路问题，力争在体制、标准、理论、法规、工作机制等方面取得突破。

一是明确主抓的部门。从国家层面而言，2010 年改革前此项工作的主抓部门是国家信息化领导小组，即国信办。当时其工作职责比较明确，比较容易形成统一的决策和意见。改革后，从国家层面撤销了国信办，其职能转入工信部；但工信部作为国务院下的一个部门，难以协调和解决发改委、科技部、公安部等部门职能交叉的问题，因此，也不可能从国家层面出台全国性的电子政务和智慧城市建设的统一政策和目标方案。因此，恢复和重建像国信办这样统一的协调机构这一问题应当引起政府的足够重视。

二是建立科学完善的技术标准体系和建设评估体系。要建立规范、标准化的基础数据库，并制定跨行业、跨部门乃至跨城市的信息资源交换体系，使各类公共信息资源能够交换和共享。同时建立规范化的项目建设评估体系和项目决策惩戒机制，有效避免一哄而上、盲目跟风的行为，推进电子政务和智慧城市建设的可持续发展。

三是充分利用各级城市现有的电子政务基础平台，建立各领域开展有效服务的公共信息服务平台。目前，各地的电子政务网络中心和交换中心已具有一定基础，并发挥了横向信息服务和纵向信息传递的作用。本着节约资源和未来智慧城市建设政府主导的特点，应在现在的电子政务平台的基础上扩展其功能，建立城市级的云数据中心或大数据交换处理中心。

四是建立信息安全保障体系，涵盖安全责任机制和身份认证、访问控制、数据灾备、数据监管等方面，为整合共享信息资源提供安全保障。

五是充分发挥现有电子政务工作队伍的作用，探索建立推进电子政务建设和智慧城市建设的投融资机制。要以现有的电子政务工作机构为主体，建立一支技术过硬、业务娴熟的电子政务、智慧城市管理工作队伍，避免机构重复设置、部门业务重叠交叉。同时，政府适当投入和合理引导，筹建智慧城市建设投资类公司，实行公司化运作，明确智慧城市建设从引资建设到管理维护的全过程职责明晰的操作流程，最大限度降低智慧城市建设的政府投资风险，逐步形成由政府统一规划、统一建设、统一管理、统一运维的“四位一体”的电子政务和智慧城市建设管理格局。

六是逐步完善电子政务和智慧城市建设的理论和法规体系。充分发挥行业知名专家、学者、高等院校和咨询机构在构建理论体系中的作用，开展学校交流，加强业务培训，逐步形成一致性的认识，并用以指导电子政务和智慧城市建设。同时，为了规范各级政府在电子政务和智慧城市建设中的行为，从国家层面出台具有权威性的法律法规体系，逐步清理各地与国家统一法规相冲突的带有强烈部门利益色彩的地方性法规，以规范和约束电子政务和智慧城市建设管理行为，使电子政务和智慧城市建设逐步迈上法制化的轨道。

B.52

“数字湘江”体系构建：流域数字化管理的一个案例*

左　宏**

数字化管理已成为国内外典型河流综合治理的重要手段。湘江流域综合治理涉及面广，内容繁杂，通过运用信息技术，对湘江流域的资源、环境、经济等各个复杂系统的各类信息进行数字化，通过数据整合、虚拟仿真进行信息的集成应用，能够实现流域管理与决策的信息广泛性、时效性、科学性，为湘江流域的科学发展提供支持。

一　湘江流域信息化的基础条件和需求分析

（一）湘江流域信息化的基础条件

湖南省着力打造“数字湖南”，在水利信息化、环境监测信息化、生态保护信息化、交通信息化、经济社会发展信息化等方面都取得了很大成绩，为“数字湘江”建设提供了较好的发展基础。见表1。

（二）存在的问题和瓶颈

由于湘江流域的信息化发展起步较晚，相关的信息系统尚未整合，难以满

* 本文为2011年湖南省哲学社会科学基金项目“‘数字湖南’的制度框架设计”（11YBB258）成果、“湘江流域科学发展规划”前期研究成果、2013年湖南省软科技计划重点项目“湖南省战略性新兴产业增长潜力研究：基于第三次工业革命的视角”（2013ZK2058）成果。

** 左宏，女，1981年1月，助理研究员，湖南省人民政府经济研究信息中心产业处主任科员，湖南经济学学会理事，湖南省公共经济研究会理事。

表1　相关已建和在建的信息系统情况

水　利	• 水利水文、水利空间、工情数据库 • 防汛抗旱指挥系统 • 水资源监控和水环境监测系统 • 大坝安全监测系统 • 水利电子政务系统
环　保	• 污染源普查数据分析应用系统 • 环境质量自动监控 • 环境监测系统 • 国控污染源自动监控系统 • 环保电子政务系统
气　象	• MICAPS 预报服务系统 • 人工影响天气指挥系统 • CMACast 气象卫星广播系统 • 区域气象站网资料应用平台 • 气象电子政务系统
生　态	• 林业基础地理数据库管理系统 • 营造林管理信息系统 • 森林防火信息管理和辅助决策系统 • 有害生物野外监测调查数据采集记录系统 • 林业电子政务系统
交　通	• GPS 水上交通实时监控系统 • 重点水域远程实时监控系统 • 水上交通安全监控系统 • 船舶自动识别系统
产　业	• 智慧旅游系统 • 省、市、县三级农业信息网站 • 重点工业企业监测系统

资料来源：根据各部门信息系统情况整理得来。

足流域科学发展的要求。这具体体现在三个方面。一是缺乏总体规划和顶层设计。目前，流域相关的信息系统和平台较多，但缺乏统一规划。目前，出现了重复建设和资源浪费问题，"信息孤岛"也比比皆是。二是信息采集内容不够全面，及时性不强。当前，湖南省针对湘江流域水利、环保、生态等建立了相关信息采集体系，但采集手段、内容都有待完善。例如流域湿地信息不全面，而航运、旅游、产业等方面尚未建立信息采集机制。三是信息传输能力不足。"数字湘江"需要大量的数据，从数据获取到数据传递、处理、共享以及可视化表现等都对通信和计算网络提出了更高的要求，而目前的通信和计算机网络系统还需进一步完善。四是信息化标准建设滞后。流域信息化设施、系统软件、信息采集、分析和发布等标准化建设滞后。

（三）“数字湘江”建设的需求分析

建设“数字湘江”需要应用信息技术构造准确反映湘江自然规律和经济社会文化的数字虚拟空间。一是资源整合需求。湘江流域已有的信息化建设大多不是专门针对湘江流域建立的，专门的系统也主要是围绕防汛抗旱开展的，其他业务大多处于规划、设计或建设阶段。同时，各部门的信息系统之间相互独立，缺乏整合和互通。因此，“数字湘江”建设必须进一步梳理已有信息资源，从设计和技术上保证系统的开放性，坚持标准化原则，在设备和应用系统新增、更新的过程中，对于现有的应用系统和数据库资源在保护和利用的基础上，按照统一的标准，通过应用服务平台的建设，利用中间件等技术手段将它们融入整体的设计之中，实现新老系统的平稳过渡。二是应用系统建设需求。“数字湘江”的主要用户是防汛抗旱、水资源管理、生态保护、航运物流、旅游、工程管理等部门，其目的是利用高科技手段帮助解决湘江流域所面临的重大问题，是为了提高工作效率，增强工作的正确性、科学性、前瞻性，提高科技管理水平，为实现湘江科学发展服务。应用系统建设是“数字湘江”的关键。要根据湘江流域各项业务应用需求开展分析，详细规划各项工作对应的应用系统建设，开展对数学模型的开发以及建设应用服务平台和虚拟环境。三是基础配套需求。信息传输需求方面，要满足“数字湘江”的数据传输通道，综合考虑整个流域的宽带高速计算机广域网络建设，满足全流域各部门信息互联互通的需求。数据存储需求方面，“数字湘江”需要运用和存储大量的地理数据、遥感数据、经济社会数据和专业数据等数据。同时应用系统对海量数据访问提出了很高的吞吐要求。海量数据存储是综合决策服务、应用系统、可视化环境运行的要求。此外，制度配套也是重要的需求之一，包括数字化管理机制的形成、标准体系的建立、信息平台建设中的投融资体制机制创新等，都是必不可少的。

二　思路与目标

建设思路：以建设“美丽湘江”为目标，以提高湘江流域数字化综合管

理水平为重点，在整合统筹现有信息系统的基础上，加强流域信息化基础建设，建立高效、联动、统一的湘江信息管理与服务平台，构建“政府主导、市场参与、资源共享、协作共赢”的湘江信息化发展长效机制，提升湘江流域的智能化管理水平和数字化服务能力，切实为湘江流域经济社会持续发展提供强有力的技术和信息支撑，将其打造成为“数字湖南”重点示范工程和全国河流信息化建设样板。

预期目标：到2020年，建成网络健全、运行规范、机制科学的湘江监测预警体系，实现对湘江全流域的水资源和环境的24小时全方位监控；建成统一的湘江数据交换中心和湘江综合数据库，对分散于各厅局、各地区的数据进行加工、交换、集成、共享；完善湘江门户平台，将其打造成为国内一流的河流门户网站；建立适应湘江流域科学发展的电子政务体系，涉及湘江的审批事项全部实现网上办理；到2030年，逐步实现湘江流域自然系统、经济社会系统、流域生态系统的耦合（简称“自然－经济－生态耦合系统”），使“数字湘江”能全面支持湘江综合治理与科学发展的各项业务工作。

三　“数字湘江”总体框架构思

搭建“三层两柱”结构的“数字湘江”总体框架，即展现层、应用层、基础层三层，以及技术支持和标准体系、组织管理和保障体系两柱。如图1所示。

展现层：打造面向公众和管理决策者的信息门户，突出以人为本理念，展现虚拟化、数字化的湘江动态。主要包括构建浏览器、手机、电话、PDA等客户端渠道和打造公共服务门户、协同工作门户两个门户。

应用层：围绕湘江流域科学发展所涉及的主要方面建立和完善相关的信息化管理应用系统。主要包括防汛抗旱系统、水资源管理系统、生态环保系统、航运物流系统、旅游文化系统、工程管理系统、电子政务系统等七大模块。

基础层：通过基础数据库和泛在网建设，利用云计算技术，为水资源管理与利用、生态环保、经济发展、政务文化等数字化应用做好基础性服务，完善采集、网络基础设施建设，建立统一的权限平台、流程平台、数据交换平台、

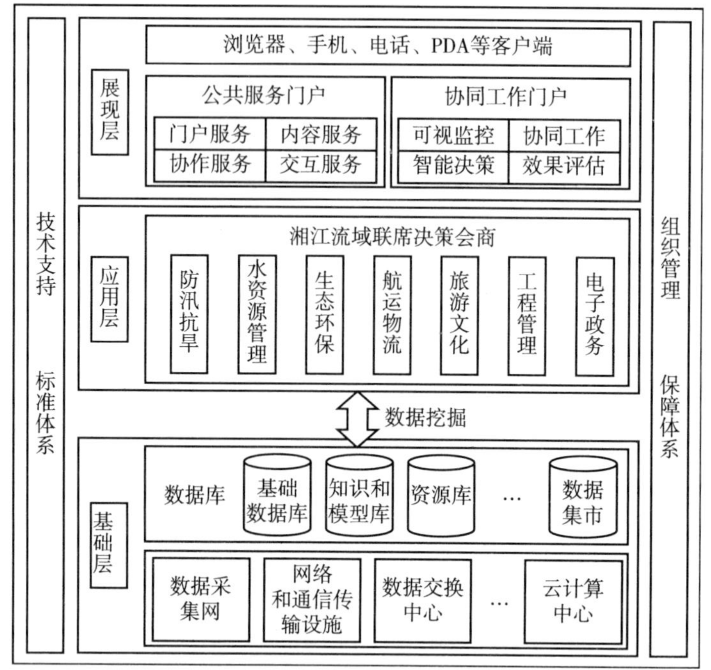

图1 “数字湘江”总体框架

应用集成平台。主要包括信息采集系统、网络和通信传输系统、数据库与数据交换中心、云计算中心等方面的基础建设。

技术支持和标准体系：建立“数字湘江”的标准体系，包括信息资源整合制度、统一各业务应用系统运行管理制度，建立系统互联、数据交互和共享利用标准，不断完善流域内信息安全保障体系。

组织管理和保障体系：完善政策法规、组织制度、技术队伍、建设及运行管理、安全体系、资金保障等要素保障体系。

四 重点工程

重点建设“一网一库两平台”。“一网”为多功能综合性数据采集网络系统；“一库”为“数字湘江”综合数据库系统；“两平台”为湘江公众服务平台和监控指挥与决策支持平台。

（一）湘江流域的多功能综合性数据采集网络系统

以实现信息采集的标准化和自动化为目标，加快整合统筹已有采集设施，积极探索自动识别、遥感遥测遥控、高速大容量采集、全球定位、便携式移动采集、智能传感和无线通信技术等新技术的应用，提高自动化程度和数据采集的时效性。重点建设汛旱灾情信息采集系统、水资源监控和水环境信息采集系统、水土保持监测系统、气象信息采集系统、环境质量数据采集系统、森林和湿地监控采集系统、航运数据采集系统、旅游及文化资源采集系统、涉水产业数据采集系统、工程建设管理与工情信息采集系统、基础地理信息采集系统等。

（二）“数字湘江”综合数据库系统

包括“数字湘江”综合数据库和数据交换中心。依托湖南省地理空间基础库和专业属性地理信息等空间数据库，构建湘江流域地理信息基础支撑平台，建立“数字湘江”综合数据库。加快水利、气象、生态环保、森林湿地、经济社会、旅游文化等业务数据库的交互对接，对各类信息资源进行规范化加工处理、分类存储，最终形成集中统一、可提供快速共享服务的湘江流域数据交换中心。平台与数据中心的数据库实现关联和共享，为流域监测预警、应急指挥、综合业务管理等应用系统提供地理空间基础数据支撑和专题信息关联。

（三）湘江公众服务平台和监控指挥与决策支持平台

1. 公众服务平台。设计外表美观、功能全面、性能稳定的湘江门户网站，作为湘江风貌的展现窗口、相关动态的发布窗口和政务的办理窗口。

2. 监控指挥与决策支持平台。建设智能、开放、稳定、安全和易扩展的覆盖省、市、县三级管理部门的流域协同办公平台。主要包括如下七大系统。

——防汛抗旱指挥系统。包括暴雨洪水预警预报、洪水调度、防汛组织指挥、洪水演进、抢险减灾等子系统。湘江流域防汛抗旱指挥系统以已建的省、市、县防汛抗旱指挥系统为基础，充分利用已有的汛旱灾情监测站网、流域内各防洪控制工程自动测报系统和运行管理调度系统，根据流域防汛抗旱指挥特点和重点进行整合、完善。

——水资源管理系统。包括水资源预测预报、水资源监测管理、水量调度方案管理、水量调度业务处理与综合监视、危机调度管理、取水许可管理等子系统。湘江流域水资源管理系统以水资源监控和水环境监测系统为基础，通过采集系统完成对流域内地表水、地下水的水量、水质的监测，对城镇、乡镇各供水水源、供水管道、取水口的水量、水质的监测，对排污口的流量、污染源的全面监测。

——生态环保监控系统。包括环境容纳能力分析、监测管理、分析评价、监督管理、稽查管理等子系统，是针对流域内森林覆盖、湿地保护、水土保持生态环境监测、生物多样性、“三废”排放和处理等方面的信息化监控系统。

——航运物流协调系统。包括数字航道系统、船舶交通管理系统、港口安全管理信息系统、港口生产调度管理信息系统、集装箱货物跟踪系统、航运综合信息服务系统、梯级枢纽联合调度系统等子系统。通过推广应用航标遥测技术、船舶 GDP 定位技术等，建立航道管理数据库系统，逐步完善以电子地图为基础平台的航道地理信息系统，强化航道状况、水位水深、水上水下施工、交通管制、水文气象等信息服务，健全实时监测和安全预警体系，实现航运物流现代化。

——数字旅游系统。包括系统管理模块、旅游信息管理系统、旅游信息网络发布系统、旅游目的地信息咨询系统、三维虚拟旅游系统、旅游管理与规划信息系统、旅游景区灾难预警系统等子系统。以湘江流域旅游基础信息数据库建设为依托，重点开发旅游应用信息系统（包括旅游非空间信息管理系统与旅游空间信息管理系统等）。

——工程管理系统。主要用于管理流域内所有水利工程的建设和运行。系统建设以在建的湖南省水利工程数据库为基础，主要包括水利工程建设与管理子系统、水利工程运行监控子系统、河道管理子系统等内容。

——电子政务系统。建立统一的湘江综合管理行政处理系统和公文管理系统。行政处理系统主要涉及水利工程建设和管理、水资源管理、安全饮水、环

境监测、生态监管、航运物流、旅游管理等业务内容，同时包括有关的计划、财务、科技项目、部门合作等工作内容。公文管理系统主要是在流域内形成各办公系统公文收发的标准、统一，以推动办公自动化、管理信息化、传输网络化和决策科学化。

五 加快“数字湘江”建设的对策建议

（一）加快完成“数字湘江”顶层框架设计

建议设立相关主管部门，统筹规划，高起点、高标准地做好“数字湘江”顶层设计，将相关的信息化建设纳入标准化的框架体系；规划总体技术架构，组织相关部门和专家开展“数字湘江”技术路线和总体框架论证，确保网络、数据资源、应用系统、安全系统等各要素之间构成一个有机的整体，实现各部门和省市县级信息系统的联动交互，与“数字湖南”、中央部委及外省的信息系统交互对接。

（二）强化已有信息系统的资源整合和信息共享

围绕湘江流域发展，打破各部门各地区各自为政的建设模式，推动湘江流域水资源、环保、生态、航运、物流、旅游、水利工程等信息系统的完善和整合，鼓励各部门在内部信息系统资源整合的基础上，开展跨区域、跨部门的资源整合，打破“信息孤岛”，减少重复建设；建立统一的湘江数据交换中心，实现对各部门、各地区数据库数据的加工、交换、共享。

（三）打造统一的“数字湘江”门户与应用平台

打造统一的湘江门户平台，实现统一权限管理，并有条件、分层次地信息共享，实现不同的管理权限看到不同的内容；促进资源的公用与共享，充分发挥资源的作用与效能；增强部门协作，提高工作效率，节省建设和运维资金，营造部门之间与区域之间的联席会商网络环境，促进流域信息化可持续发展。

（四）夯实流域管理的信息化基础建设

以云计算理念为核心，构建层次分明、功能齐全、机制科学的流域信息化基础架构。流域范围内率先实现“三网融合”，引导互联网、电信网、广电网的全流域覆盖；加强信息采集点布控，构建信息采集综合平台；建设省级流域数据中心和各类信息数据资源库、知识库，加快信息资源的共享和整合步伐。

（五）建立完善“数字湘江”配套体系

加快标准体系建设，从业务、信息、技术等方面进行分类，建立湘江流域数字化标准体系；加强安全保障，从核心技术、管理机制、基础支撑等方面建立“数字湘江”安全保障体系；加强关键技术研究，重点为信息采集自动化、预测、在线仿真、模型应用、知识运用、决策支持等技术在湘江流域管理与预测等方面的应用；创新建设融资机制，探索利益共享、风险共担的政企合作建设模式，逐步形成政府引导、企业主导、社会广泛参与的多元化、多渠道的投融资机制；建立健全流域信息管理服务机制，由专门部门归口管理湘江门户和综合决策系统建设，各部门分别负责相关应用系统的开发和完善，建立全流域内“横向到边，纵向到底”的网格式信息采集和管理框架。

参考文献

[1] 李德仁、龚健雅、邵振峰：《从数字地球到智慧地球》，《武汉大学学报（信息科学版）》2010 年第 2 期。

[2] 娄渊清、马晓、滕阳：《“数字黄河”工程的总体框架》，《人民黄河》2003 年第 8 期。

[3] 梁志峰、杨志新、唐宇文等：《加快建设“数字湖南”的思路与对策研究》，2011 年湖南省哲学社会科学基金委托项目成果。

[4] 湖南省经济和信息化委员会：《数字湖南规划（2011 ~ 2015 年）——湖南省国民经济和社会信息化“十二五”规划》。

[5] 李国英：《“数字黄河”工程建设“三步走”发展战略》，《前沿》2010 年第 1 期。

附　　录

Appendix

B.53

2013 年湖南省政府网站绩效评估结果

一　2013 年全省优秀政府网站及先进个人名单

（一）优秀政府网站

1. 优秀省直部门网站：省农业厅、省食品药品监督管理局、省卫生厅、省林业厅、省公安厅、省国土资源厅、省教育厅、省民政厅、省水库移民开发管理局、省环境保护厅、省交通运输厅、省工商行政管理局、省国税局、省审计厅、省地方税务局。

2. 优秀市（州）政府门户网站：长沙市、郴州市、衡阳市、常德市、湘潭市。

3. 优秀县（市、区）政府门户网站：雨湖区、苏仙区、雁峰区、珠晖区、长沙县、平江县、望城区、岳麓区、武冈市、邵阳县、宁远县、永兴县、桃江县、浏阳市、涟源市、冷水江市、辰溪县、蒸湘区、麻阳县、桂阳县、蓝山县、临澧县、新化县、祁阳县、衡阳县。

（二）政府网站信息公开进步奖

省出入境检验检疫局、省国有资产监督管理委员会、省知识产权局、永州市、怀化市、武陵区、保靖县、沅江市、花垣县、桂东县。

（三）服务创新型政府网站

省经济和信息化委员会、省人民防空办公室、省科学技术厅、岳阳市、岳塘区、安仁县、桑植县、衡南县、汝城县。

（四）政府网站特色栏目

株洲市、益阳市、湘西州、雨花区、双牌县、吉首市。

（五）政府网站建设先进个人

青卿、谢恩、梁昌标、宋静、王思鸽、罗斐、王俊良、邓洪波、李颖、许浩、李华、傅兴汉、李英杰、杨淞淇、李出、龚建疆、李艳彬、张杰、胡岚、亓艳波、罗昕、蒋丽莎、何国龙、熊韬、谭昕、王敏、杨铭、廖坤鸿、蒋雷波、黄小川、刘凌飞、张立、张应军、彭勃、舒平、周涛、曾瑜、彭琪、贺剑、杨镜明、梁志雄、朱忠清、王敏、胡鹤鸣、万红桃、喻中、张进、郑小军、宋淇轩、熊雁翔、周辉、陈子午、杨元章、申志坚、黄明祥、张万冬、刘伟、刘荣彬、曾智胜、李树兵、胡小菲、周屹文、刘腊桃、姚春、龙飞翔、张震、谢军、李小军、魏宏齐、姜继辉。

二　2013年全省政府网站绩效评估得分及排名

表1　省直部门网站排名

序号	部门	政府信息公开	办事服务	政民互动	网站管理	加分项	总分
1	省农业厅	28.96	28.13	18.4	19.54	0.9	95.93
2	省食品药品监督管理局	27.75	28.9	18	18.61	2.3	95.56
3	省卫生厅	27.62	27.98	17.31	17.27	2.3	92.48
4	省林业厅	28.44	28.55	16.8	18.24	0.2	92.23
5	省公安厅	27.24	28.3	18.4	17.04	1	91.98

续表

序号	部门	政府信息公开	办事服务	政民互动	网站管理	加分项	总分
6	省国土资源厅	25.41	28.8	17.47	18.37	0.3	90.35
7	省教育厅	27.58	28.67	17.19	14.78	0.6	88.82
8	省民政厅	26.57	28.25	16.58	17.11	0.3	88.81
9	省水库移民开发管理局	26.49	28.71	13.7	16.95	0.6	86.45
10	省环境保护厅	25.69	28.55	12.3	19.30	0.3	86.14
11	省交通运输厅	27.08	23.77	14.71	17.34	3.0	85.9
12	省工商行政管理局	24.46	28.24	13.9	18.56	0.4	85.56
13	省国税局	28.07	28.67	12.5	16.10	0.2	85.54
14	省审计厅	31.95	18.50	10.5	19.08	4.6	84.63
15	省地方税务局	28.44	23.84	10.4	18.67	3.0	84.35
16	省质量技术监督局	24.67	26.92	16.6	16.00	0.1	84.29
17	省人民防空办公室	22.80	29.71	12.0	16.94	2.6	84.05
18	省司法厅	24.36	24.86	12.5	17.86	2.3	81.88
19	省国有资产监督管理委员会	26.48	17.89	15.5	18.54	2.3	80.71
20	省经济和信息化委员会	24.84	29.88	14.8	11.17	0	80.69
21	省国防科技工业局	24.88	27.58	7	17.68	2.6	79.74
22	省科学技术厅	24.28	27.75	10.35	16.99	0.3	79.67
23	省水利厅	19.91	27.68	14.05	17.24	0.3	79.18
24	省知识产权局	26.45	23.75	11.9	16.33	0.3	78.73
25	省档案局	23.7	26.5	6.5	17.75	3.2	77.65
26	省商务厅	21.47	26.96	12.25	16.58	0.1	77.36
27	省安全生产监督管理局	23.42	23.48	13	16.6	0.3	76.8
28	省出入境检验检疫局	27.76	20.17	9.9	17.72	0.6	76.15
29	省发展和改革委员会	23.01	26.42	12.4	14.17	0	76
30	省统计局	25.08	20.38	13	15.83	0.3	74.59
31	省住房和城乡建设厅	21.37	26.21	10.72	15.02	0.1	73.42
32	省财政厅	21.24	24.75	5.75	18.31	0	70.05
33	省机关事务管理局	20.72	23.52	7.5	18.01	0.2	69.95
34	省文化厅	15.75	26.1	8.4	16.81	0	67.06
35	省新闻出版局	13.12	26.56	9	15.67	2	66.35
36	省人力资源和社会保障厅	16.16	26.82	6.42	14.58	2.3	66.28
37	省广播电影电视局	13.96	25.3	7.5	17.05	0.2	64.01
38	长沙海关	17.54	22.81	10	12.82	0	63.17
39	省煤炭管理局	16.23	26.75	5	14.64	0.2	62.82
40	省旅游局	20.4	19.55	7.45	15.21	0.2	62.81
41	省物价局	20.12	17.05	12.42	11.92	0.2	61.71

续表

序号	部门	政府信息公开	办事服务	政民互动	网站管理	加分项	总分
42	省宗教事务局	12.92	24.56	7.5	16.6	0.1	61.68
43	省气象局	13.08	26.73	3	16.67	0.2	59.68
44	湖南保监局	14.61	19.11	6	17.17	0.3	57.19
45	省政府金融工作办公室	14.18	20.23	4.5	16.03	2.1	57.04
46	省烟草专卖局	15.78	18.56	5	17.06	0.2	56.6
47	省地震局	16.5	17.67	5	17.29	0	56.46
48	省民族事务委员会	20.6	15.55	4	16.18	0	56.33
49	省人口和计划生育委员会	14.64	8.48	15.7	17.14	0.2	56.16
50	省“两型办”	16.9	15.75	4	18.99	0.1	55.74
51	省政府法制办公室	11.61	16.88	12.5	14.44	0.3	55.73
52	湖南邮政管理局	16.5	14.67	5.5	17.33	0.3	54.3
53	省供销合作总社	15.25	17.06	5	16.39	0.2	53.9
54	省粮食局	17.18	20.56	6.5	8.47	0.3	53.01
55	省煤矿安全监察局	10.69	21.5	5	15.57	0.2	52.96
56	中国人民银行长沙中心支行	16.45	16.06	2	17.45	0	51.96
57	省政府外事侨务办公室	11.76	20.69	4	14.74	0	51.19
58	省监狱管理局	10.99	17.06	5.5	14.45	0.2	48.2
59	省体育局	15.86	10.88	5.5	15.05	0.2	47.49
60	省参事室	9.95	13.88	4	16.97	2.1	46.9
61	省扶贫办	11.87	10.88	8.5	13.6	0.2	45.05
62	省地方志编委	5.3	15.81	4	14.2	0.2	39.51
63	湖南电监办	6.96	9.17	5	16.83	0.2	38.16
64	湖南证监局	10.97	7.44	4	13.98	0.2	36.59
65	湖南银监局	12.54	5	4	14.68	0	36.22

表2 市（州）政府门户网站排名

序号	市(州)	政府信息公开	办事服务	政民互动	网站管理	加分项	总分
1	长 沙 市	27.15	28.29	19.43	18.63		93.5
2	郴 州 市	27.63	27.87	19.73	17.4		92.63
3	衡 阳 市	29.08	26.77	18.4	18.29		92.54
4	常 德 市	26.25	28.53	18.87	17.46		91.11
5	湘 潭 市	27.13	26.11	18.37	16.92		88.53
6	株 洲 市	26.55	25.47	18.23	16.21	2	88.46
7	永 州 市	27.68	25.03	18.43	16.63		87.77
8	益 阳 市	25.6	24.57	16.99	16.71	2	85.87

续表

序号	市(州)	政府信息公开	办事服务	政民互动	网站管理	加分项	总分
9	湘 西 州	24. 85	24. 36	16. 7	17. 23	2	85. 14
10	岳 阳 市	25. 15	24. 92	18	16. 98		85. 05
11	怀 化 市	27. 3	21. 92	18. 77	16. 27		84. 26
12	娄 底 市	21. 63	22. 95	17. 4	14. 33		76. 31
13	张家界市	23. 23	19. 93	14. 27	12. 85		70. 28
14	邵 阳 市	20. 4	21. 1	14. 83	13. 16		69. 49

表 3　县（市、区）政府门户网站排名

序号	县(市、区)	政府信息公开	办事服务	政民互动	网站管理	加分项	总分
1	雨 湖 区	24. 75	22. 86	18. 8	17		83. 41
2	苏 仙 区	26. 15	20. 56	17. 87	17. 65		82. 23
3	雁 峰 区	26. 1	21. 89	17. 6	16. 55		82. 14
4	珠 晖 区	23. 75	22. 74	18. 3	16. 96		81. 75
5	长 沙 县	24. 35	21. 85	17. 6	17. 24		81. 04
6	平 江 县	24. 68	18. 67	16. 87	18. 53	2	80. 75
7	望 城 区	21. 9	24. 32	16. 6	17. 75		80. 57
8	岳 麓 区	24. 15	22. 59	17. 32	16. 27		80. 33
9	武 冈 市	23. 6	20. 71	18. 12	17. 73		80. 16
10	邵 阳 县	24. 95	22. 84	15. 67	16. 64		80. 10
11	宁 远 县	21. 65	20. 93	20	16. 47		79. 05
12	永 兴 县	25. 3	22. 58	17. 19	13. 86		78. 93
13	桃 江 县	22. 85	21. 30	17. 4	17. 21		78. 76
14	浏 阳 市	23. 45	20. 76	17. 6	16. 88		78. 69
15	涟 源 市	22. 65	19. 50	15. 37	18. 39	2	77. 91
16	冷水江市	24. 88	20. 33	15. 87	16. 81		77. 89
17	辰 溪 县	24. 05	17. 12	17. 9	18. 34		77. 41
18	蒸 湘 区	20. 1	20. 95	18. 6	17. 59		77. 24
19	麻 阳 县	26	17. 22	16. 96	17. 01		77. 19
20	桂 阳 县	19. 05	23. 71	16. 14	17. 52		76. 42
21	蓝 山 县	23. 25	21. 00	17. 16	14. 59		76. 00
22	临 澧 县	22. 7	18. 88	16. 1	17. 91		75. 59
23	新 化 县	20. 05	21. 17	17. 4	16. 92		75. 54
24	祁 阳 县	23. 7	18. 75	17. 65	15. 16		75. 26
25	衡 阳 县	22. 68	20. 80	16. 1	15. 58		75. 16
26	耒 阳 市	21. 55	18. 48	17. 6	17. 36		74. 99

续表

序号	县(市、区)	政府信息公开	办事服务	政民互动	网站管理	加分项	总分
27	宁乡县	20.95	18.65	18.5	16.81		74.91
28	岳阳县	21.5	19.23	16.85	16.22		73.80
29	岳塘区	20.95	23.51	18.1	11.16		73.72
30	南岳区	21.08	19.50	16.6	16.49		73.67
31	湘阴县	20.55	19.12	17.1	16.32		73.09
32	沅江市	23	19.02	15.9	14.83		72.75
33	鼎城区	21.5	15.20	16.6	18.26		71.56
34	衡南县	17	20.83	17.6	16.04		71.47
35	赫山区	18.35	19.33	16.02	17.63		71.33
36	花垣县	21.85	19.83	15.12	14.47		71.27
37	安仁县	20.3	21.68	16.98	12.14		71.10
38	华容县	20	17.40	16	17.61		71.01
39	新田县	18.1	17.39	17.5	17.91		70.90
40	湘潭县	19.65	17.92	17.1	16.16		70.83
41	通道县	19.7	16.63	18.1	16.17		70.60
42	湘乡市	20.8	16.39	14.6	18.45		70.24
43	汝城县	20.45	20.60	16.16	12.5		69.71
44	天心区	20.2	18.53	14.1	16.42		69.25
45	冷水滩区	20	17.00	15.35	16.66		69.01
46	澧县	18.5	16.15	16.6	17.73		68.98
47	攸县	18.95	17.95	15.6	16.39		68.89
48	洞口县	20.85	15.54	14.98	17.49		68.86
49	石鼓区	20.05	18.36	13.18	16.63		68.22
50	常宁市	20.48	10.67	18.6	17.88		67.63
51	雨花区	17.2	13.99	16.1	18.01	2	67.30
52	武陵区	23.55	10.37	16.2	16.96		67.08
53	资兴市	19.5	17.68	15.48	14.17		66.83
54	芙蓉区	20.15	18.59	11.18	16.73		66.65
55	开福区	21.45	14.59	13.75	16.55		66.34
56	石门县	17.3	14.33	17.92	16.53		66.08
57	会同县	17.15	15.09	16.56	16.99		65.79
58	桂东县	21.75	12.90	15.58	15.5		65.73
59	溆浦县	18.3	14.20	15.36	17.83		65.69
60	汨罗市	20.15	15.09	13.21	16.88		65.33
61	嘉禾县	18.65	19.00	11.22	16.3		65.17
62	新邵县	17.65	15.36	14.99	16.89		64.89

续表

序号	县(市、区)	政府信息公开	办事服务	政民互动	网站管理	加分项	总分
63	安乡县	18.15	17.01	16.76	12.81		64.73
64	汉寿县	18.53	12.18	16.26	16.07		63.04
65	绥宁县	19.05	9.56	16.08	17.95		62.64
66	双峰县	17.78	11.57	16.52	16.57		62.44
67	宜章县	18.65	12.32	17.33	13.75		62.05
68	桃源县	18.35	13.72	15.26	14.67		62.00
69	岳阳楼区	17.6	9.81	15.66	18.81		61.88
70	古丈县	21.05	13.43	10.97	16.05		61.50
71	吉首市	16.15	10.94	15.1	16.87	2	61.06
72	双牌县	18.45	19.53	8.94	11.62	2	60.54
73	沅陵县	15.5	13.83	14.76	16.37		60.46
74	邵东县	17.3	14.37	14.04	14.61		60.32
75	鹤城区	13.8	13.22	17	16.04		60.06
76	衡山县	20.45	8.27	13.84	17.11		59.67
77	祁东县	16.5	11.28	16.4	15.3		59.48
78	中方县	14	16.18	14.4	14.67		59.25
79	芦淞区	19.95	8.26	14.6	16.43		59.24
80	桑植县	15.15	21.00	5.4	16.31		57.86
81	炎陵县	19.55	10.49	13	14.17		57.21
82	洪江市	14.45	11.49	15.36	15.81		57.11
83	北湖区	18.2	13.11	14.34	11.42		57.07
84	韶山市	18.08	10.63	13	14.7		56.41
85	安化县	19.8	10.31	10.48	15.29		55.88
86	云溪区	17.2	13.02	15.16	10.48		55.86
87	荷塘区	16.65	9.92	17	12.03		55.60
88	武陵源区	17.65	12.84	7.78	16.91		55.18
89	隆回县	20	9.28	8.09	17.78		55.15
90	临武县	17.55	10.12	11.84	15.57		55.08
91	大祥区	16.45	8.50	13.64	16.41		55.00
92	零陵区	17.85	9.54	12.7	14.75		54.84
93	凤凰县	19.35	9.40	14.69	9.92		53.36
94	保靖县	23.25	7.39	9.16	13.48		53.28
95	慈利县	16.6	9.60	12.94	13.53		52.67
96	新晃县	19.9	12.71	3.4	16.02		52.03
97	永顺县	20.7	7.47	7.55	15.64		51.36
98	城步县	16.75	11.90	6.05	16.24		50.94

续表

序号	县(市、区)	政府信息公开	办事服务	政民互动	网站管理	加分项	总分
99	茶 陵 县	15.55	6.50	12.7	16.11		50.86
100	江 华 县	18	13.25	1.5	17.51		50.26
101	醴 陵 市	15.75	9.15	9.96	15.16		50.02
102	衡 东 县	12.8	8.43	12.48	15.55		49.26
103	娄 星 区	16.3	13.95	3.4	15.24		48.89
104	江 永 县	11.95	5.42	14.46	16.22		48.05
105	津　市	19.55	10.55	4.4	12.79		47.29
106	资 阳 区	13.9	14.68	4.9	13.05		46.53
107	芷 江 县	14	8.84	13.4	10.05		46.29
108	龙 山 县	13.23	14.71	4.4	13.76		46.10
109	南　县	17.95	4.48	15.6	8.01		46.04
110	株 洲 县	16.7	9.95	0.5	16.69		43.84
111	新 宁 县	12.95	12.15	3.9	14.43		43.43
112	东 安 县	13.95	11.51	0.5	16.98		42.94
113	临 湘 市	13.5	4.60	11.4	12.45		41.95
114	靖 州 县	14.75	7.01	3.9	16.19		41.85
115	道　县	13.05	9.46	5.58	13.32		41.41
116	永 定 区	14.15	6.25	3.9	16.67		40.97
117	北 塔 区	11.15	9.91	3.9	15.56		40.52
118	双 清 区	11.15	7.05	4.9	16.22		39.32
119	君 山 区	10.65	7.26	3.28	16.03		37.22
120	石 峰 区	15.5	6.61	1.9	12.8		36.81
121	泸 溪 县	13.4	7.71	0	14.79		35.90
122	天 元 区	11.9	4.51	0	15.98		32.39

中国皮书网

www.pishu.cn

发布皮书研创资讯，传播皮书精彩内容
引领皮书出版潮流，打造皮书服务平台

栏目设置：

- □ 资讯：皮书动态、皮书观点、皮书数据、 皮书报道、皮书新书发布会、电子期刊
- □ 标准：皮书评价、皮书研究、皮书规范、皮书专家、编撰团队
- □ 服务：最新皮书、皮书书目、重点推荐、在线购书
- □ 链接：皮书数据库、皮书博客、皮书微博、出版社首页、在线书城
- □ 搜索：资讯、图书、研究动态
- □ 互动：皮书论坛

中国皮书网依托皮书系列“权威、前沿、原创”的优质内容资源，通过文字、图片、音频、视频等多种元素，在皮书研创者、使用者之间搭建了一个成果展示、资源共享的互动平台。

自2005年12月正式上线以来，中国皮书网的IP访问量、PV浏览量与日俱增，受到海内外研究者、公务人员、商务人士以及专业读者的广泛关注。

2008年、2011年中国皮书网均在全国新闻出版业网站荣誉评选中获得“最具商业价值网站”称号。

2012年，中国皮书网在全国新闻出版业网站系列荣誉评选中获得“出版业网站百强”称号。

权威报告 热点资讯 海量资源

当代中国与世界发展的高端智库平台

皮书数据库 www.pishu.com.cn

皮书数据库是专业的人文社会科学综合学术资源总库，以大型连续性图书——皮书系列为基础，整合国内外相关资讯构建而成。该数据库包含七大子库，涵盖两百多个主题，囊括了近十几年间中国与世界经济社会发展报告，覆盖经济、社会、政治、文化、教育、国际问题等多个领域。

皮书数据库以篇章为基本单位，方便用户对皮书内容的阅读需求。用户可进行全文检索，也可对文献题目、内容提要、作者名称、作者单位、关键字等基本信息进行检索，还可对检索到的篇章再作二次筛选，进行在线阅读或下载阅读。智能多维度导航，可使用户根据自己熟知的分类标准进行分类导航筛选，使查找和检索更高效、便捷。

权威的研究报告、独特的调研数据、前沿的热点资讯，皮书数据库已发展成为国内最具影响力的关于中国与世界现实问题研究的成果库和资讯库。

皮书俱乐部会员服务指南

1. 谁能成为皮书俱乐部成员？

- 皮书作者自动成为俱乐部会员
- 购买了皮书产品（纸质皮书、电子书）的个人用户

2. 会员可以享受的增值服务

- 加入皮书俱乐部，免费获赠该纸质图书的电子书
- 免费获赠皮书数据库100元充值卡
- 免费定期获赠皮书电子期刊
- 优先参与各类皮书学术活动
- 优先享受皮书产品的最新优惠

社会科学文献出版社 SOCIAL SCIENCES ACADEMIC PRESS (CHINA) 皮书系列
卡号：8853068184569835
密码：

3. 如何享受增值服务？

（1）加入皮书俱乐部，获赠该书的电子书

第1步 登录我社官网（www.ssap.com.cn），注册账号；

第2步 登录并进入“会员中心”—“皮书俱乐部”，提交加入皮书俱乐部申请；

第3步 审核通过后，自动进入俱乐部服务环节，填写相关购书信息即可自动兑换相应电子书。

（2）免费获赠皮书数据库100元充值卡

100元充值卡只能在皮书数据库中充值和使用

第1步 刮开附赠充值的涂层（左下）；

第2步 登录皮书数据库网站（www.pishu.com.cn），注册账号；

第3步 登录并进入“会员中心”—“在线充值”—“充值卡充值”，充值成功后即可使用。

4. 声明

解释权归社会科学文献出版社所有

皮书俱乐部会员可享受社会科学文献出版社其他相关免费增值服务，有任何疑问，均可与我们联系

联系电话：010-59367227 企业QQ：800045692 邮箱：pishuclub@ssap.cn

欢迎登录社会科学文献出版社官网（www.ssap.com.cn）和中国皮书网（www.pishu.cn）了解更多信息

“皮书”起源于十七、十八世纪的英国，主要指官方或社会组织正式发表的重要文件或报告，多以“白皮书”命名。在中国，“皮书”这一概念被社会广泛接受，并被成功运作、发展成为一种全新的出版形态，则源于中国社会科学院社会科学文献出版社。

皮书是对中国与世界发展状况和热点问题进行年度监测，以专业的角度、专家的视野和实证研究方法，针对某一领域或区域现状与发展态势展开分析和预测，具备权威性、前沿性、原创性、实证性、时效性等特点的连续性公开出版物，由一系列权威研究报告组成。皮书系列是社会科学文献出版社编辑出版的蓝皮书、绿皮书、黄皮书等的统称。

皮书系列的作者以中国社会科学院、著名高校、地方社会科学院的研究人员为主，多为国内一流研究机构的权威专家学者，他们的看法和观点代表了学界对中国与世界的现实和未来最高水平的解读与分析。

自 20 世纪 90 年代末推出以《经济蓝皮书》为开端的皮书系列以来，社会科学文献出版社至今已累计出版皮书千余部，内容涵盖经济、社会、政法、文化传媒、行业、地方发展、国际形势等领域。皮书系列已成为社会科学文献出版社的著名图书品牌和中国社会科学院的知名学术品牌。

皮书系列在数字出版和国际出版方面成就斐然。皮书数据库被评为“2008~2009 年度数字出版知名品牌”;《经济蓝皮书》《社会蓝皮书》等十几种皮书每年还由国外知名学术出版机构出版英文版、俄文版、韩文版和日文版，面向全球发行。

2011 年，皮书系列正式列入“十二五”国家重点出版规划项目；2012 年，部分重点皮书列入中国社会科学院承担的国家哲学社会科学创新工程项目；2014 年，35 种院外皮书使用“中国社会科学院创新工程学术出版项目”标识。

法律声明

“皮书系列”（含蓝皮书、绿皮书、黄皮书）由社会科学文献出版社最早使用并对外推广，现已成为中国图书市场上流行的品牌，是社会科学文献出版社的品牌图书。社会科学文献出版社拥有该系列图书的专有出版权和网络传播权，其 LOGO（ ）与“经济蓝皮书”、“社会蓝皮书”等皮书名称已在中华人民共和国工商行政管理总局商标局登记注册，社会科学文献出版社合法拥有其商标专用权。

未经社会科学文献出版社的授权和许可，任何复制、模仿或以其他方式侵害“皮书系列”和 LOGO（ ）、“经济蓝皮书”、“社会蓝皮书”等皮书名称商标专用权的行为均属于侵权行为，社会科学文献出版社将采取法律手段追究其法律责任，维护合法权益。

欢迎社会各界人士对侵犯社会科学文献出版社上述权利的违法行为进行举报。电话：010－59367121，电子邮箱：fawubu@ssap.cn。

社会科学文献出版社